AF342833

HISTOIRE

DE LA

RIVALITÉ

DES

FRANÇAIS ET DES ANGLAIS

DANS L'INDE.

NOGENT–SUR–SEINE,
Typographie Garreau & Raveau. — 1847.

FRANÇOIS - ANTOINE HERMAN

Né à Schelestadt, le 30 Mars 1758,
Mort à Paris le 29 Septembre 1837.

Lith. de Becquet.

HISTOIRE

DE LA

RIVALITÉ

DES FRANÇAIS ET DES ANGLAIS

DANS L'INDE,

Tirée des papiers de feu M. François-Antoine HERMAN,

Consul général de France à Londres,

DIRECTEUR DES TRAVAUX POLITIQUES AU MINISTÈRE DES AFFAIRES ÉTRANGÈRES.

AVEC CARTE ET PORTRAIT,

PAR

Louis HERMAN,

ANCIEN ÉLÈVE DE L'ÉCOLE POLYTECHNIQUE.

PARIS.

LIBRAIRIE DE CHARPENTIER,

PALAIS-ROYAL, GALERIE D'ORLÉANS, No 16.

1847.

PRÉFACE.

Au moment de livrer à l'impression un travail terminé depuis plusieurs années, l'auteur croit devoir retracer les circonstances sous l'influence desquelles il fut composé. Elles sont de nature, peut-être, à donner quelque autorité au récit qu'on va lire, en montrant avec quel soin, avec quelle persévérance,

en ont été rassemblés les documents originaux,
depuis la fin du dernier siècle. Qu'il soit d'ailleurs
permis à l'auteur de rendre, par cette courte préface,
un hommage filial à la mémoire d'un aïeul dont le
nom n'a pas obscurément traversé les annales de la
diplomatie Française. La réputation qu'il s'y était
acquise, le souvenir des services que, pendant sa
longue carrière, il a rendus à son pays, sont pour
sa famille le plus précieux des héritages.

M. HERMAN (François-Antoine), naquit le 30
mars 1758, à Schelestadt. Depuis le XVe siècle,
ses ancêtres avaient exercé les premières charges
électives dans cette ville libre, et ce fut l'un d'eux
qui, lors de la réunion de l'Alsace à la France en
1648, vint défendre avec succès auprès des ministres
de Louis XIV, les franchises de sa province. Son père,
procureur-général au conseil souverain d'Alsace,
fut député à l'assemblée des notables en 1788, et
représenta ensuite le tiers-état à la première
assemblée nationale ; il mourut en 1790, sans
avoir assisté aux malheurs de la révolution qui
s'ouvrait.

M. François-Antoine Herman était alors consul général de France à Londres. Son aptitude pour les travaux politiques avait changé le caractère de ses fonctions, et, par une exception unique jusqu'alors, sa correspondance était lue dans le conseil de Louis XVI, concurremment avec celle de l'ambassadeur. Pendant son long séjour à Londres, M. Herman s'était attaché à étudier tous les ressorts de la politique Anglaise, à sonder toutes les bases de cette puissance dont il prévoyait déjà et redoutait le développement exagéré. Son alliance avec la famille des Campbell de Calder lui donna entrée dans cette aristocratie si défiante à l'égard des étrangers, et lui permit d'étendre le champ de ses études. L'Inde attira d'abord son attention. La rivalité des Européens dans cette partie du monde, la puissance nouvelle, mais déjà formidable, qu'y avaient acquise les Anglais, étaient des questions parfaitement inconnues alors, et dans lesquelles on ne pouvait pénétrer qu'en fouillant les cartons les plus secrets des chancelleries. Suivant avec persévérance l'idée qui domina toute sa carrière politique, celle de l'antagonisme qu'impose à la France et à l'Angleterre, une rivalité de tous les intérêts matériels sur tous les points du globe, M. Herman s'attacha à démontrer toutes les fautes commises par la France dans l'Inde. Ces fautes, selon lui, étaient encore réparables à cette époque, et dans un mémoire important adressé, en 1788, au gouvernement Français, il cherchait à diriger de ce côté l'enthousiasme qui, dix ans plus tôt, avait précipité la nation au secours des États-Unis d'Amérique. Il avait dès-lors rassemblé tous les matériaux d'une histoire complète de la question, compulsé toutes les archives publiques, réuni tous les ouvrages Anglais sur la matière. Les orages de la révolution Française arrêtèrent l'exécution de ce projet. Dès l'année 1801, la confiance du premier consul rappela M. Herman aux affaires, et plus tard l'Empereur le chargea des missions les plus importantes en Espagne, en Portugal et en Allemagne; ses devoirs actifs ne laissèrent aucune place à des travaux purement historiques, et les événements d'Europe étaient trop graves d'ailleurs, pour que la question Indienne attirât l'attention de la France. Sous la restauration, M. Herman, appelé au conseil d'état, continua ses études politiques sur la marche toujours plus menaçante de la puissance Anglaise, et les ouvrages qu'il publia, sous le voile transparent de l'anonyme, démontrent sa préoccupation à cet égard. L'une des circonstances où il manifesta le plus utilement cette conviction politique, fut son opposition constante au droit de visite que la Restauration refusa toujours et sous toutes les formes aux instances de l'Angleterre. Pendant son rapide passage au ministère des affaires étrangères en 1822, comme directeur des travaux politiques, M. Herman enrichit sa collection de notes et de documents, mais sans s'être encore décidé à reprendre le travail si long-temps interrompu de son histoire de l'Inde. Plus tard, les fatigues de l'âge, les soins d'une santé affaiblie, ne lui permirent plus de donner suite à ce projet. Une longue et cruelle maladie l'enleva, le 29 septembre 1837, à la tendresse de sa famille, et termina une carrière tout entière dévouée au bien public.

Son petit-fils a, depuis lors, consacré à l'étude des documents laissés par M. François – Antoine Herman, les rares loisirs que lui permettaient des fonctions laborieuses. Après avoir approfondi avec intérêt, pour son propre compte, la question Indienne presqu'inconnue en France, même parmi les hommes studieux, il a pensé qu'il pourrait y avoir utilité à populariser cette question, en publiant un court récit de la rivalité des Français et des Anglais dans l'Inde. Considérant ce travail comme un legs à accomplir, n'ayant à y mettre aucun amour-propre personnel, il a cru devoir adopter le cadre le plus restreint, élaguer tous les faits accessoires qui n'ont pas influé sur l'état actuel, et se borner enfin à un précis historique des causes principales qui ont déterminé le triomphe de l'Angleterre et l'irrémédiable ruine de la puissance Française dans cet hémisphère. Le temps se charge de démontrer chaque jour davantage la justesse des idées de M. François-Antoine Herman sur l'antagonisme forcé de ces deux nations : son petit-fils remplit un devoir filial en publiant, d'après les inspirations de cet homme d'état, un des épisodes de cette rivalité, l'un des plus féconds, peut-être, en méditations pour le passé et en enseignements pour l'avenir.

Nogent-sur-Seine, le 1ᵉʳ Juin 1847,

L. HERMAN.

INTRODUCTION.

Plan et Limites de l'Ouvrage. — Méthode suivie. — Documents
consultés.

L'histoire des Européens dans l'Inde se divise
naturellement en trois périodes principales, selon
les nations qui ont successivement occupé la scène,
et selon le but même qu'elles ont proposé à leurs
efforts. La première époque s'ouvre avec la découverte de l'Inde par les Portugais en 1498, et dure
environ deux siècles; elle embrasse la prospérité
des Portugais et plus tard celle des Hollandais.
Suivant deux lignes de conduite dissemblables en
apparence, imprimant à tous leurs actes deux caractères bien distincts, ces deux peuples n'avaient au
fond qu'un seul et même but, le commerce d'échange
et l'enlèvement rapide des trésors qu'ils comptaient

rencontrer à chaque pas dans l'Inde. Entraînés par la politique belliqueuse de la mère-patrie, par la tendance même du caractère national, les Portugais font le commerce en grands seigneurs, donnent à leurs factories une tournure plus militaire, et s'établissent les armes à la main à Goa, dont ils font le siége de leur domination. Mais s'ils combattent, c'est seulement dans l'intérêt de leur influence, pour faire redouter leur nom et respecter le passe-port de leurs négociants ; la guerre n'était pour eux qu'un moyen de commerce, et il n'est pas probable qu'au temps de leur plus grande prospérité, ils aient songé à fonder un empire territorial en se substituant aux souverains indigènes. Les Hollandais conservent au contraire, jusque dans la forme de leurs opérations, le caractère bourgeois et franchement industriel qui a présidé à leur naissance parmi les nations Européennes. Ils se présentent partout et d'abord la balance à la main, et c'est lorsqu'elle a été brisée seulement, qu'ils se décident à lui substituer l'épée. Ces deux manières de négocier se retrouvent à toutes les époques de l'histoire, suivant qu'un peuple croit plus utile d'effrayer son ennemi ou de le tromper. Les Portugais d'ailleurs, poussés au commerce

malgré leur vocation, et uniquement par jalousie
des richesses que les Espagnols, leurs éternels
rivaux, recueillaient en Amérique, voulaient obtenir
sans travail et par le seul effet de leurs armes, le
but final du commerce au moyen-âge, c'est-à-dire
l'or et les pierreries. Les Hollandais, plus indus-
trieux et appréciant mieux les ressources de la
contrée qu'ils voulaient exploiter, recherchaient
surtout les épices et autres produits qu'ils savaient
aussi sûrement convertir en or. De là cette différence seulement apparente dans leur attitude.
Quoiqu'il en soit, les Anglais et les Français qui
vinrent s'établir dans l'Inde au XVIIe siècle, suivirent d'abord la même marche, et conservèrent
pendant toute sa durée, l'esprit exclusivement
commercial qu'on peut considérer comme le caractère distinctif de cette première époque de l'histoire de l'Inde.

La seconde période de l'influence Européenne
dans les affaires du continent Indien, commence à
peu près avec le XVIIIe siècle, époque où les intérêts politiques introduisirent une complication nouvelle dans les opérations commerciales des Européens. Des quatre peuples qui avaient jusqu'alors
trafiqué dans l'Inde, deux voyaient décliner rapi-

dement leur influence et leur richesse. Les Portugais avaient ressenti en Asie le contre-coup de l'affaiblissement qui les frappait en Europe, et les colonies Indiennes passant avec le Portugal lui-même dans les mains inhabiles des Espagnols en 1582, avaient rapidement décliné. Ce fut d'abord un moment de triomphe pour les Hollandais qui, exclus en 1595 du port de Lisbonne par la rancune de Philippe II, se ruèrent avec une nouvelle ardeur sur l'Inde pour y tarir une des sources de la puissance de leur ennemi. Mais eux-mêmes, affaiblis par des divisions intestines, par la continuation de leur lutte continentale avec l'Espagne, et distraits de ce monde lointain par leur participation naissante dans les affaires de l'Europe, laissèrent peu à peu périr leurs établissements Asiatiques, qui n'avaient pas d'assiette solide dans le sol, et ne pouvaient subsister qu'au prix d'efforts incessants de la mère-patrie. La France et l'Angleterre restaient donc seules en présence sur ce théâtre disputé. Ces deux nations, ennemies par instinct, rivales par intérêt depuis que la France avait commencé sous Richelieu et Colbert à devenir une puissance maritime, se trouvèrent bientôt à l'étroit dans l'arène commerciale pour la satisfaction de leurs haines énergiques. Chacune des deux compagnies qui les représentaient alors dans l'Inde, pour mieux assurer la ruine de sa rivale, chercha à acquérir une puissance territoriale, en se ménageant d'abord des alliances avec les princes limitrophes, et en se substituant à eux dans le gouvernement d'une partie de leurs états. Les premiers succès obtenus par cette tactique, firent concevoir la possibilité d'un plan plus audacieux. L'un et l'autre peuple comprit que s'il restait seul dans la lice avec les populations timides et désorganisées de l'Indostan, il les réduirait facilement sous le joug , et pourrait asseoir une vaste domination Européenne sur les débris de l'empire Mogol. La lutte à laquelle était promis un but si séduisant, continua dès lors plus ardente entre les deux nations, et ne se termina qu'en 1783 par l'anéantissement définitif de l'influence française. Telle est, dans l'histoire de l'Inde, la seconde époque, guerrière et politique autant que commerciale.

La troisième période, qui commence en 1783 et dure encore aujourd'hui, embrasse le développement tantôt violent, tantôt patient, mais toujours sûr, de la pensée en germe dans la période précédente. Débarrassés de toute rivalité Européenne, les Anglais procèdent systématiquement depuis lors à l'anéantissement de toutes lès petites puissances qui se partagent l'Indostan. Comme épisodes brillants de cette lutte inégale entre le génie Européen et les débris d'une civilisation éteinte, nous citerons la destruction de la confédération Maharatte en 1818, la conquête du Kaboul en 1839, ou plutôt la restauration sur le trône de ce royaume d'un prince dévoué à l'Angleterre, l'invasion du Pendjab en 1845, et l'anéantissement prochain de la confédération des Seikhs, à peine retardé par les désastres de l'Afghanistan. Cette troisième période sera terminée seulement, lorsque la domination Anglaise, étendue dans quelques provinces qui lui échappent encore, affermie dans celles où elle est encore indécise, enveloppera toute la race Indoue et tout l'ancien empire Mogol. L'empire Anglo-Indien, sera alors borné à l'Est par la Chine, à l'Ouest par la Perse, au Nord par la Tartarie indépendante. L'avenir seul nous apprendra par quelle lutte extérieure ou par quel travail de décomposition intérieure, s'ouvrira une quatrième période dans l'histoire de l'Inde.

Des trois parties dans lesquelles nous avons divisé cette histoire, la seconde désormais va seule nous occuper. Nous avons dû cependant, pour l'intelligence des faits qui suivent, étudier les origines des deux puissances rivales et leurs premiers établissements dans le XVIIe siècle; mais nous avons traité rapidement cet objet accessoire, et les temps antérieurs à la seconde moitié du XVIIIe siècle, ne nous ont même fourni que deux chapitres. Le premier est consacré à une histoire rapide de l'empire Indien jusqu'en 1744, et fait connaître le théâtre des événements. Le second ne contient que les notions indispensables sur les premiers établissements des Européens dans l'Inde, et surtout sur les progrès des Français et des Anglais, jusqu'au moment où la guerre de la succession d'Autriche changea leur rivalité commerciale en une lutte politique et armée en 1744. C'est à partir de ce moment que nous suivons pas à pas dans leurs combats et leurs négociations les deux compagnies qui se disputent l'avenir. Pour simplifier autant que possible un tableau trop compliqué, nous avons isolé dans des chapitres différents les événements passés sur des théâtres divers, lorsqu'ils n'avaient d'ailleurs point de connexité entr'eux. L'ordre chronologique a été peu troublé par ce système. Le centre d'action des Anglais se transporta successivement de la côte de Coromandel où ils luttaient contre les Français, vers le Bengale dont ils firent la conquête, puis dans le haut Dekkan où ils combattirent les Maharattes , et fut enfin reporté dans le Karnatic par la résistance énergique que leur opposa Haïder-Aly. La division des chapitres était pour ainsi dire tracée d'avance , et tel est , en effet, l'ordre que nous avons suivi.

Le but de cet ouvrage est exclusivement politique. Dans un moment où tous les yeux sont tournés vers l'Orient, où une révolution plane sur l'Asie, où la puissance Anglaise dans l'Inde, sourdement ébranlée jusqu'en ses fondements, semble prête à s'affaisser sous sa propre grandeur, il nous a paru qu'on ne pouvait mettre trop de soin à connaître les origines et les progrès de cette puissance. L'antagonisme politique , l'antipathie de races et d'intérêts qui sépare la France de l'Angleterre, doit, prochainement peut-être, ensanglanter de nouveau le monde. Nulle part plus que dans l'Inde, le triomphe n'a été éclatant pour les Anglais, la défaite humiliante pour nous. Ayons donc le courage de connaître nos fautes, et d'étudier la marche habile de nos rivaux. Ce tableau, où le crime est à côté de la gloire, comme l'ombre obscurcit la lumière, ce tableau que la politique jalouse de l'Angleterre a toujours voulu dérober aux yeux du monde, déroulons-le sans crainte et sans haine. Il renfermera plus d'un enseignement pour l'avenir.

Ne cherchant donc pas à faire une *Histoire pittoresque* de l'Inde, mais seulement à donner une *Histoire politique* de deux compagnies Européennes, nous avons dû rejeter de notre cadre toute description, tout détail de mœurs, tout renseignement statistique qui n'était pas impérieusement amené par le récit des événements. Nous avons écarté de même les notions purement financières et les appréciations commerciales lorsqu'elles ne se mêlaient pas à la politique. Cette réserve, peut-être, a rendu notre travail plus aride, et lui donne une teinte plus sévère; mais l'exclusion de ces brillants hors-d'œuvres fait acquérir au récit une rapidité bien plus précieuse, et ajoute, nous l'espérons, à sa clarté. Quelques détails géographiques ont été indispensables cependant; nous les avons tous empruntés à l'excellent Abrégé de Géographie de M. Adrien de Balbi, que nous avons suivi également pour l'orthographe des noms propres d'hommes ou de pays.

Disons un mot maintenant des documents que

nous avons consultés pour le fond de cet écrit.
Aucune histoire peut-être, plus que celle de l'Inde
anglaise, n'exige la compilation difficile d'une mul-
titude d'ouvrages divers et confus. L'immensité et
l'éloignement du théâtre où elle se développe, la
complication extraordinaire des négociations et des
guerres qui ont amené l'esclavage de la Péninsule,
la division du pays entre un grand nombre de
princes indépendants, et par-dessus tout les précautions qu'ont toujours prises les Anglais pour
dérober aux autres nations l'origine et les progrès
de leur puissance, sont autant d'obstacles qui viennent arrêter l'historien. Il existe en France peu de
travaux originaux et importants sur la période de
cette histoire dont nous avons tenté l'esquisse.
Quelques pages s'y rapportent dans l'ouvrage de
l'abbé Raynal; mais entraîné par la préoccupation
de ses idées philosophiques, cet écrivain superficiel
a seulement effleuré le côté politique et réellement
historique de son sujet; il ne peut être cité que
pour mémoire dans la liste des auteurs à consulter.
Dans ces dernières années, MM. Dubois de Jan-
cigny et Xavier Raymond ont publié sur l'Inde
Anglaise d'habiles études qui forment un volume
de l'Univers Pittoresque. Enfin, en 1843, M. le

baron Barchou de Penhoën nous a donné, en 6 volumes, une estimable *Histoire de la Conquête et de la Fondation de l'empire Anglais dans l'Inde*. Nous avons lu soigneusement ces ouvrages pour y vérifier la concordance des dates et l'exactitude matérielle des faits. Mais aucun de ces auteurs n'a envisagé son sujet exclusivement au point de vue de la rivalité des Français et des Anglais dans l'Inde. Nous avons donc cru que, même après ce dernier écrivain, et sans songer à lutter avec lui dans un cadre étendu qu'il a brillamment rempli, il pouvait y avoir utilité à condenser en un seul volume, accessible à tous les lecteurs, les faits Indiens qui intéressent spécialement la France. En restreignant ainsi notre sujet, nous avons pu espérer mettre mieux en lumière certains faits qui, simples accessoires dans une histoire générale, acquièrent à notre point de vue une importance plus grande, et nous mènent directement à des conclusions que nous avons cru utile de présenter. En nous arrêtant au traité de 1783 qui a consommé la ruine de l'influence Française en Asie, nous avons pu consacrer une plus large part à l'appréciation des causes de cette ruine. C'est donc, à proprement parler, *un Épisode de l'Histoire de France*, et non pas une *Histoire de l'Inde*, que nous avons tenté d'esquisser.

Pour la corrélation des faits, leur discussion, leur appréciation historique et politique, nous avons presque exclusivemement eu recours à des documents Anglais. Indépendamment des matériaux inédits que des circonstances favorables ont mis à notre disposition, nous avons principalement consulté et suivi les rapports des comités secrets établis à diverses époques, et plus spécialement en 1772 et 1773, au sein du Parlement, pour étudier les affaires de l'Inde. (Reports from the committees of Secrecy from 1715 to 1773. — In-folio. — Reports from the committee of Secrecy, 1782. — In-8°.) Le caractère officiel et authentique de cette collection, la rend précieuse pour les recherches historiques, et c'est à son texte que nous avons donné la préférence pour tous les faits sur lesquels les serviteurs de la compagnie dans les différentes présidences, ou les Directeurs eux-mêmes n'étaient pas d'accord. Sans prétendre citer ici tous les ouvrages Anglais qui ont trait à la seconde période de l'histoire de l'Inde, nous mentionnerons comme spécialement utiles à compulser :

An account of the war in India, between the English and French, on the coast of Coromandel (1750-1760), by Cambridge. London 1761, in-4°.

Narrative of the transactions in Bengal from the year 1760, to the year 1764, by H. Vansittart. 3 vol. in-8°. London 1766.

Letters from the Council at Bengal to the secret committee. — 1764.

View of English government in Bengal by Verelst. 1772.

Bengal code of Laws. — 1774.

Treaties and grants to the East-India company, from 1756 to 1772.

Charters granted to the East-India company. from 1601 to 1772.

Original minutes of Bengal. — by Francis. — 1782.
Memoir of a Map of Hindoostan, by Rennel.—1783.
Price's Tracts.

Considerations on India affairs, particularly respecting the present state of Bengal, by W. Bolts. London 1772. 3 vol. in-4°.

Articles against Warren Hastings. — 1776.
Collection of treaties, from 1648 to 1725—1732.
Collection of treaties, from 1688 to 1771—1772.
Select Petitions, in-8°. — 1782.
Tracts, in-8°. — 1783.

East-India Papers. — 1777.

Debates of the House of Commons.

The asiatic annual Register.

Annals of the reign of Georges the third, King of England, by John Aikin.

Une dernière et puissante considération nous obligeait d'ailleurs à emprunter aux Anglais eux-mêmes tous les éléments de notre travail. Sans cette précaution, le récit fidèle des injustices, des perfidies, des cruautés dont furent si long-temps victimes les populations Indiennes, nous aurait fait soupçonner d'une haine aveugle pour l'Angleterre. Mais la nation qui, depuis seize ans, déverse l'injure et la calomnie sur chaque épisode de l'occupation française en Algérie, le peuple qui, tout en faisant circuler à coups de canon ses poisons dans l'empire Chinois, se pose aux Iles de la société comme le défenseur de l'innocence opprimée, s'est chargé de nous montrer lui-même comment il a procédé à la formation et au développement de sa puissance en Asie. La politique odieuse de la compagnie, ce sont des Anglais qui nous la révèlent ; l'avidité brutale et les exactions de ses employés, ce sont des Anglais qui nous les dénoncent. Derrière ce grand cri échappé à la conscience de l'Angleterre, notre responsabilité de narrateur s'efface. L'exactitude des faits et l'impartialité des juge-ments, sont les seuls mérites auxquels nous puissions aspirer, et il nous importait de démontrer qu'aucun soin n'a été négligé par nous pour les assurer à cet ouvrage.

CHAPITRE IER.

ORIGINES DE L'EMPIRE MOGOL.

1525-1744.

LES vastes contrées que traversent l'Indus et le Gange, et qui forment le Haut-Indostan, semblent avoir été de tout temps une proie offerte à l'ambition des conquérants. L'histoire ne nous a transmis que des traditions confuses et interrompues sur les destinées de la race Autochtone avant la première fondation d'un empire Mahométan à Dehly. Il est certain que l'Indostan avait déjà subi plusieurs invasions avant celle d'Alexandre-le-Grand. Ce conquérant s'arrêta à l'Hyphasis des anciens, l'une des branches de l'Indus dans le Pendjab. Dans les luttes qui suivirent en Asie la mort de ce prince, l'Indostan eut à subir encore diverses incursions qui ne laissèrent pas de traces, jusqu'à la formation de l'empire des Califes. Pendant la période d'anarchie qui suivit son démembrement, les Arabes y portèrent plusieurs fois leurs armes, mais sans y faire d'établissements fixes. On trouve leur trace, pour la première fois, d'une manière certaine dans la province de Kandahar dont le gouverneur Arabe se rendit indépendant du Calife en 996. Son fils Mahmoud lui succéda à Ghizneh et manifesta aussitôt les qualités guerrières qui lui firent jouer un si grand rôle dans l'histoire.

De l'an 1000 à l'an 1008, tout en soutenant dans la Haute-Asie des luttes qui sortent de notre cadre, il fit plusieurs descentes dans l'Indostan dont il trouva le territoire partagé en un grand nombre d'états indépendants et sans cesse modifiés au milieu d'une anarchie sauvage. Le fanatisme Mahométan et l'ascendant d'une science militaire plus développée le firent facilement triompher de populations timides qu'énervait encore, au physique comme au moral, le culte de Brahma et le principe décourageant de la division des castes. Mahmoud pénétra donc jusqu'à Dehly dont il fit la capitale de son empire. Avec lui commence la dynastie des empereurs Ghizniens.

Pendant les années suivantes, ce prince belliqueux conquit les provinces de Moultan, de Malwâ et d'Agra. Il envahit même l'Adjmîr et le Guzerate, mais sans s'y établir d'une manière définitive. Il mourut en 1030, après un règne glorieux. Son empire, création éphémère, périt avec lui et fut démembré par lambeaux que s'arrachèrent ses enfants et tous les prétendants auxquels une goutte de son sang donnait des droits jugés égaux à cette époque. Cependant sa postérité conserva le pouvoir, fit quelques conquêtes nouvelles et envahit même les bords du Gange vers l'an 1080. Enfin, elle fut expulsée en 1184 par l'afghan Kussaïn Gauri qui fonda la dynastie des Gaurides. Aussitôt après la mort de ce conquérant, en 1212, un de ses généraux, l'afghan Cuttab, s'empara du pouvoir que sa famille conserva jusqu'en 1397. Pendant toute cette période, le Dekkan commence à fixer l'attention des Mahométans qui font des efforts nombreux pour y pénétrer. Mais pendant qu'ils obéissent ainsi à la pente naturelle qui entraîne les invasions vers le Sud et vers les pays vierges de dévastations antérieures, un nouvel ennemi préparait leur ruine dans le Nord. Chengiz-Khan réunissait sous sa main puissante toutes les hordes sauvages des Tartares Mogols, et le temps seul paraît lui avoir manqué pour les pousser sur l'Indostan. Ils y pénétrèrent en 1397, sous la conduite de Timour Lenggue (Tamerlan). La lutte fut courte, et la barbarie triompha encore. Timour s'empara de Dehly après d'effroyables massacres, et en chassa les Afghans. Il paraît cependant s'être proposé le pillage et la dévastation de l'Indostan, plutôt que son asservissement régulier. Après sa retraite, une nouvelle dynastie s'éleva en 1413; elle eut pour fondateur Chizer, descendant du prophète. En 1450, les Afghans descendirent de nouveau sur l'Inde. Leur chef Balloli devint Empereur de Dehly, et son fils lui succéda.

Enfin Baber-Châh, descendant direct de Timour et de Chengiz-Khan, devint chef des tribus Mogoles. Expulsé d'une partie des provinces qu'il possédait, il se rejeta avec fureur sur l'Inde, riche proie que sa famille avait laissé échapper. Après quatre tentatives malheureuses, il vint, en 1525, attaquer dans les plaines de Paniput Ibrahim Lodi, dernier empereur Afghan, qui perdit la bataille et la vie. Baber-Châh vainqueur fonda la dynastie Mogole qui, depuis lors, a toujours, sauf une légère interruption, occupé le trône de Dehly.

Baber s'occupa sans relâche d'affermir son empire naissant; il représente lui-même l'Inde à cette époque comme partagée en sept états indépendants, dont deux seulement étaient encore gouvernés par des princes de race Indoue. Il eut sans cesse à lutter contre les révoltes des Afghans et des provinces conquises, et malgré ses triomphes, lorsqu'il mourut en 1530, après un règne de 5 ans, il ne laissa à son fils Houmaïoun qu'un pouvoir contesté.

Les premières années du règne de Houmaïoun furent remplies par sa lutte avec ses frères. Il put cependant envahir le Guzerate, mais dût bientôt l'abandonner pour songer à sa propre défense. Un nouvel ennemi le menaçait. Les Afghans supportaient impatiemment le joug Mogol. Un de leurs chefs Shere-Khan, s'était rendu indépendant dans le gouvernement du Bengale. Il attaqua Houmaïoun, et après toutes les vicissitudes d'une lutte énergique, il le chassa de l'Indostan et le força de se réfugier en Perse. Shere-Khan prit aussitôt le titre de Châh et étendit sa domination de l'Indus au golfe de Bengale. Après un règne civilisateur et bienfaisant, il mourut, et ses enfants se disputèrent aussitôt son pouvoir. Pendant cette longue anarchie, Houmaïoun, redevenu maître de Kandahar et de Kaboul, chercha à reconquérir ses anciens États. En 1554, il conduisit de nouveau ses Mogols dans l'Indostan. En 1555, les Afghans furent définitivement vaincus, et après une absence de 13 ans, Houmaïoun rentra à Dehly, où il mourut l'année suivante, laissant le trône à son fils Akbar Ier.

Le nom d'Akbar brille du plus grand éclat dans l'histoire de l'Inde Mogole. Le voyageur et l'historien retrouvent partout les traces de sa gloire dans les monuments dont il a couvert le sol, et dans les témoignages d'admiration des écrivains contemporains. Né pendant la fuite de son père en Perse, élevé dans l'exil, il n'avait que 13 ans lorsqu'il monta sur le trône de Dehly. Son règne, comme tous les précédents, s'ouvrit par des luttes intestines avec les débris de la dynastie des Afghans et avec les gouverneurs de province qui cherchaient à se rendre indépendants. La confédération formée contre Akbar fut détruite en 1556 à Paniput, lieu du premier triomphe des Mogols, champ de bataille sur lequel nous verrons une autre fois encore se décider les destinées du Haut Indostan en 1762. Quelques excursions dans l'Adjmîr et le Malwâ remplirent les années suivantes. Akbar porta ensuite ses efforts toujours victorieux dans le Guzerate et dans le Bengale dont les gouverneurs, enhardis par la faiblesse des derniers empereurs Afghans, s'étaient rendus à peu près indépendants. Dans ces expéditions, Akbar établit définitivement l'ascendant des armes Mogoles, et par une continuité non interrompue de succès, il y ajouta l'ascendant de sa force personnelle. Tout lui devint dès lors facile, et plus d'une fois une poignée de soldats conduits par lui firent reculer de nombreuses armées.

Tranquille possesseur des états que lui avait laissés son père, Akbar voulut réaliser le rêve éternel de l'ambition de ses prédécesseurs, et il envahit le Dekkan. Un empire Mahométan s'était, au XIVe siècle, formé dans cette partie de l'Inde ; mais, subissant le sort com-

mun à toutes les créations de ce genre à cette époque,
il avait décliné dès qu'il ne fut plus soutenu par le
génie personnel de son fondateur. Un démembrement
en était résulté. Akbar, attaquant séparément des
princes affaiblis par leurs dissensions civiles, conquit
successivement le Bêrar, le Kandeich et tout le
royaume d'Ahmednagar et attacha définitivement ces
riches annexes à l'empire Mogol. Ainsi se trouvèrent
réunies sous son sceptre toutes les provinces Indiennes
dans lesquelles les Mahométans avaient pénétré avant
lui.

Pendant son règne, Akbar donna tous ses soins à
l'organisation intérieure de son gouvernement. Aidé
par son ministre Aboul-Fazel qui devint plus tard
l'historien de son règne, il fit procéder au dénombre-
ment de ses sujets et à la statistique de l'empire. Propriétaire absolu du sol, il fixa au tiers de ses produits
la part qu'il se réservait, abolissant d'ailleurs toute
autre espèce de taxe. Il afferma ce revenu pour dix
années moyennant la somme énorme de deux cent
trente millons environ par an. Le nombre des sujets
soumis à ses lois s'élevait à environ cent cinquante
millions.

Ce fut sous le règne d'Akbar, que les Portugais s'établirent à Goa, ville qui n'était pas encore annexée à
l'empire Mogol. A trois reprises différentes, en 1569,
1591 et 1595, il les invita à lui envoyer des ambas-

sades. Elles furent toutes confiées à des moines qui paraissent s'être proposé pour but unique l'espoir de convertir ce prince au christianisme et retournèrent à Goa sans chercher à obtenir de leur mission aucun résultat politique ou commercial.

Akbar avait donc porté au plus haut degré la gloire et la force de l'empire Mogol, lorsqu'il mourut en 1605, après un règne de 49 ans, laissant le trône à son fils Sélim.

Dès son avènement, Sélim prit le nom de Djihangire (conquérant du monde), mais il justifia mal ce titre ambitieux, car tout son règne se passa à comprimer des révoltes et à lutter contre la rébellion de son fils Châh-Jehan. Après l'avoir vaincu, il fut lui-même enlevé et conduit à Kaboul par un de ses sujets dont il avait payé les services éclatants par la plus noire ingratitude. Rendu à la liberté par la générosité du vainqueur, il se servit de son pouvoir pour l'opprimer de nouveau, et une conspiration entre ceux que fatiguaient ses crimes s'était formée pour le déposer, lorsqu'il mourut en 1627. Le seul événement important de son règne est l'établissement dans l'Inde des Anglais qui lui envoyèrent en 1609 et 1615 deux ambassades dont nous reparlerons avec détail dans le chapitre suivant.

Châh-Jehan son fils lui succéda après une courte lutte contre un de ses frères désigné par Djihanghire comme son successeur. Le premier acte de sa puissance fut le massacre de ses frères, de ses neveux et de toute la postérité mâle de Timour dont il resta le seul représentant. Cette politique odieuse, habituelle aux princes de l'Orient, sembla d'abord n'avoir qu'incomplétement assuré la tranquillité du règne de Châh-Jehan, car un ancien général de son père, un afghan de la famille de Lodi chassée du trône en 1525 par Baber-Châh, leva dans le Dekkan l'étendard de la révolte, entraînant à sa suite les souverains du pays. Après quelques succès, le rebelle fut battu et forcé de se réfugier dans le Malwâ où il fut tué malgré une résistance héroïque. Châh-Jehan continua quelque temps la guerre dans le Dekkan qu'il dévasta de la manière la plus cruelle avant d'y asseoir son autorité. En même temps, il recouvra sur les Perses le Kandahar perdu sous le règne précédent. C'est vers cette époque encore qu'il fit chasser les Portugais établis à Hougly dans le Bengale.

Après avoir ainsi assuré la tranquillité de ses états, Châh-Jehan s'occupa d'en améliorer le gouvernement. Pendant une paix de vingt ans, il réforma diverses branches de l'administration et construisit de superbes monuments. Son règne promettait donc quelque bonheur à l'Indostan lorsqu'il fut attaqué d'une maladie mortelle en apparence.

Dara, l'aîné de ses quatre fils et son successeur désigné, s'empara aussitôt du pouvoir et par d'injurieuses défiances, fournit un prétexte à la rébellion de ses trois frères. L'un, Shoudja, gouvernait le Bengale; Mourad, le second, était maître du Guzerate, et enfin le troisième, Avrengzeb, occupait le Dekkan à la tête d'une armée dévouée à sa personne. Ce dernier prince qui devait un jour pousser à sa dernière limite le développement et la puissance de l'empire Mogol, avait préludé de bonne heure à son élévation par un mélange de ruse et de courage qui en fait le type le plus complet du despote oriental. En affectant un fanatisme religieux opposé à la tolérance presque indifférente de tous les princes de sa race, il s'était attiré la haine des Indous et attaché dans la même proportion le dévouement des Mahométans. Ses succès dans le Kaboul et le Dekkan l'avaient rendu maître de l'armée. Il devint donc le véritable chef de la rébellion tout en paraissant n'y prendre qu'un rôle désintéressé. Shoudja vaincu disparut d'abord de la lutte qui sembla devoir se terminer lorsque Dara rendit les rênes du pouvoir à Châh-Jehan, subitement délivré de sa maladie. Mais Avrengzeb était trop près du but de ses efforts pour vouloir reculer. Sous prétexte de défendre son frère Mourad contre l'inimitié de Dara, avant d'aller lui-même s'ensevelir pour toujours à la Mecque, il conduit ses troupes jusqu'aux portes d'Agra et réussit à saisir la personne de son père qu'il soumet à une étroite captivité, puis au milieu d'une fête il enivre Mourad et le fait enfermer dans le château d'Agra.

Il n'existait plus d'obstacle entre Avrengzeb et le trône, mais par un dernier raffinement de ruse, il n'y monta qu'en paraissant céder à la violence de ses amis. C'est en 1658 qu'il se fit proclamer à Dehly. Châh-Jehan avait régné 31 ans.

Les premiers efforts d'Avrengzeb furent dirigés contre ses compétiteurs au trône. Il avait à lutter contre Dara à l'Ouest et contre Shoudja au Sud-Est. Il commence par chasser Dara du Lahore, puis revient s'opposer à Shoudja qu'il rencontre et défait dans les plaines d'Allahabâd après une défense énergique. Pendant ce temps Dara, ayant attiré à sa cause le gouverneur du Guzerate, avait recommencé la lutte dans l'Adjmîr. Avrengzeb pénètre par ruse dans son camp et Dara, trahi dans sa fuite, est livré à son frère qui le fait conduire à Dehly et l'y met à mort après les plus ignominieux traitements.

Un autre ennemi lui succéde. Mohamed, fils aîné d'Avrengzeb, se joint à Shoudja. Tous deux sont battus par l'armée impériale; par une des ruses qui lui étaient familières, Avrengzeb fait naître la défiance entre les nouveaux alliés. Mohamed, chassé du Bengale, est bientôt réduit à venir implorer la clémence de son père qui le fait enfermer dans une forteresse d'où il ne sort que pour mourir. Shoudja, forcé de fuir à son tour, est trahi par un des siens et périt avec toute sa famille. Soliman, fils de Dara, dernier rival d'Avrengzeb, livré par un radjah de l'Hymalaya, est aussitôt mis à mort. Enfin, le vieux Châh-Jehan meurt en 1666 après une captivité de huit ans, et Avrengzeb se trouve le chef et l'unique représentant de la famille de Timour.

Avrengzeb put dès lors consacrer tous ses efforts à l'agrandissement de l'empire Mogol. Menacé d'une guerre avec la Perse, il se hâta de conclure la paix en affermissant son pouvoir dans le Kaboul et le Kandahar et mit son second fils Châh-Allum à la tête d'une armée puissante qu'il dirigea sur le Dekkan en 1686, dans la 28e année de son règne. Deux royaumes indépendants y subsistaient encore, ceux de Golconde et de Bedjapour. Par une suite de victoires et de trahisons trop longues à décrire, il conquit ces deux états et les réunit à son empire. Mais il se trouva aussitôt en présence d'un ennemi nouveau qui devait plus tard renverser le trône Mogol et balancer quelque temps la puissance des Anglais dans l'Inde.

Long-temps avant qu'Avrengzeb eut porté les armes dans le Dekkan, les Maharattes y formaient déjà un puissant empire. Le fils d'un radjah du pays d'Adjmîr s'étant mis au service du roi de Bedjapour, acquit bientôt par son mérite personnel un rang élevé qu'il transmit à ses descendants. Son petit-fils Sevadji, né en 1628 à Pounah, dédaignant la condition de sujet, profita, pour se rendre indépendant, des troubles qui déchiraient alors le royaume de Bedjapour. Il s'empara de la province mon-

tueuse de Baglana, du pays de Konkan et de quelques
places fortes du Karnatic. Il fit un hommage nominal de
suzeraineté à Châh-Jehan, et lorsque, dans les dernières
années du règne de ce prince, son fils Avrengzeb attaqua
le Dekkan, Sevadji combattit successivement les deux
puissances belligérantes et s'agrandit à leurs dépens.
Pendant les années qu'Avrengzeb consacra à affermir
son usurpation, Sevadji resta exposé à la vengeance du
roi de Bedjapour qui, malgré ses efforts, fut obligé de
conclure un traité avantageux aux Maharattes. Avrengzeb
ne fut pas plus heureux d'abord, et une armée qu'il
envoya dans le Konkan, après l'avoir presqu'entièrement
envahi, dût se retirer précipitamment. Sevadji profita de
cette trève pour piller Surate en 1664 ; on évalue à
25 millions de francs le butin qu'il enleva. Avrengzeb
irrité envoya contre lui une armée formidable qui réduisit
Sevadji à la cruelle nécessité de venir se livrer à l'empereur. Il s'échappa bientôt après et reprit les hostilités
qu'Avrengzeb, pressé par d'autres ennemis, fut obligé
d'interrompre. Sevadji se fit alors proclamer roi des
Maharattes avec les cérémonies et la pompe qui exercent
une si grande influence sur l'esprit des Indous. Sevadji
avait conçu un projet dont la réalisation ne semblait pas
impossible. Excité à la fois par l'ambition et la haine
religieuse, il espérait former un empire Indou dans le
Dekkan, en face de l'empire Mogol, et précipitant ensuite
l'une des deux races sur l'autre, refouler à jamais les

Mahométans dans la haute Asie. Déjà il avait conquis le royaume de Golconde, envahi le Karnatic et poussé ses armes au Sud jusqu'à Seringapatam et Madras. C'est au milieu de ces triomphes que la mort le surprit en 1680.

Son fils Sambadji succéda à son trône et à ses projets. Il repoussa d'abord une armée Mogole ; mais Avrengzeb vint l'attaquer en personne, et Sambadji, trahi par un de ses généraux, fut livré à un ennemi implacable qui le fit aussitôt mettre à mort. Avrengzeb en profita pour reconquérir les provinces que lui avaient enlevées les Maharattes.

Sahodji, fils du dernier roi, lui avait succédé et rassemblant les débris de l'armée, reprit la lutte avec une nouvelle ardeur. Avrengzeb vainquit plusieurs fois, sans pouvoir le subjuguer, cet insaisissable ennemi. Enfin, il fut obligé de conclure une trève avec les Maharattes en leur accordant à titre de CHATAI ou contribution de guerre, le quart des revenus du Dekkan.

La fin du règne d'Avrengzeb ne présente plus aucun événement utile à signaler. Il mourut en 1707, à l'âge de 93 ans, après en avoir régné 49.

L'empire Mogol qu'il avait porté au plus haut point de puissance allait périr avec lui. Ce prince fut le dernier de la race de Timour qui méritât le nom d'homme. Ses successeurs tinrent d'une main débile les insignes d'un pouvoir qu'on leur arracha par lambeaux. Avant de présenter le spectacle de cette décadence qui favorisa les progrès des Européens dans l'Inde, nous devons faire connaître l'organisation de l'empire Mogol à la fin du règne d'Avrengzeb.

Sa domination embrassait alors la presque totalité de l'Indostan. Quelques districts seuls avaient repoussé le joug. L'adjmîr n'était soumis qu'à un tribut annuel. Cette province, grande à peu près comme la moitié de la France, était occupée par des Indous de la caste des Radjpouts ou guerriers, d'où elle avait pris le nom de Radjpoutana; différents princes, sous le titre de Radjahs, gouvernaient avec une autorité plus ou moins absolue les diverses parties de son territoire. Avrengzeb avait vainement tenté de les assujétir. Nous l'avons vu échouer de même contre les Maharattes qui occupaient en maîtres les vastes montagnes du Malabar ou Gâtes Occidentales. Enfin, les provinces extrêmes de la presqu'île du Dekkan ne rendaient à l'empereur de Dehly qu'une obéissance nominale et souvent contestée.

L'empire Mogol était, au commencement du XVIIIe siècle, partagé en 14 soubahbies ou grands gouvernements. Quelques-unes pouvaient être comparées à de puissants royaumes; telle était la soubahbie du Dekkan dont la population s'élevait à vingt-cinq millions d'habitants et les revenus à cent millions de francs. Le Soubah, toujours nommé par l'empereur, commandait en maître absolu dans son gouvernement; les diverses provinces dont il se composait, sauf celles que le Soubah réservait à son gouvernement personnel, étaient administrées par des Nababs nommés par le Soubah, mais dont le choix devait être confirmé par l'empereur. Le Nabab était sous les ordres exclusifs et directs du Soubah et lui devait le service militaire dans l'étendue de la Soubahbie. Dans quelques provinces, des Radjahs, princes Indous, avaient conservé le gouvernement de leur pays, sous l'obligation d'un tribut annuel et du service militaire. Quelques-uns, comme les rois de Maïssour et de Tandjaore, avaient une puissance plus considérable que celle de beaucoup de Soubahs. A chaque Soubah était adjoint un Duam, officier civil, nommé par l'empereur, qui percevait les revenus de la province et faisait passer à Dehly tout ce que n'absorbaient pas les dépenses civiles ou militaires du Soubah. La perception des revenus se faisait par l'intermédiaire des Zemindars auxquels le Duam louait le sol, considéré comme la propriété absolue de l'empereur. Chaque Zemindar sous-louait ensuite sa portion qui, par une série de locations successives, arrivait en fractions très-minimes entre les mains du Ryote ou cultivateur. Sur les produits du sol, le ryote ne conservait ordinairement que ce qui était strictement nécessaire à sa subsistance. La location des terres était annuelle; cependant elle était presque toujours perpétuée dans les mêmes mains de manière à constituer une sorte de propriété mixte. L'agglomération d'un certain nombre de cultivateurs formait le village Indou qui était, au XVIIIᵉ siècle,

constitué comme avant l'invasion Mogole, et comme il
l'est encore aujourd'hui. Notre *Commune* ne donne
qu'une idée imparfaite de cette organisation ; l'analogie
serait peut-être plus complète, à certains égards du
moins, si on comparait le village Indien au *Phalanstère*
rêvé par les disciples de Fourrier. Les Mahométans comprenant le caractère d'immobilité invincible dans la race
Indoue, avaient changé l'organisation du pays conquis
juste assez pour s'emparer de tout le pouvoir, sans rien
déranger au-dessous d'eux. Les Indous, ainsi asservis et
exploités par des conquérants vingt fois moins nombreux, supportaient sans murmure ce joug écrasant.
L'antipathie religieuse subsistait seule dans toute sa
force et s'opposait au mélange des deux races ; elles restaient superposées l'une à l'autre.

Il est facile de comprendre qu'une main puissante,
comme celle d'Akbar ou d'Avrengzeb, pouvait seule
maintenir l'unité d'un empire ainsi constitué. La révolte
des vaincus n'était pas à craindre, mais l'anarchie était
inévitable parmi les vainqueurs. Les pages suivantes
vont nous le démontrer.

Châh-Allum, second fils d'Avrengzeb, monta sur le
trône Mogol en 1707, à l'âge de 80 ans, après une courte
lutte avec ses deux frères qui périrent successivement.
Le seul événement intéressant de son règne est un
épisode de sa lutte avec les Scikhs qui devaient plus tard
jouer un rôle si important. Cette confédération puissante

eut une origine purement religieuse. Sous Baber-Châh,
un Derviche Musulman et un Indou, unis d'une étroite
amitié, avaient écrit un livre dans lequel ils cherchaient
à concilier les dogmes des deux religions. Cette doctrine
se répandit rapidement dans le Lahore et les provinces
voisines de l'Hymalaya; ses sectateurs prirent le nom de
Seikhs et vécurent paisiblement jusqu'à la persécution
que leur suscita l'intolérance d'Avrengzeb. Les Seikhs
transformèrent alors leur organisation religieuse en confédération militaire et désolèrent par leurs incursions les
provinces qui les entouraient. Châh-Allum essaya de les
châtier, et après une campagne heureuse, les refoula pour
quelque temps dans les montagnes. Châh-Allum fut
forcé ensuite de faire aux Radjpouts de l'Adjmîr de nouvelles concessions qui les rendirent complétement indépendants, et il dut également acheter à des conditions
humiliantes la paix, ou plutôt une trève des Maharattes.
Il mourut en 1712, après un règne de cinq ans, laissant
quatre fils qui se disputèrent aussitôt le trône.

Nous ne les suivrons pas dans les détails d'une lutte
compliquée et stérile en événements importants. Il nous
suffira de dire que dans le court espace de six années,
neuf empereurs ne montèrent sur le trône que pour y
être successivement massacrés. Sous le règne d'un de ces
princes obscurs, le mogol Cuttulick-Khan, plus connu
sous le nom de Nidzam-al-Muluck, obtint la soubahbie
du Dekkan. Nous le verrons exercer une grande influence

sur la décadence de l'empire. Enfin en 1718, Mohamed-Châh, arrière petit-fils d'Avrengzeb, fut élevé à l'empire.

Si ce prince eut été doué des qualités brillantes qui, dans le siècle précédent, avaient distingué la maison de Timour, il eut encore pu rendre à son autorité la force perdue dans les convulsions des derniers règnes. Mais indolent et voluptueux, il abandonna bientôt à ses favoris les rênes de l'empire. Attaqué par les Maharattes qui s'avancèrent impunément jusqu'aux portes de Dehly, il en acheta la paix en leur payant le Châtai (quart du revenu) de toutes les provinces où ils avaient porté leurs armes. Ce traité honteux lui fit perdre en un jour le plus ferme appui des gouvernements despotiques, le respect et la crainte de ses sujets.

C'en était fait à jamais de l'empire Mogol; sa dissolution devenait chaque jour plus imminente. Chaque Soubah, chaque Nabab et jusqu'au moindre Radjah, dédaignant la vengeance d'un prince aussi faible, tenta de se rendre indépendant. Nidzam-al-Muluck, soubah du Dekkan, le plus ambitieux des Amrahs ou grands de l'empire, aspirait au poste de Vizir. Par ses grandes qualités il eut peut-être raffermi le trône chancelant de Mohamed; trompé dans ses désirs, il résolut de le renverser. N'osant encore lever ouvertement l'étendard de la rébellion, il invita Nâdir-Châh qui s'était récemment emparé de l'empire Persan, à envahir celui de Dehly. Le conquérant vint attaquer avec trente mille hommes

Mohamed qui aurait pu lui en opposer douze cent mille. Mais successivement trahi par tous ses ministres et la plupart de ses généraux, le malheureux prince vint mettre aux pieds du Persan sa couronne et son empire. Le 2 mars 1739, Nadir-Châh entra à Dehly, et pendant quelque temps le sort de Mohamed fut douteux. Le vainqueur se contenta cependant du riche butin que lui offrait le pillage d'une ville de deux millions d'habitants. Des témoins oculaires portent à un milliard l'argent monnayé qu'il emporta, et à la même somme les pierreries dont il dépouilla le trésor de Mohamed. Il se fit céder encore les provinces de Kaboul, Peichaouer, Kandahar, Ghizneh, Moultan, Sindhy, tous les pays enfin situés entre l'Indus et les anciennes limites de la Perse. A ce prix, il replaça la couronne impériale sur la tête de Mohamed.

Après le départ de Nadir-Châh, Mohamed, avili aux yeux de ses sujets, se renferma dans son sérail; Nidzam-al-Muluck s'empara des rênes du pouvoir et donna le commandement général des forces Mogoles à son fils aîné Gahzi-al-Dien. Depuis ce moment jusqu'à la mort de Mohamed en 1747, nous n'avons que des désastres à enregistrer. En 1740, les Maharattes, sous la conduite de Ragogi Boussola, firent irruption dans le Dekkan; Daoust-Aly, Nabab d'Arkot, leur livra bataille et fut tué avec l'aîné de ses fils; son second fils et son gendre Chunda-Saheb furent faits prisonniers; le reste de sa

famille se réfugia à Pondichéry sous la protection de
Dumas, gouverneur des possessions françaises. Les Maharattes ravagèrent à loisir le Karnatic, cette province
malheureuse que bientôt les Européens allaient prendre
aussi pour théâtre de leurs luttes. Enfin en 1741,
Nidzam-al-Muluck s'avança de Dehly vers Arkot; les
Maharattes, sans l'attendre, évacuèrent ses états et rentrèrent dans leurs montagnes. Le soubah retournant
alors à Dehly, nomma Nabab d'Arkot Ahnaverdi-Khan,
l'un des généraux qui l'avaient suivi.

La décadence de l'empire Mogol se mêle désormais à
l'histoire des deux compagnies que nous allons esquisser
dans les chapitres suivants. Un vaste champ s'ouvrait
aux ambitions Européennes; les princes indigènes épui-
saient en luttes intestines ce qui restait de force aux
débris du grand Empire. Avant de dérouler le tableau
compliqué des négociations et des hostilités au milieu
desquelles se préparait l'esclavage de la Péninsule, nous
devons succinctement retracer les origines et les progrès
des deux compagnies rivales, jusqu'à la guerre de 1744
qui les arma l'une contre l'autre.

CHAPITRE II.

PREMIERS ÉTABLISSEMENTS DES FRANÇAIS
Et des Anglais dans l'Inde.

1600-1744.

LES Anglais qui réclament avec tant d'orgueil aujour-
d'hui l'empire exclusif des mers et qui ont réussi à
exclure de l'Inde toutes les autres nations Européennes,
trouvèrent à leurs débuts la première place déjà prise
sur ces deux théâtres. Les Portugais leur opposèrent
une rivalité redoutable sur terre, et celle des Hollandais
ne fut pas moins vive sur mer. Le peuple aventureux
qui avait, dès la fin du XVe siècle, planté son drapeau sur

le continent Indien , fut pendant long-temps maître absolu du commerce de l'Asie. En 1498, Vasco de Gama, doublant le cap de Bonne-Espérance découvert par son compatriote Diaz douze ans auparavant, débarqua à Calicut. Cette ville était alors gouvernée par un prince Indou qui accueillit avec faveur les belliqueux négociants. Il chercha même à s'en faire d'utiles auxiliaires dans ses luttes avec les princes voisins et facilita ainsi aux Portugais la carrière des conquêtes territoriales dont l'épisode le plus brillant fut la prise de Goa en 1510. Dans le court espace d'un demi siècle, les Portugais quelquefois repoussés , mais plus souvent vainqueurs, avaient fondé une puissance inattaquable aux efforts des Indiens et qu'une rivalité Européenne pouvait seule renverser. Ils avaient pénétré en Chine et au Japon ; leur domination, appuyée sur une chaine non interrompue de comptoirs et de forteresses , embrassait les côtes de Guinée, de Mélinde, de Mozambique et de Sofala, celles des deux presqu'îles de l'Inde, les Moluques, Ceylan et les îles de la Sonde. Nous rejetons à regret d'un cadre trop restreint l'histoire si brillante de leurs conquêtes que remplissent les grands noms de Vasco de Gama et d'Albuquerque, l'histoire plus héroïque encore de leur décadence retardée par le génie de Jean de Castro et d'Ataïde. Il nous suffira de dire que leur ruine fut l'ouvrage des Hollandais et qu'elle était presque consommée lorsque les Anglais s'élancèrent sur la même carrière.

Les Hollandais parurent pour la première fois en 1596 dans les mers de l'Inde, et dès l'année 1605, ils avaient chassé les Portugais de presque toutes les îles et à peu près ruiné leur commerce avec le continent Indien. Ce ne fut cependant qu'en 1640 qu'ils s'emparèrent de Malacca, et qu'en 1656 qu'ils expulsèrent définitivement les Portugais de l'île de Ceylan. Satisfaits de ces succès qui assuraient leur commerce, les Hollandais ne cherchèrent pas à s'établir dans l'empire Mogol. Les Portugais conservèrent donc quelques comptoirs épars sur les côtes, et les établissements plus importants qu'ils avaient fondés dans le Guzerate, jusqu'au moment où les Anglais les firent définitivement reculer devant l'ascendant de leur fortune.

Les résultats obtenus par les Portugais et les Hollandais dans leur commerce asiatique devaient naturellement exciter l'émulation des Anglais, à une époque où le commerce lointain était considéré comme la principale source de richesse des nations. Ils n'osèrent, pendant le XVIe siècle, aborder l'Inde par la route que les Portugais avaient ouverte les premiers et que le code politique de cette époque faisait considérer comme leur propriété exclusive. Aussi voyons-nous les Anglais chercher long-temps à s'ouvrir une route nouvelle vers l'Inde par le Nord-Ouest, puis par le Nord-Est, par le Sud-Ouest, et enfin par la Méditerranée. Quelques aventuriers pénétrèrent même par cette voie en Perse et explorèrent tout l'Indostan. Toutefois l'insuccès de ces tentatives les détermina à suivre la route ordinaire par le cap de Bonne-Espérance qui, déjà forcée par les Hollandais, commençait à tomber dans le domaine public. En 1599, Élisabeth, reine d'Angleterre; envoya une ambassade à Akbar qui régnait alors à Dehly. Ce prince attirait et protégeait les négociants de tous les pays. Son but était politique autant que commercial ; il voulait ouvrir des débouchés à l'industrie de ses vastes états et neutraliser par une concurrence active la domination trop menaçante des Portugais. Son appui était donc acquis aux Anglais; mais dépourvu de marine, Akbar ne pouvait faire respecter ses ordres hors des limites de ses ports. Les Anglais ne durent compter que sur eux-mêmes pour s'ouvrir, les armes à la main, un passage dans les mers de l'Inde.

La première compagnie anglaise fut fondée en 1600 par une charte de la reine Élisabeth qui lui accorda le le commerce exclusif de l'Inde pendant quatorze ans et l'exemption de tous droits pour les marchandises et le numéraire qu'elle exporterait. Le premier capital social fut de 75,373 livres sterling, formant environ 1,865,000 francs de notre monnaie. Quatre voyages successivement entrepris donnèrent un bénéfice d'environ 200 p. 0/0, malgré l'hostilité des Portugais et des Hollandais fortement établis à Surate et dans les îles à épices, but ordinaire de ces expéditions. En 1609, Hawkins se rendit

en qualité d'ambassadeur auprès de l'empereur Djihanghire qui lui accorda d'abord quelques priviléges; mais
en 1611, il fut évincé par une cabale dévouée aux Portugais et quitta la cour Mogole. En 1612, la compagnie
fut reconstituée, non plus cette fois sous forme d'une
souscription spéciale pour chaque voyage, mais avec
un capital social de 429,000 livres sterling (environ
dix millions) administré par un comité de direction.
Les opérations de la compagnie prirent dès lors un plus
grand développement. Deux victoires remportées sur les
Portugais en 1612, dans le golfe de Cambaye, déterminèrent Jacques Ier à envoyer un ambassadeur à l'empereur Mogol. Sir Thomas Roë, choisi pour cette mission,
demanda la faculté d'établir les différentes factories
jugées nécessaires à la prospérité de la compagnie Anglaise et la franchise de tout droit pour son commerce.
Tout fut accordé, les premières expéditions eurent le
succès le plus flatteur. Un établissement fut fondé à
Surate et l'avenir semblait s'ouvrir pour les Anglais,
quand une période de malheur vint ébranler leur puissance naissante. Des accidents imprévus, quelques fautes commises dans l'administration de ses intérêts,
mirent à la gêne cette compagnie qui ne disposait
encore que de faibles capitaux. Les Portugais multipliaient leurs efforts pour l'étouffer dans son berceau.
Les Hollandais enfin, dont l'empire s'étendait sur
un grand nombre d'îles voisines, se prévalaient de

toutes les circonstances propres à leur assurer le monopole d'un commerce dont ils sentaient toute l'importance. Une tentative fut cependant faite en 1619 pour éteindre cette rivalité. Il fut convenu que les deux compagnies Hollandaise et Anglaise s'associeraient pour faire en commun le commerce de l'Inde, sous la surveillance d'un conseil composé de quatre membres de chaque nation. Divers articles réglaient les conditions de l'association et la participation aux dépenses. Cette combinaison bizarre n'enfanta que désordres et hostilités. L'événement connu dans l'histoire sous le nom de *Massacre d'Amboyne* en 1623, porta l'animosité à son comble. Dix Anglais, accusés de conspiration contre la domination Hollandaise dans les Moluques, furent jugés, condamnés à mort et exécutés. Les vaisseaux Hollandais qui se trouvaient dans les ports d'Angleterre, furent aussitôt saisis par représailles, et de longues négociations s'ouvrirent pour terminer l'affaire à l'amiable. Elle ne fut cependant réglée qu'en 1654, moyennant une indemnité de 3,615 livres sterling (environ 90,000 fr.) payée par la Hollande aux familles des victimes. L'association fut ensuite rompue, et après de longs débats, ses comptes se soldèrent par une différence de 85,000 livres (2,100,000 fr.), que les Hollandais payèrent à la compagnie Anglaise.

Pendant toute cette période, le siége principal du commerce des Anglais était à Surate. Ils tentèrent cepen-

dant quelques établissements sur la côte de Coromandel. En 1640, ils achetèrent d'un prince Indien la permission d'élever le fort St.-Georges à Madras. Ils
s'établirent de même à Mazulipatam et à Nellore.

Les troubles civils qui, vers l'année 1640, déchirèrent
l'Angleterre, avaient achevé la ruine de son commerce
avec l'Inde. La situation devait paraître bien désespérée,
puisque Cromwell, à qui l'Angleterre doit son célèbre
Acte de Navigation, en concluant en 1657 avec les Hollandais un traité dont il dicta toutes les conditions, y
négligea lui-même les intérêts de sa patrie sur ces côtes
malheureuses. Tout commerce allait donc cesser entre la
grande Bretagne et l'Indostan, quand Charles II monta
sur le trône. Les premiers actes de son règne furent des
bienfaits pour la compagnie.

Ainsi, le profond politique qui avait élevé si haut la
puissance Anglaise en Europe, semble considérer le
commerce de l'Inde comme à jamais perdu, et c'est un
prince léger, imprévoyant, qui le relève de ses ruines
et prépare à sa patrie la source la plus puissante de sa
prospérité actuelle. Qui pourrait, mieux que le rappro-
chement de ces deux faits, montrer combien la prévision de certains événements dépasse la portée de la
raison humaine et combien le hasard a d'influence sur
la destinée des empires?

En 1660, Charles II accorde une nouvelle charte à
cette compagnie presqu'éteinte ; il augmente tous ses

priviléges et lui confère le droit de paix et de guerre avec tous les princes de l'Inde. Ainsi se dessine de plus en plus la nouvelle organisation des colonies Européennes. Au commencement du XVIIe siècle, ce n'étaient guère que des spéculations particulières autorisées par les gouvernements; elles prennent de plus en plus le caractère de provinces de la métropole; le temps n'est pas loin où elles deviendront pour l'Europe les principales causes de guerre. Peu de mois après, ce prince épousa l'Infante Catherine de Portugal qui lui apportait en dot l'île de Bombay ; il la donna en fief à la compagnie; cinq ans plus tard, il y ajouta l'île de Ste.-Hélène, relâche précieuse pour cette longue navigation. Sous l'influence d'une protection si marquée, la compagnie prospéra rapidement: en 1680 et les trois années suivantes, les actions de cent livres sterling, se négociaient au prix de trois cent soixante, et rapportaient des dividendes proportionnés. Son successeur Jacques II enchérit encore sur les faveurs dont son frère avait comblé la compagnie; il lui accorda de nouveaux priviléges, lui permit de lever des troupes, de bâtir des forteresses, de battre monnaie; enfin, pendant la courte durée de son règne, ce prince fit tout ce qui dépendait de lui pour mettre la compagnie Anglaise des Indes au niveau de celle de la Hollande, mais sans pouvoir y parvenir.

Toujours contrariés par la puissance supérieure des

Portugais d'abord, ensuite des Hollandais, les Anglais
établis dans l'Inde, n'osèrent user des priviléges concédés par leurs souverains. Les Portugais, attaquant la
côte du Malabar long-temps avant que les Musulmans
eussent porté leurs armes dans la Péninsule et réuni
sous un même joug ses puissances désunies, avaient
facilement vaincu des populations timides qu'affaiblis-
saient encore leurs luttes intestines ; les Hollandais,
puissance maritime, avaient eu peu de peine à fonder
leur domination sur des îles nombreuses mais isolées ;
c'était sur le continent même de l'empire Mogol, alors
au plus haut point de puissance, que les Anglais voulaient s'établir; leur marche devait donc être différente.
Ils fortifièrent Ste.-Hélène et Bombay, mais dans tout
l'Indostan, ils affectèrent toujours l'attitude de négociants humbles et soumis, pliant sous les caprices des
gouverneurs Mogols et de leurs moindres officiers. Cette
conduite obséquieuse leur réussissait, et l'état florissant
de leur commerce les consolait de ce qu'ils pouvaient
perdre en considération; la cupidité de directeurs infidèles mit un terme à cette ère de prospérité. Après
avoir détourné à leur profit les deniers de la compagnie,
ils voulurent masquer leurs fraudes par une audacieuse
escroquerie. Ils ordonnèrent à leurs employés à Surate,
d'y emprunter, au nom de la compagnie, tout l'argent
qu'ils pourraient se procurer et de se retirer ensuite à
Bombay. Une somme de sept millions de francs fut

ainsi détournée, et pour couronner l'œuvre, les directeurs confisquèrent à Bombay douze vaisseaux de Surate, valant ensemble plus de vingt-quatre millions. C'était en 1686.

Le châtiment ne se fit pas long-temps attendre. En 1688, Avrengzeb fit assiéger Bombay. Le gouverneur réduit à l'extrémité, envoya à l'empereur cinq députés qui lui furent présentés les mains liées, et qui, prosternés à ses pieds, implorèrent sa clémence. Avrengzeb leur pardonna sous la seule condition de restituer le vol commis, et renouvela même leurs priviléges.

Pendant la seconde moitié du XVIIe siècle, le centre des opérations Anglaises dans l'Inde s'était peu à peu déplacé. Long-temps Bombay avait été considéré comme le chef-lieu de leur puissance Asiatique. Mais bientôt la nécessité de résister aux Hollandais et surtout aux Français, dont les principaux comptoirs étaient sur la côte de Coromandel, augmenta rapidement l'importance de la factorie Anglaise de Madras. Une seconde présidence y fut alors établie, et Madras devint le chef-lieu politique de la compagnie Anglaise, comme Pondichéry l'était pour la France.

Les établissements Européens étaient concentrés dans le Dekkan ou presqu'île au Sud de la Nerbuddah, province qui, nous l'avons vu dans le chapitre précédent, était un annexe de l'empire Mogol, plutôt qu'une partie intégrante de son territoire. C'est vers 1650 que les

Anglais parurent pour la première fois dans le Bengale. L'empereur Châh-Jehan, pour récompenser un médecin anglais qui avait guéri sa fille, avait accordé à ses compatriotes un privilége de commerce dans cette province, avec exemption de droits de douane pour toutes leurs marchandises. Ils établirent un comptoir à Hougly, sur l'un des bras du Gange. Les débuts furent insignifiants, les produits à peu près nuls. Une factorie sans aucune fortification et défendue par trente soldats , qu'ils fondèrent en 1662 à Calcuta, les laissait entièrement à la merci des gouverneurs Mogols. D'intolérables exactions leur firent abandonner l'établissement en 1685. C'est alors que nous voyons pour la première fois, en 1686, la compagnie oser faire la guerre aux Mogols. Deux escadres armées remontèrent successivement la rivière Hougly et remportèrent quelques succès. Avrengzeb irrité, dirigea contre les Anglais des forces plus considérables qui les chassèrent du Bengale et brûlèrent toutes leurs factories. Enfin, en 1690, une paix fut conclue. Le Soubah du Bengale désirait y rappeler les Anglais dont le commerce lui était profitable. Par son intervention , Avrengzeb les autorisa à relever leurs établissements et à faire le commerce comme par le passé.

Cette première tentative de lutte, malgré ses résultats fâcheux, fit certainement concevoir aux directeurs de la compagnie la possibilité de la constituer comme puissance territoriale. On lit en effet dans Mill, l'historien de la compagnie, qu'à partir de 1689, les instructions des directeurs à leurs agents insistaient toujours sur la nécessité de développer le revenu territorial de préférence même à celui du commerce ; sur la nécessité de constituer la compagnie comme une *nation dans l'Inde* et non une simple association de marchands ; sur la nécessité enfin de trouver dans le revenu permanent de l'impôt de quoi faire face aux événements qui pouvaient momentanément interrompre le commerce.

Toutefois, les Anglais n'avaient encore que des comptoirs au Bengale, sans avoir pu y constituer d'établissements fixes et indépendants. Une circonstance accidentelle leur fournit ce qu'ils désiraient si ardemment. Quelques Radjahs ayant, en 1696, levé l'étendard de la révolte, le Soubah du Bengale permit aux Européens de se mettre en état de défense. Les Anglais élevèrent quelques bastions à Calcuta ; les Français les imitèrent à Chandernagor et les Hollandais à Hougly. A force d'intrigues et de présents, les Anglais obtinrent la permission d'acheter du Zemindar ou fermier Indien, trois villages avec leurs districts qui s'étendaient à environ trois miles le long de la rivière Hougly, sur un mile de largeur. La compagnie devait payer au gouvernement le fermage annuel dont avait été chargé le Zemindar. Cette concession eut bientôt la plus heureuse influence, et vers 1707, la compagnie établit une présidence nou-

velle à Calcuta qui jusqu'alors avait dépendu de Madras. La garnison en fut même portée à trois cents
hommes, sans que les Mogols en prissent d'ombrage.
Cette prospérité devait peu durer cependant, et un
nouveau Soubah rançonna si cruellement les Anglais ,
qu'en 1715, ils se virent sur le point de quitter pour
jamais le Bengale. En ce péril extrême, le conseil de
Calcuta recourut directement à l'empereur. Deux fac-
teurs Anglais résidèrent pendant deux ans à Dehly ;
ils allaient repartir sans avoir rien obtenu, quand une
intrigue de sérail leur fit accorder plus qu'ils n'osaient
espérer. Ils emportèrent avec eux trente-quatre firmans
relatifs au Dekkan , au Guzerate et au Bengale. Deux
méritent ici une mention spéciale. Le premier les autorisait à importer toutes les marchandises de la compagnie et à les faire circuler dans tout l'empire sans
payer aucun droit; leurs achats pour l'exportation en
étaient également exempts. Le second firman les autorisait à acquérir des Zemindars trente-sept villages dont
les districts s'étendaient au Sud de Calcuta, à dix miles
le long de la rivière Hougly; ils comptaient y élever des
batteries qui les auraient rendus maîtres de la navigation
de ce bras du Gange, et leur eussent asservi le commerce des autres nations.

L'exécution du premier firman ne rencontra que peu
d'obstacles dans le Bengale; il donna sur le champ à
la compagnie un immense avantage sur les autres na-

tions dont le commerce restait soumis à un droit onéreux. Il n'en fut pas de même de l'acquisition des trente-
sept villages, et le Soubah qu'avait irrité l'ambassade à
Dehly, défendit formellement aux Zemindars d'abandonner la moindre portion de territoire. N'osant recourir
à une lutte ouverte, les Anglais voulurent se dédommager par l'extension illimitée de leur premier firman.
Ils prétendirent faire en franchise de droits, dans l'intérieur du Bengale, un commerce libre des productions
du pays. Mais cette interprétation fut énergiquement
repoussée par le Soubah qui restreignit la franchise
aux objets importés par la compagnie et à ceux destinés
à l'exportation. Tel fut néanmoins le parti que surent
tirer les Anglais de ces nouveaux priviléges, qu'au bout
de dix ans, le commerce de Calcuta s'élevait à dix mille
tonneaux. Tous les négociants Mahométans ou Indiens
répandus dans les environs, empruntaient le nom et les
vaisseaux des Anglais pour exporter du Bengale dans
les autres ports de l'Inde des denrées qui, dès lors, ne
payaient plus de droits. Il est facile d'imaginer les sommes considérables que cette fraude rapportait à la compagnie, et plus encore peut-être à ses divers employés.

Le régime de la compagnie en Angleterre présente
aussi pendant cette période une série de malversations
et de fraudes qui attirèrent en 1691 l'attention du parlement. Sa charte fut revisée. En 1693, une nouvelle
enquête eut lieu, à l'instigation de ceux qui réclamaient

la liberté du commerce dans l'Inde. Les papiers de la
compagnie furent saisis ; on y trouva la preuve de sommes considérables données aux ministres et aux person-
nages les plus influents du gouvernement, et pour sauver les coupables, le roi Guillaume III fut obligé de
dissoudre son parlement. En 1698, le roi, sans sup-
primer l'ancienne compagnie, en créa une seconde qui
fit à l'État un prêt de deux millions sterling, à l'intérêt
de 8 pour cent, avec un privilége de treize années.
Après s'être fait une guerre désastreuse dans l'Inde et
en Angleterre, les deux compagnies se réunirent en 1702,
et en 1708, elles obtinrent de la reine Anne une nouvelle charte, confirmée par le Parlement, à condition
que l'intérêt du précédent emprunt serait réduit à
5 pour cent et qu'elles en consentiraient un second de
douze cent mille livres sterling au même taux. Le privilége fut prorogé jusqu'en 1726, ou jusqu'à l'époque du
remboursement intégral du prêt fait à l'État. Bientôt
après, le traité d'Utrecht rendit la paix à l'Europe, et
la compagnie étendit ses opérations avec un succès
constant. En 1730, malgré les nombreuses pétitions
présentées par les principales villes d'Angleterre pour
la liberté du commerce dans l'Inde, elle obtint du gouvernement le renouvellement de son privilége pour
33 ans, moyennant un don gratuit de deux cent mille
livres sterling et une nouvelle réduction de 2 pour cent
sur l'intérêt des trois millions deux cent mille livres

sterling précédemment prêtées. Les opérations commerciales de la compagnie continuèrent à prospérer jusqu'en
1744, époque où la guerre s'alluma entre la France et
l'Angleterre. La compagnie en profita aussitôt pour
s'asurer la protection du gouvernement, en lui offrant
un prêt d'un million de livres sterling, à la seule condition de proroger son privilége jusqu'en 1780. Elle obtint
sans difficulté cette concession qui devait lui donner
tant de force pour lutter dans l'Inde contre la compagnie
française.

Dans le récit que nous venons de faire des origines
de la compagnie Anglaise jusqu'en 1744, nous n'avons
encore vu les Français paraître à aucun titre. C'est
qu'en effet, jusqu'à ce moment, les deux peuples s'avançaient avec des efforts égaux sur deux lignes voisines,
mais sans s'être encore rencontrés. C'est en luttant
pied à pied contre les Portugais, les Hollandais et les
Mogols eux-mêmes, que les Anglais fondèrent et affer-
mirent leurs premiers établissements. Les Français luttèrent contre les mêmes ennemis et contribuèrent à
l'expulsion des Portugais et des Hollandais, sans s'être
un seul instant attaqué aux Anglais. Les deux peuples
entre lesquels devait plus tard se concentrer une lutte
si brillante, semblaient s'observer en ménageant leurs
forces. Étudions donc maintenant à leur tour les origines
de la puissance Française, et voyons par quels progrès

rapides elle s'était développée au point de lutter sur le pied de l'égalité avec la puissance des Anglais.

S'il ne fut pas donné aux Français d'ouvrir les premiers la route du cap de Bonne-Espérance, ils suivirent de bien près du moins les Portugais sur ces mers nouvelles. C'est en 1498 seulement que Vasco de Gama débarquait à Calicut, et en 1503, un Français, le capitaine Gonneville, parti du Hâvre avec un seul vaisseau, fut, dit-on, jeté sur la côte de l'Inde par une longue suite de tempêtes. Nous n'enregistrons d'ailleurs ici cette prétendue découverte de l'Inde par Gonneville, que pour mémoire et par respect pour les auteurs qui en ont parlé. Les documents authentiques qui nous restent de ce voyage, rendent cette hypothèse peu admissible, et les détails de mœurs qu'ils renferment, semblent mieux s'appliquer aux hordes sauvages des îles de la Sonde qu'aux populations intelligentes du Dekkan. Le XV⁰ siècle fut l'époque la plus brillante de la civilisation Indienne, et sur aucun point de ce vaste empire, on n'eut pu trouver la barbarie que signale Gonneville. Ses descriptions physiques des naturels rappellent la race difforme de l'Océanie, plutôt que le noble type Asiatique. Quoiqu'il en soit, cette reconnaissance prématurée, résultat du hasard, ne pouvait avoir aucun fruit pour la France. Aussi voyons-nous un siècle entier s'écouler sans nouvelle tentative. En 1601, Pyrard fut envoyé avec deux vaisseaux par des armateurs Bretons;

il échoua aux Maldives où il fit un long séjour. En 1616 et 1619 , Gérard le Flamand partit de Honfleur et dirigea sur l'île de Java des vaisseaux qui en revinrent pauvrement chargés. Ces tristes résultats ne découragèrent point l'esprit d'entreprise. La compagnie dite des Moluques s'organisa alors, mais son existence fut aussi courte que stérile. En 1633, quelques négociants Dieppois tentèrent un nouvel essai isolé. Sous leur patronage le capitaine Reginon visita le golfe de Bengale, la presqu'île du Dekkan et l'île de Madagascar. Cette dernière contrée excitait surtout l'attention des spéculateurs ; tous les rapports la représentaient comme infiniment supérieure à l'Indostan en richesse et fertilité, et c'est dans le but spécial de la colonisation de cette île que Richelieu organisa en 1641 la première compagnie française des Indes.

Cette institution dont la durée fut d'ailleurs si courte, n'a laissé dans l'histoire nulle trace de son passage. Une langueur mortelle paralysait déjà toutes ses ressources, quand Colbert entreprit sa grande réforme commerciale et maritime. L'importance coloniale du continent Indien ne pouvait échapper à ce génie calculateur et élevé. Aussi chercha-t-il à diriger sur ce point l'activité de la nation, en constituant la seconde compagnie française des Indes. C'était en l'année 1664. Il accumula libéralement dans sa charte toutes les faveurs qu'il crut propres à la soutenir, lui accorda pendant cinquante ans

le privilége exclusif du commerce des Indes, fit contribuer l'État pour un cinquième dans la constitution du
capital social, et promit de rembourser sur le trésor
public toutes les pertes que pourrait faire la compagnie
pendant les dix premières années de son existence.
Malgré cette protection si généreuse, les débuts de l'entreprise furent malheureux, et un prompt découragement eut mis fin à toute tentative, si ces premiers
voyageurs n'avaient été fortement empreints encore du
génie aventurier des siècles précédents. Caron, parti
de France comme chef de l'entreprise, chargé des
destinées futures de cette nouvelle société, eut à lutter
partout contre la puissance prédominante des Portugais,
et cette lutte était trop inégale. Après avoir exploré
tout le golfe Persique, visité la presqu'île de Guzerate,
il fonda enfin en 1668 un comptoir à Surate, à l'entrée
du golfe de Cambaye. La concurrence commerciale des
Portugais le força bientôt à leur céder la place ; il se
retira alors dans l'île de Ceylan, où il choisit Trinkomali
pour principal comptoir et centre de ses opérations. De
nouvelles misères étaient réservées à ces infatigables
colons. Une horrible famine les força d'abandonner
Ceylan pour se jeter sur le petit établissement de St.-
Thomé ou Méliapour. Ce comptoir avait été fondé par
les Portugais sur la côte de Coromandel, et conquis en
1662 par le roi de Golconde. Caron l'emporta en 1677,
mais deux ans après, les naturels, aidés par les Hollandais,

le reprirent dans un assaut furieux où la plupart des Français furent massacrés.

Les tristes débris de la colonie furent, en 1679, ramenés par Martin dans la petite bourgade de Pondichéry qui lui fut cédée par le Radjah de Gingi. L'habile gouverneur était parvenu, par une conduite sage et prudente, à faire oublier les malheurs précédents ; une nouvelle ère de prospérité semblait s'ouvrir pour le commerce Français, quand les Hollandais vinrent s'emparer de Pondichéry. Leur domination fut courte toutefois, et la paix de Riswick rendit ce comptoir à la France en 1697. Martin en reprit aussitôt le gouvernement, et favorisé par une longue tranquillité, il éleva sa colonie au plus haut point de splendeur. Cet homme remarquable peut être considéré comme le modèle du colon civilisateur. Ferme et patient dans l'exécution de ses plans, habile à se concilier l'affection des Indigènes, administrateur intègre, persévérant, infatigable, c'était le seul homme qui pût relever de ses ruines l'édifice chancelant de la puissance Française. Sous son gouvernement vigoureux, Pondichéry devint la métropole de nos établissements Asiatiques. Les autres comptoirs tentés à Surate, Radjâpour, Banda-Neira, Tissery, Mazulipatam, Bender-Abassi (sur le golfe Persique), et jusqu'à Siam, s'éteignirent peu à peu, ou furent du moins éclipsés par la prospérité supérieure de Pondichéry. Dans cette unité fut l'origine de la puissance Française.

Lenoir, puis Dumas, lui succédèrent, en suivant la
ligne de conduite qu'il avait si nettement dessinée. Sans
être marqué par aucune action d'éclat, leur gouvernement
doit figurer avec honneur dans l'histoire de nos colonies.
Dumas obtint de l'empereur de Dehly la permission de
battre monnaie et la possession du territoire de Karikal,
dans le Karnatic, au bord du Cavery ; ce comptoir est
du petit nombre de ceux qui appartiennent encore à la
France. Sommé par les Maharattes, en 1740, de leur
livrer la famille du Nabab d'Arkot, réfugiée à Pondichéry, Dumas rejeta cette demande avec fermeté et sut
faire respecter l'hospitalité Française par un ennemi
redoutable.

Enfin Dupleix vint, et avec ce grand homme commença
la prépondérance des armes Françaises, brillante et
courte période que son nom remplit tout entière. La
série d'actes habiles et de négociations profondes dont
nous allons bientôt dérouler le tableau, parlera plus haut
que nos éloges. Dupleix ne semblait pas destiné au ma-
niement des affaires publiques. Fils d'un fermier général, l'un des directeurs de la compagnie des Indes, il ne
s'occupa d'abord que du soin d'augmenter sa fortune personnelle, par le commerce étendu qu'il faisait dans l'Inde
et aux îles de France et de Bourbon. Des circonstances
tout accidentelles le firent nommer membre du conseil
d'administration de Pondichéry et ensuite gouverneur
de Chandernagor. Son administration habile éleva

bientôt au premier rang cet obscur comptoir, fondé en 1683, avec privilége de commerce dans les provinces de Bengale, Behar et Orissa, moyennant un droit de 2 1/2 p. 0/0 sur les marchandises importées ou exportées. Il en fit en peu d'années le centre et l'entrepôt d'un vaste commerce. La Mogolie, le Thibet, les côtes de la mer Rouge et du golfe Persique, Surate, Goa, les Maldives, Manille, y dirigeaient leurs produits et devenaient en quelque sorte tributaires de la factorie Française. Une si brillante direction attira bientôt l'attention du gouvernement et de la compagnie. En 1742, tous les yeux se portèrent sur Dupleix, comme sur le seul homme capable de faire face aux circonstances difficiles qu'on prévoyait déjà; il fut nommé gouverneur de Pondichéry et de toute l'Inde française.

Une gloire rivale s'élevait cependant à côté de la sienne, mais sans l'obscurcir. Mahé de Labourdonnais avait commencé à 15 ans sa carrière maritime, et son nom était mêlé à l'histoire de tous nos triomphes. L'audace, la promptitude, un indomptable courage, caractérisent ce génie aventureux dont l'union avec Dupleix eut à jamais assuré le triomphe de la France. En 1736, Labourdonnais avait été nommé gouverneur des îles de France et de Bourbon, acquises en 1702 par la France. Il en avait organisé l'administration intérieure, quand il reçut l'ordre de protéger nos possessions Indiennes menacées par l'Angleterre. Son dernier exploit fut de sauver Mahé que bloquait une escadre Anglaise. C'était le 30 septembre 1741 ; Dumas était encore gouverneur de Pondichéry. La fin des hostilités ramena Labourdonnais à l'île de France, d'où nous le verrons s'élancer de nouveau, pour illustrer de l'éclat de son nom la guerre de 1744.

Nous avons décrit à grands traits la naissance et les progrès des deux compagnies rivales jusqu'au moment où la guerre éclata en Europe entre la France et l'Angleterre. Le contre-coup devait s'en ressentir en Asie, et les deux compagnies furent amenées à y prendre part, malgré la répugnance marquée de leurs directeurs à Paris et à Londres. Il est évident qu'au début de la lutte, la supériorité matérielle était très-grande du côté des Anglais. Mais Dupleix jeta dans la balance sa valeur personnelle et la fit pencher en faveur de la France. C'est ce que nous allons maintenant exposer dans le chapitre suivant.

CHAPITRE III.

LUTTE DANS LE DEKKAN,

Depuis la guerre de 1744, jusqu'au Traité de Madras en 1754.

Ce fut une querelle étrangère, à laquelle ils prenaient part comme auxiliaires, qui mit, en 1744, les Anglais et les Français en présence ; les deux peuples soutenaient des prétendants différents au trône impérial laissé vacant en 1740 par la mort de Charles VI. Les Anglais qui n'avaient qu'un intérêt médiocre dans cette lutte continentale, cherchèrent dès l'abord à exploiter la guerre en attaquant les colonies de leurs ennemis dans les deux hémisphères, et l'Inde surtout excita leur ambition. Mais lorsque la première escadre Anglaise parut en 1745 sur la côte de Coromandel, il y avait long-temps déjà que Dupleix méditait un vaste projet. Il voulait élever la puissance de la France sur les débris de l'empire Mogol, il voulait tenter ce qu'exécuta depuis la nation rivale. Il en avait de longue main préparé les moyens, mais trop faible alors pour rien entreprendre, peut-être même pour résister aux forces Anglaises qui venaient d'arriver, il eut recours à la ruse. Il obtint du Nabab d'Arkot, capitale du Karnatic, d'interdire aux Anglais tout acte d'hostilité dans son gouvernement qui renfermait Madras et Pondichéry. Ahnaverdi-Khan, alors Nabab du Karnatic, était le plus puissant feudataire du Soubah du Dekkan; son gouvernement propre était très-étendu; il était investi en outre d'un droit de suzeraineté sur les Radjahs Indous de Tritchinapali et de Tandjaore; son intervention pouvait donc exercer une grande influence dans la lutte future. Le conseil de Madras, accoutumé à respecter les ordres des gouverneurs Mogols, et ne croyant pas pouvoir réduire Pondichéry malgré le Nabab, attendit dans l'inaction les renforts qu'on lui avait annoncés; mais avant leur arrivée, Labourdonnais dissipa l'escadre Anglaise et changea la face des affaires. Informé que Pondichéry allait être attaqué à l'arrivée des renforts, Dupleix résista aux instances de Labourdonnais qui

voulait continuer la lutte sur mer et le détermina à aller
mettre le siége devant Madras sans consulter le Nabab.
La nécessité seule, une impérieuse nécessité, pouvait
faire excuser la conduite de Dupleix. Nous aurons plus
d'une fois dans ce récit à flétrir la mauvaise foi des Anglais, mais il faut avouer ici, et avouer à regret, qu'ils
avaient droit de se plaindre. Dans la position subalterne
qu'occupaient alors les Européens dans l'Inde, les ordres pacifiques du Nabab, que Dupleix lui-même avait
provoqués, constituaient entre les deux partis une véritable trève, et la rompre sans déclaration préalable,
était un acte habile peut-être, mais à coup sûr peu
loyal.

La place fut investie le 16 septembre 1746, et après
quatre jours de tranchée, la garnison se rendit, aux
termes d'une capitulation qu'avait dictée Labourdonnais;
il promettait aux Anglais de les laisser à Madras, prisonniers sur parole, et de leur rendre la ville au bout
d'un mois, moyennant une rançon d'environ neuf millions. Labourdonnais se croyait autorisé à agir ainsi,
d'après des instructions secrètes de la Cour de France,
qui lui interdisaient de conserver aucun établissement
ennemi dont il se serait emparé. Comme commandant
de la flotte royale, il se croyait d'ailleurs indépendant
de Dupleix, et celui-ci prétendait au contraire que la
qualité de gouverneur de l'Inde française lui permettait
de diriger toutes les opérations faites *sur terre* et le

rendait maître absolu du sort de Madras. Dupleix manifesta hautement son opposition à la capitulation du 20 septembre ; Labourdonnais jugeait son honneur engagé à la faire littéralement exécuter. Il poussa jusqu'à l'excès peut-être ce scrupule honorable, en refusant d'aller attaquer Calcuta à la tête d'un corps de 1400 hommes que trois vaisseaux français avaient conduits à Pondichéry. Il perdit ainsi l'occasion de porter un second coup plus terrible encore à la puissance des Anglais. L'animosité de Dupleix s'en accrut, et il tenta même de faire arrêter Labourdonnais qui, au contraire, mit aux arrêts les officiers chargés de cette mission. Enfin Labourdonnais fut forcé de retourner à l'île de France, dont il était gouverneur. Aussitôt après son départ, Dupleix annula le traité de Madras, se fit livrer toutes les marchandises et même les biens des particuliers, déclara que la ville serait rasée et fit conduire le gouverneur, ses principaux officiers et tous les soldats captifs à Pondichéry, où il les reçut dans une espèce de Triomphe à la manière antique.

Une haine profonde anima dès lors Dupleix et Labourdonnais, ces deux génies trop avides de gloire l'un et l'autre pour souffrir patiemment un rival. Dans cette lutte, le gouvernement et l'opinion donnèrent raison à Dupleix ; Labourdonnais fut rappelé en France et mis en accusation. Pendant trois ans, il attendit au fond d'une prison le jugement qui l'acquitta, mais trop tard. Le coup était porté, et Labourdonnais absous mourut de chagrin. Ainsi s'éteignit l'une des gloires de notre marine, l'un des hommes qui avaient rendu le plus de services à la France en Asie, et sa mort livra aux Anglais les mers qu'il leur avait si énergiquement disputées.

Le jour même de la reddition de la place, Dupleix avait reçu une lettre du Nabab d'Arkot qui se plaignait amèrement de l'infraction aux ordres donnés pour assurer la paix dans son gouvernement. Peu satisfait des explications de Dupleix, Ahnaverdi envoya ses deux fils investir Madras qu'ils tentèrent d'emporter d'assaut. Repoussés avec perte, ils se replièrent sur St.-Thomé, et le lendemain, deux bataillons Français osèrent attaquer l'armée Mogole et la défirent complétement; les fuyards ne s'arrêtèrent qu'à Arkot. Il y avait plus d'un siècle qu'aucune nation Européenne n'avait remporté d'avantage décisif contre un général Mogol. Cet événement rompit le prestige de l'opinion et donna aux armes Françaises la réputation la plus brillante.

Dupleix se prépara sur le champ à attaquer St.-David, le second établissement Anglais de la côte de Coromandel; mais le Nabab, irrité de l'échec subi par ses fils, se joignit aux Anglais. La partie devenait trop inégale; après avoir tenté sans succès une diversion dans les propres états du Nabab, Dupleix parlementa et acheta, pour quatre ou cinq cent mille francs, la neutralité de l'armée Mogole. St.-David fut de nouveau investi, mais

ces négociations avaient fait perdre un temps précieux.
Une escadre anglaise parut à la hauteur de Pondichéry;
Dupleix dut rappeler ses troupes, et St.-David reçut à la
fois des renforts de Bombay et d'Europe. Une tentative
sur Kuddalore manqua également peu après. L'escadre
de l'amiral Boscowen ayant opéré sa jonction avec les
forces navales déjà stationnées dans l'Inde, Dupleix menacé par la plus puissante flotte qui eut jamais paru
dans ces mers, fut bientôt réduit à se défendre dans
Pondichéry. Le 26 août 1748, les Anglais investirent la
place. Nous ne pourrions, sans sortir des bornes de ce
récit, rapporter les ressources que trouva Dupleix dans
son génie, son courage et sa haine contre l'Angleterre,
pour résister à des forces si supérieures. Attaqué par
terre et par mer, il sut faire face à tous les dangers; par
des sorties continuelles, il détruisit les travaux des assiégeants, intercepta les communications entre la flotte et
le camp, et jeta bientôt le découragement dans cette
armée que les maladies et les pluies réduisirent à la détresse. Enfin après quarante-deux jours de tranchée
ouverte, après avoir perdu douze cents soldats Européens,
les Anglais levèrentle siége le 6 octobre.

Cet événement avait mis le comble à la gloire de
Dupleix et à la réputation des armes françaises. De
toutes les provinces de l'Inde, les yeux étaient fixés sur
Pondichéry; les lettres les plus louangeuses arrivaient à
Dupleix de la part du Soubah, des Nababs et de l'Empe-

reur lui-même ; l'influence de la France semblait dès lors prédominer dans le Dekkan. Le mois suivant, on apprit en Asie la signature des articles préliminaires du traité d'Aix-la-Chapelle. Les hostilités furent donc arrêtées de part et d'autre. L'amiral Boscowen reçut toutefois du ministère Anglais, l'ordre de continuer à croiser dans les mers de l'Inde. Le traité signé le 18 octobre 1748 laissait en effet subsister des différends qui devaient amener une nouvelle rupture, et la paix d'Aix-la-Chapelle n'était considérée par les Anglais que comme une trève pour se préparer à une guerre plus énergique. Les choses furent remises dans l'Inde sur le pied où elles étaient avant la guerre, et Madras rendu à l'Angleterre.

Il dépendait alors des deux compagnies rivales d'en revenir aux premiers principes de leur établissement, en se renfermant dans les opérations commerciales qui leur avaient également réussi. Si les chefs de Pondichéry et de Madras eussent consulté les vœux de leurs commettans, la réponse n'eut pas été douteuse. Mais l'animosité de cette longue lutte avait pénétré trop profondément dans les mœurs des Colons ; une rivalité haineuse animait les gouverneurs de Pondichéry et de Madras. Pour Dupleix et Saunders, le commerce n'était plus qu'un prétexte, le but était l'extension illimitée de l'influence Européenne ; aussi les voyons-nous aussitôt recommencer, comme auxiliaires des princes Indiens, la guerre qu'ils ne pouvaient plus se faire ouvertement. La transition entre les deux guerres de 1744 et de 1755, s'efface donc complétement dans l'Inde.

Le conseil de Madras, voyant à ses ordres le corps de troupes le plus nombreux qui eut été jusqu'alors réuni dans l'Inde, prit l'initiative, sous prétexte de rétablir dans ses états le Radjah de Tandjaore, détrôné par son frère. Le prince promettait à ses auxiliaires le fort de Devicatah et un district de la valeur de neuf cents pagodes ou environ neuf mille francs de revenu. Les Anglais furent d'abord complétement battus; ils n'en persistèrent pas moins à attaquer Devicatah dont la possession devait leur offrir un excellent port sur une des branches du Cavery, et excités par le désir de rétablir le prestige de leurs armes, ils emportèrent cette place malgré une défense énergique. Mais cette résistance inattendue avait refroidi leur ardeur; après quelques pourparlers, ils abandonnèrent leur protégé, et consentirent même à l'emprisonner, en obtenant du Radjah régnant le paiement des frais de la guerre et la cession définitive de Devicatah.

Dupleix, de son côté, agissait dans une autre partie du Dekkan, mais pour apprécier l'influence qu'il y avait acquise et les moyens sur lesquels il fondait ses espérances, nous devons retracer les révolutions de la cour de Dehly. Dans ce tableau nécessaire, la confusion des événements se complique encore par l'accumulation de

noms barbares. Nous allons chercher à le simplifier
autant que possible.

Pendant que la France et l'Angleterre se disputaient
sur la côte de Coromandel la possession de quelques
factories, l'empire Mogol s'écroulait de toutes parts. Les
Soubahs d'Aoudh, d'Allahabâd, de Behâr et du Bengale,
s'étaient rendus indépendants; les Rohillas, tribu d'Afghans, avaient formé un état particulier à 80 miles de
Dehly; les Jattes, tribu d'Indous, en avaient fait autant
à Agra; le Dekkan était la propriété de Nidzam-al-Muluck; l'Adjmîr était rentré sous la domination absolue
des Radjahs, ses anciens souverains; le reste de l'Indostan était divisé entre les Maharattes, les Seikhs et quelques Radjahs particuliers. Abdallah Khan, l'un des généraux de Nadir-Châh, s'était emparé, à la mort du
conquérant Persan, des provinces de Kaboul, Peichaouer,
Kandâhar, Ghizneh, Moultan, Sindhy, arrachées en 1739
à l'empire Mogol, et menaçait d'envahir une seconde fois
l'Indostan. Le malheureux Mohamed était réduit à la
province de Dehly, lorsqu'il mourut en 1749; son fils
Achmed-Châh monta aussitôt sur ce trône chancelant.

La mort de Nidzam-al-Muluck, Soubah du Dekkan et
grand vizir, suivit de près celle de Mohamed. Son fils
aîné, Gahzi-al-Dien, restant à Dehly sans prétendre à
la Soubahbie, Nazer-Singh, second fils de Nidzam, s'empara sur le champ des trésors de son père et se fit proclamer à Avrangabâd, capitale du Dekkan. Achmed-

Châh lui envoya bientôt après le firman de confirmation.

La Soubahbie lui fut aussitôt disputée par son neveu Muzafer-Singh qui, du vivant de Nidzam, avait joui dans le Dekkan d'un gouvernement considérable. Il basait ses droits sur un testament de Nidzam qui le désignait comme son successeur, et sur un autre firman de l'Empereur qui le confirmait en cette qualité. A ce prétendant se joignit Chunda-Saheb, gendre du Nabab d'Arkot, tué en 1740 par les Maharattes. Chunda-Saheb était resté prisonnier à Pounah jusqu'en 1748. A cette époque, Dupleix comprenant l'utilité d'établir dans le Karnatic un Nabab dévoué à ses projets, chercha de longue main à s'attacher Chunda-Saheb, déjà bien disposé en faveur de la France par l'hospitalité que sa famille recevait depuis huit ans à Pondichéry. Il lui fournit donc la somme nécessaire pour acquitter sa rançon, et Chunda-Saheb, rendu à la liberté, obtint même de ses anciens ennemis un corps de trois mille Maharattes avec lesquels il revint tenir campagne dans le Karnatic. Il réclamait alors la Nababie de cette province, qui lui fut promise par Muzafer-Singh. Dupleix qui avait présidé à ces arrangements, joignit ses troupes aux leurs. Les forces françaises étaient commandées par le colonel de Bussy dont le nom reviendra si souvent dans le cours de cette histoire.

Ce fut sur le Nabab d'Arkot que les confédérés dirigèrent leur premier effort. Ahnaverdi‑Khan implora vainement le secours des Anglais. Attaqué près d'Ambour, il perdit la bataille et la vie. L'aîné de ses fils fut tué dans le combat, et le second, Mohamed-Aly, se réfugia à Tritchinapali. Les Anglais se décidèrent alors à embrasser sa cause et à lui envoyer quelques troupes; le prétexte était tout trouvé pour combattre Dupleix.

Les alliés s'occupaient cependant de recueillir les fruits de leur victoire. Muzafer-Singh se fit proclamer Soubah du Dekkan sur le champ de bataille d'Ambour, et octroya solennellement à Chunda-Saheb la Nababie du Karnatic. Le premier acte du nouveau Nabab fut de récompenser son protecteur Dupleix par la cession d'un territoire très-étendu autour de Pondichéry.

Le Soubah Nazer-Singh marcha bientôt vers Arkot, à la tête d'une armée formidable à laquelle s'étaient joints Mohamed-Aly et un corps d'Anglais auxiliaires. Muzafer-Singh et Chunda-Saheb acceptèrent la bataille avec des forces bien inférieures. Une sédition qui éclata dans les troupes françaises, détermina la victoire de Nazer-Singh; il fit prisonnier son neveu, pendant que Chunda-Saheb se réfugiait à Pondichéry. Dupleix commença aussitôt des négociations avec Nazer-Singh, que les Anglais venaient d'abandonner à la suite de quelques mécontentements. Pendant ce temps, un corps de troupes françaises s'emparait de Tripetty, remportait près de St.-David une victoire signalée sur Mohamed-Aly et les Anglais, et enlevait d'assaut la forteresse de Gingi, la plus forte place du Dekkan. Nazer-Singh, effrayé de ces succès, accorda enfin tout ce que demandait Dupleix, c'est-à-dire le rétablissement des enfants de Muzafer-Singh dans son ancien gouvernement, et la reconnaissance de Chunda-Saheb comme Nabab d'Arkot. Le jour même où il expédiait ce traité à Pondichéry, une conspiration ourdie de longue main à la connaissance de Dupleix, éclata dans le camp du Soubah. Un petit détachement de Français, mandé par les révoltés, attaqua le camp, et dans le désordre, Nazer-Singh fut tué par le Nabab de Kaddâpah. Muzafer-Singh, tiré de sa prison, fut à l'instant même proclamé Soubah du Dekkan. C'était en décembre 1750.

Cette révolution était un immense triomphe pour Dupleix. Muzafer-Singh se rendit aussitôt à Pondichéry, combla de faveurs le gouverneur français auquel il devait son trône, et le rendit, par le fait, maître absolu du Karnatic. Il céda en outre à la compagnie Française des districts étendus autour de Pondichéry et de Karikal, et enfin la ville de Mazulipatam. Il partit ensuite pour sa capitale avec une petite armée française sous les ordres de Bussy; mais pendant le voyage, une révolte éclata dans son camp, et en janvier 1751, un mois après son élévation, Muzafer-Singh périt assassiné.

Salabet-Singh, troisième fils de Nidzam-al-Muluck, fut alors proclamé Soubah par l'influence de Bussy qui

voulait maintenir la prédominance des Français dans le
Dekkan. Son frère aîné Gazhi-al-Dien, mécontent de sa
position à Dehly vint, à la tête de cent cinquante mille
hommes, lui disputer le gouvernement du Dekkan ; mais
il mourut avant que les deux armées en vinssent aux
mains, et Châh-al-Dien, son fils, satisfait de succéder à
Dehly aux charges de trésorier général et commandant
en chef des troupes de l'empire, qu'avait exercées son
père, renonça solennellement aux affaires de la Péninsule.

La question si importante de la Soubahbie du Dekkan
était donc complétement vidée. L'avénement de Salabet-
Singh, partisan déclaré des Français et soumis à l'influence personnelle de Bussy, devait favoriser l'exécution
des projets de Dupleix ; mais la lutte restait entière à
l'égard du Nabab d'Arkot. Ce gouvernement comprenait
dans ses limites et Madras, et Pondichéry ; on conçoit
l'importance qu'attachaient au choix du Nabab les deux
compagnies rivales.

Dupleix entreprit donc de mettre Chunda-Saheb en
possession de la Nababie. Il eut d'abord les plus grands
succès ; Mohamed-Aly était réduit à la possession de
Tritchinapali et de quelques petits forts, quand les Anglais se décidèrent à le secourir. Démoralisés par leurs
échecs antérieurs et par l'ascendant des triomphes de
Dupleix, les Anglais furent, à diverses reprises, battus
par des forces inférieures en nombre, chassés de l'île

de Sheringham et réduits à se replier sur Tritchinapali, où ils introduisirent un petit renfort. Ce fut
alors que l'étoile de l'Angleterre suscita à Dupleix un
adversaire digne de lui. Pour la première fois, nous allons
voir en présence Clive et Dupleix , ces deux grands
hommes à qui l'avenir réservait des fortunes bien diverses et des morts analogues, ces deux noms épiques en
qui pourraient être personnifiées les destinées de la
France et de l'Angleterre sur ces rivages lointains.

Robert Clive ne semblait pas destiné au rôle brillant
qu'il joua plus tard dans l'histoire de sa patrie. Des
désordres de jeunesse le forçent, à vingt ans, de quitter
l'Angleterre pour se mettre au service de la compagnie
dans l'Inde. Ses premiers débuts le découragent et il veut
se suicider. Un inexplicable hasard le sauve : « Il paraît,
dit-il à un ami, que j'ai encore quelque chose à faire ici. »
Dans cette parole est renfermée toute sa vie. Vingt-cinq
ans plus tard le suicide devait ressaisir sa proie; une
mort volontaire, désespérée, était réservée à Clive, mais
auparavant *il avait quelque chose à faire :* il fallait qu'il
donnât un empire Asiatique à l'Angleterre. Obscur commis de la compagnie, Clive échappe sous un déguisement
aux désastres de Madras, où les habitants Anglais que
Dupleix n'avait pas emmenés à Pondichéry, devaient
rester prisonniers sur parole. Les orages d'un caractère
insociable et altier le précipitent en enfant perdu dans la
carrière militaire, où ses talents éminents le font rapi-

dement distinguer. Son courage détermine la prise du fort de Devicatah, dans la guerre du Tandjaore, et en l'absence de tout officier d'un grade supérieur, c'est lui qu'on charge d'aller défendre Mohamed-Aly renfermé dans Tritchinapali. Aussitôt, nous voyons le jeune capitaine de vingt-cinq ans improviser un habile plan de campagne, et tracer en une seule phrase le programme politique de la compagnie dans le Dekkan. « Pendant que Chunda-Saheb « assiégera Tritchinapali, s'écrie Clive dans le conseil, « attaquez vous-mêmes Arkot, sa capitale, c'est le seul « moyen de délivrer Mohamed et de ménager un anta- « goniste à vos ennemis. *Mohamed une fois pris ou tué,* « *vous disparaîtriez de l'Inde.* » Ce plan audacieux est adopté. Avec trois cents Sipahis et deux cents Anglais, il part de Madras le 6 septembre 1752 et s'empare d'Arkot. Derrière les murs démantelés de la forteresse, il tient en échec une armée de dix mille hommes que Chunda-Saheb avait ramenée contre lui, la bat dans plusieurs sorties, repousse tous les assauts, finit par lui faire honteusement lever le siége au bout de cinquante jours de tranchée, et relève ainsi, par cet exploit mémorable, l'honneur des armes Anglaises discréditées depuis la prise de Madras. Un corps d'auxiliaires Maharattes se joint alors à lui. Il s'élance dans la campagne, s'empare de Kondjeveram, achève de détruire l'armée ennemie, bat à plusieurs reprises les troupes de Dupleix, puis vient déposer son commandement entre les mains du major Lawrence, récemment arrivé d'Europe, et auquel il resta d'ailleurs adjoint, jusqu'à l'époque où l'ambition de siéger à la chambre des Communes le rappela lui-même en Angleterre.

Sous ce nouveau chef, les succès des Anglais ne furent pas moins décisifs. Dans l'espace de quelques mois, les troupes Françaises furent plusieurs fois battues ; les forts de Kovelong et de Chingleput furent pris , et Chunda-Saheb se vit abandonné de presque tous ses partisans. Le malheureux prince toujours battu, mais soutenu jusqu'alors par les promesses de Dupleix, crut ne pouvoir désormais trouver de salut que dans la fuite. A cet effet, il traita secrètement avec un chef Indou allié des Anglais ; mais en cherchant un sauveur, il trouva un geôlier qui, bientôt embarrassé de son prisonnier, se décida à le faire assassiner et envoya sa tête à Dehly.

Cette mort semblait assurer la Nababie d'Arkot au prétendant dévoué aux Anglais. Dupleix sentait la nécessité d'écarter à tout prix Mohamed, et s'arrêta à une décision aussi hardie qu'inattendue. Il se fit proclamer lui-même Nabab du Karnatic, en vertu d'un firman que lui envoya Salabet-Singh, Soubah du Dekkan, et que confirma bientôt l'Empereur Achmed-Châh. Appuyé sur ce titre légitime, Dupleix continua dès lors la guerre avec vigueur en son propre nom.

Celui qui étudie en détail les opérations de cette lutte,

remarquera avec étonnement le respect exagéré qu'affectaient pour le *Droit*, ces compagnies toujours prêtes à en
appeler à la force. Si Dupleix soutient Chunda-Saheb,
c'est parce qu'il est, dit-il, *légitime* Nabab d'Arkot, nommé
par Muzafer-Singh et confirmé par la cour de Dehly; s'il
continue la guerre après la mort de Chunda, il a soin
de toujours mettre en avant sa propre nomination par
Salabet-Singh, et la confirmation de l'Empereur. Si les
Anglais combattent Dupleix, c'est parce que Mohamed-
Aly, fils d'Ahnaverdi-Khan, est pour eux le Nabab *légitime*; c'est parce qu'ils arguent de faux la nomination de
Dupleix, et surtout sa confirmation par Achmed-Châh.
Au milieu de ces prétentions contradictoires, le *droit* ne
pouvait être constaté que par le succès, et certes aucun
des deux partis ne s'en serait remis à la décision de la
cour de Dehly, leur juge naturel dans cette circonstance.

Si le nouveau titre de Dupleix créait un obstacle moral
à Mohamed en autorisant la continuation de la lutte, il
n'ajoutait rien à la force matérielle des Français, puisque
depuis près de deux ans, Dupleix exerçait de fait toute
l'autorité de Nabab, sous le nom de Chunda-Saheb.
Muzafer-Singh lui en avait déjà offert le titre que Dupleix
avait refusé, préférant, à cette époque, des concessions
territoriales plus utiles à la compagnie. La détermination
nouvelle qu'il prenait, semble donc entièrement dégagée
de l'ambition personnelle dont on l'accusa plus tard,
et paraît n'avoir été inspirée que par les nécessités poli-

tiques du moment. Quoiqu'il en soit, il usa aussitôt de sa dignité pour donner des gouvernements importants à divers chefs qu'il crut capables de l'aider ; il s'attacha surtout Radjah-Saheb, fils de Chunda-Saheb, et Mortaz, gouverneur de Vellore, parent de Daoust-Aly, Nabab d'Arkot en 1740.

Les Anglais cependant continuaient leurs combats pour mettre Mohamed-Aly en possession complète de son gouvernement. Ils avaient délivré Tritchinapali. Dans plusieurs rencontres, ils battirent les troupes de Dupleix, les chassèrent de l'île de Sheringham, et s'emparèrent de Gingi. En vain Dupleix multipliait ses efforts et consacrait sa fortune personnelle à la continuation de la guerre ; en vain il déployait toutes les ressources de son esprit pour se créer des alliances ou semer la désunion entre les Anglais et leurs auxiliaires ; toujours et partout une influence plus puissante neutralisait ses combinaisons, et l'énergie persévérante dont il avait déjà donné tant de preuves, retardait seule la ruine de la France.

Pendant que Dupleix luttait péniblement dans le Karnatic, Bussy ouvrait avec audace une route toute nouvelle aux armes françaises. Quittant pour la première fois les côtes, il s'enfonçait sans hésiter dans les profondeurs de la Péninsule. A la tête d'une poignée de soldats, il avait entrepris de mettre Salabet-Singh en possession du Dekkan. Après l'avoir conduit à Avrangabâd, capitale séparée de Pondichéry par trois cents lieues, vingt fleuves et les chaînes inconnues des Gâtes orientales, il parcourut en tous sens ces vastes contrées, vit reculer devant lui la puissante armée de Gazhi-al-Dien, écrasa dans vingt rencontres les Maharattes, alliés de ce prétendant, et qui, après sa mort, continuaient la guerre pour leur propre compte, traversa les armes à la main et soumit au Soubah le royaume de Nagpour, celui des cinq Circars, la principauté de Golconde, tout le haut Dekkan enfin. La récompense fut proportionnée à ce service. Salabet-Singh confirma la cession faite à Dupleix, par son frère Muzafer-Singh, des provinces de Kondavir et de Mazulipatam; il y joignit celles de Cicâcole, Ellore, Gantour et Radja-Mandrî. Chunda-Saheb avait cédé précédemment aux Français l'île de Sheringham, entre les deux bras du Cavery, qui leur donnait un empire absolu sur la riche province du Tandjaore; il y avait joint un district d'environ dix lieues carrées autour de Pondichéry, et un territoire équivalent autour de Karikal. Ces acquisitions promettaient à la France une prépondérance sans rivale dans le triangle que comprennent Gandjam, Surate et le cap Comorin; la compagnie possédait le territoire le plus étendu qu'eut jamais occupé, dans l'Inde, une nation Européenne. Il était d'ailleurs facile à défendre, produisait un revenu annuel de douze millions, et présentait au commerce les plus grands avantages. Il ne restait qu'à s'assurer dans

le Karnatic une supériorité assez marquée pour empêcher les Anglais de détruire l'ouvrage de Dupleix. Mal
servi par ses commandants militaires, le Nabab Français recourut aux négociations. Les députés des deux
nations s'assemblèrent à Sadras, territoire neutre, en
janvier 1754. Dès l'abord, on put prévoir l'impossibilité
d'un arrangement. Les Français posaient comme base
de négociation la reconnaissance de Salabet-Singh
comme Soubah du Dekkan, les Anglais celle de Mohamed-Aly comme Nabab d'Arkot. Ces deux conditions
étaient inconciliables. Les Anglais voulaient d'ailleurs
que les deux compagnies fussent, sous le rapport du
commerce et des possessions territoriales, mises immédiatement sur un pied d'égalité parfaite dans le Karnatic. Dupleix, excipant de ses droits comme Nabab de
cette province, voulait ne leur laisser que les territoires
possédés par eux avant la guerre. Au bout de très-peu
de jours, les négociations furent rompues et Dupleix
reprit les armes, espérant trouver dans ses nouvelles
acquisitions, les moyens de pousser la guerre avec
vigueur. En juillet, de Bussy se mit en possession des
pays cédés, et après une légère opposition des Zemindars, la souveraineté de la France fut partout reconnue.
Au milieu de ces circonstances favorables, survint l'événement inattendu qui devait changer à jamais la face
des affaires; Dupleix fut rappelé.

Les directeurs français s'effrayaient de l'accroissement de leur puissance territoriale et des sacrifices auxquels elle pourrait les entraîner; ils désiraient ramener la compagnie au but primitif de son institution, le commerce d'échange. Les directeurs Anglais, sans partager cette pensée, étaient également conduits à désirer la paix, par la crainte que leur inspiraient les triomphes de leurs rivaux. Ils en étaient à bon droit effrayés, car au point où Dupleix avait porté l'influence française, et avec l'aide de Bussy, il lui aurait suffi de quelques années pour envahir tout l'empire Mogol, et réaliser ce que depuis les Anglais mirent près d'un siècle à exécuter. Une trêve était donc également désirée par les deux compagnies. Les directeurs Anglais firent adroitement ressortir l'anomalie et le scandale que présentaient les hostilités des compagnies, à une époque où les deux mère-patries étaient en paix; ils s'attachèrent à représenter Dupleix comme le seul obstacle au retour de cette paix si désirée. Depuis long-temps déjà, la calomnie avait su dénaturer ses vues, dénigrer sa brillante administration. Ses ennemis parvinrent à persuader au gouvernement que les avantages annoncés par lui n'étaient que les chimères d'une imagination exaltée, et que dans ses opérations, il avait bien plus consulté son ambition personnelle que les intérêts de la compagnie. Tout concourrait donc à l'accabler. Après avoir épuisé sa santé dans des efforts surhumains, après avoir dans l'intérêt de la compagnie, sacrifié sa fortune personnelle, engagé celle de ses parents et de ses amis jusqu'à concurrence de la somme énorme de treize millions, Dupleix revint en France se livrer à ses accusateurs. Réduit à la misère la plus profonde, il ne put obtenir le paiement des sommes que lui devait la compagnie, et c'est à grand peine que le souvenir de la gloire dont il avait couvert le nom français, lui valut un ordre royal pour empêcher ses créanciers de le faire emprisonner. Enfin, après neuf ans de souffrance physique et morale, Dupleix mourut en 1763, de misère et de chagrin: nouvel et grand exemple de l'ingratitude des nations. Son rappel fut le premier acte d'une série de concessions à l'Angleterre, et l'indice le plus marquant du parti bien arrêté par la compagnie Française de renoncer à un empire Asiatique. Ainsi fut perdu le fruit de tant de laborieuses combinaisons, ainsi s'évanouirent tant d'espérances à demi réalisées. Qui aurait pu reprendre et continuer les projets de Dupleix? Bussy seul peut-être lui aurait succédé sans désavantage, mais ce ne fut pas lui qu'on choisit.

En août 1754, Godeheu, l'un des directeurs de la compagnie Française à Paris, vint prendre le gouvernement de Pondichéry et manifesta aussitôt des intentions pacifiques si prononcées, qu'elles augmentèrent d'autant les prétentions de ses rivaux. Le gouverneur de Madras, Saunders, avait sur Godeheu l'avantage d'une profonde connaissance des affaires de l'Inde. Il les envi-

sageait en politique habile, et Godeheu arrivait décidé
à ne les envisager qu'en négociant. Il ne pouvait donc y
avoir discussion ni lutte, car Godeheu avait mission
d'accorder tout ce qui lui serait demandé. Dès le mois
d'octobre, il convint avec le conseil de Madras d'une cessation d'hostilités. Le 31 décembre de la même année,
il conclut un traité provisoire, d'après lequel les deux
compagnies s'engageaient à ne plus intervenir à aucun
titre et sous aucun prétexte dans les affaires des princes
Indiens, et par conséquent à ne plus se combattre comme
auxiliaires de ces princes; elles devaient se protéger
mutuellement, même contre leurs propres alliés; chacune d'elles conservait dans le Karnatic ce qu'elle possédait avant la guerre, c'est-à-dire Pondichéry et Karikal
pour les Français; Madras, St.-David et Devicatah pour
les Anglais; toutes deux s'engageaient à ne plus accepter
aucune concession territoriale de la part des puissances
du pays. Cependant il était convenu que l'on chercherait
à mettre les deux nations sur le pied de l'égalité, en
accordant à celle qui serait reconnue la plus faible, un
territoire convenable. Dès à présent, la compagnie Anglaise était admise en partage du district de Mazulipatam. Enfin, jusqu'à ce que l'on eût reçu de nouvelles
instructions d'Europe, les représentants des deux compagnies renonçaient à toute charge ou dignité conférée
par le gouvernement Mogol.

Cet inqualifiable traité fut, bientôt après, ratifié en

Europe. Il anéantissait tous les plans de Dupleix. Le dernier article assurait à Mohamed-Aly la Nababie du Karnatic que lui avait si long-temps disputée le gouverneur de Pondichéry. La condition qui remettait les deux compagnies sur le même pied qu'avant la guerre, était tout entière au désavantage des Français; ils perdaient tout ce que les armes n'avaient pu leur enlever, dans un moment où l'augmentation de leur puissance dans le haut Dekkan allait leur permettre d'achever, avec peu d'efforts, la conquête du Karnatic. Enfin, la réserve introduite sur l'égalité à attribuer aux possessions territoriales des deux compagnies, devait être exploitée par les Anglais, et devenir la source de nouvelles hostilités. Nous verrons, dans le chapitre suivant, le parti qu'ils surent tirer du traité de Madras pour augmenter rapidement leur puissance dans le Karnatic.

CHAPITRE IV.

LUTTE DANS LE DEKKAN,

Depuis le Traité de Madras jusqu'à la Paix de Paris.

1754–1763.

Si le traité de Madras était désastreux pour la compagnie Française dans le Karnatic, elle pouvait néanmoins espérer rétablir sa puissance ébranlée, en transportant le centre des opérations dans le haut Dekkan et dans les Circars du Nord, où elle possédait encore une position bien supérieure à celle des Anglais. Les provinces cédées par Salabet-Singh à Bussy, dans cette partie de l'Inde, étaient bien plus importantes que les terres données aux Anglais par Mohamed-Aly dans le Karnatic, et dont le revenu s'élevait à peine à trois millions. Cette inégalité parut au conseil de Madras suffisamment contrebalancée par le départ de Dupleix. Les renforts que cette présidence avait reçus d'Europe, étaient de beaucoup supérieurs à ceux qui arrivèrent en même temps à Pondichéry. La compagnie Anglaise comprit qu'il lui suffirait d'interpréter à son gré le traité, pour réussir bientôt à neutraliser l'influence française. A peine Godeheu eut-il quitté Pondichéry dont il remit le gouvernement à M. de Leyrit, que les Anglais se mirent en campagne pour réduire les alliés de Dupleix, qui refusaient de reconnaître Mohamed-Aly. C'était une infraction manifeste au traité de Madras qui interdisait aux deux compagnies toute intervention armée dans les affaires du Karnatic. Leurs premiers efforts portèrent sur les Radjahs de Madoura et de Tivenelly. Ils essayèrent ensuite d'attaquer Mortaz, gouverneur de Vellore; mais cette fois, le gouverneur de Pondichéry annonça si fermement l'intention de résister à cette expédition, que les troupes Anglaises furent rappelées à Madras.

Pendant cet intervalle, la guerre avait de nouveau éclaté entre la France et l'Angleterre. Le réglement des prétentions laissées en litige par le traité d'Aix-la-Chapelle, avait enfanté de nombreux griefs, et, sans déclaration préalable, les Anglais avaient commencé les hostilités en Amérique, sur terre et sur mer. C'était en l'année 1755. Lorsque la nouvelle en parvint dans l'Inde, les chefs des deux compagnies considérèrent le traité de Madras comme rompu, et cherchèrent toutes les occasions de s'attaquer; mais l'exiguité de leurs ressources, le petit nombre de troupes dont ils pouvaient disposer ne leur permirent aucune action décisive. Après une attaque infructueuse des Français contre Tritchinapali, les deux parties belligérantes se bornèrent à prendre de droite et de gauche quelques petits forts peu importants par eux-mêmes, mais dont la possession assurait la collection des impôts dans les districts environnants. Dans cette guerre d'escarmouches, les Français eurent presque toujours l'avantage; ils finirent par tenir librement la campagne. Leur situation dans le Karnatic semblait prête à s'améliorer. Ils attendaient l'arrivée d'une flotte qui devait leur amener des renforts importants; alors seulement ils voulaient abandonner le système de temporisation que leur imposaient les circonstances; ils étaient trop faibles pour poursuivre les conséquences d'un succès, et une défaite eut compromis leurs espérances. Nous n'aurons donc aucun fait digne de remarque à enregistrer dans l'histoire du Karnatic, jusqu'à l'arrivée de la flotte qui amena Lally-Tolendal en 1758.

Avant même la reprise des hostilités, les directeurs de la compagnie Anglaise en Europe, avaient pris des

mesures pour arracher de vive force à la France les
dons du Soubah dans le Dekkan, qu'ils considéraient
avec raison comme le fondement actuel de la puissance
de leurs rivaux. Ils espéraient y réussir par une alliance
avec les Maharattes. Avrangabâd, capitale du Dekkan,
n'est qu'à 50 lieues de Bombay; ces deux villes ne sont
séparées que par les états des Maharattes, dont la capitale, Pounah, est également à portée de l'une et de l'autre.
Depuis la jonction de Bussy avec Salabet-Singh, ces
peuples avaient plusieurs fois attaqué le Soubah, mais
sans succès. Il en était résulté une sorte d'union, une
solidarité d'intérêts entre cette confédération et le conseil de Madras. Telles étaient les circonstances qui décidèrent les directeurs à envoyer en 1754 à Bombay huit
cents hommes, dont trois cents étaient tirés du corps de
l'artillerie Royale; mais le vaisseau qui portait les dépêches, périt sur la côte d'Afrique, et le conseil de Bombay n'osa, sur le rapport verbal de l'officier commandant
ces troupes, tenter une démarche décisive. Les Anglais
se joignirent cependant aux Maharattes ; mais ce fut
pour réduire un des chefs de cette nation, qui s'était
déclaré indépendant, et qui, maître d'une marine assez
respectable, attaquait indifféremment les vaisseaux de
toutes les nations. Après le succès, les Maharattes récom-
pensèrent leurs auxiliaires par la cession de deux forts
assez importants sur la côte du Malabar.

Une diversion puissante s'opérait alors en faveur des

Français dans une autre partie de l'Inde ; le Soubah du Bengale s'était emparé de Calcuta. Les Anglais, forcés de porter leurs troupes de ce côté, perdirent l'espoir de chasser Bussy du Dekkan. Celui-ci au contraire fut au moment de se porter dans le Bengale, pour y achever la ruine des Anglais. Il se contenta d'enlever tous leurs établissements dans les cinq Circars, et notamment la ville importante de Vizagapatam , puis il continua à s'affermir dans les provinces cédées à la France, et à protéger Salabet-Singh que voulait détrôner son frère Nidzam-Aly. Dans cette lutte prolongée, Bussy déploya tous les talents d'un négociateur profond , le courage héroïque d'un soldat, la prudence et l'activité d'un général consommé. Nidzam-Aly vaincu , dût se contenter d'un petit gouvernement que lui assigna Bussy ; mais avant de s'y reléguer, il voulut tenter un dernier effort contre la vie de ce vainqueur redouté. Le hasard sauva Bussy, dans la tente duquel fut assassiné, en mai 1758, le trésorier de l'armée. Nidzam-Aly eut alors recours à la fuite ; son armée fut dispersée ; Salabet-Singh et Bussy tinrent partout en respect les provinces douteuses.

C'est en janvier 1758, qu'arriva dans l'Inde la flotte française si impatiemment attendue. Elle portait le comte de Lally-Tolendal , nommé Gouverneur-général des possessions françaises dans l'Inde , et investi des pouvoirs les plus étendus qu'on eut encore affectés à cette position. Lally, dont les débuts militaires avaient été très-brillants, avait de tout temps manifesté la haine la plus violente pour l'Angleterre; ce fut cette circonstance qui le désigna au choix du gouvernement français, et le conduisit sur le théâtre où il devait accomplir la ruine de sa patrie. Une ignorance complète des affaires politiques de l'Inde et de la situation des puissances dans ce pays, aurait suffi seule pour le rendre impropre à une si haute mission. Il y joignit les écarts d'un esprit altier, dédaigneux de s'instruire et qu'exaspérait la moindre contradiction. Ses qualités mêmes, obligées de se déployer dans des conditions toutes nouvelles pour lui, se changèrent en défauts et multiplièrent les obstacles. Sa fermeté qu'il ne sut pas faire plier à propos, se transforma en obstination hargneuse; la promptitude de ses décisions devint bientôt un aveuglement systématique et irréfléchi; son amour de la gloire lui fit voir des rivaux et des ennemis dans ses compagnons d'armes : Triste exemple d'un grand caractère auquel il manquait peu de chose pour en faire un héros, et qui, pour n'avoir pas su se commander à lui-même, devint le fléau de la cause à laquelle il avait dévoué sa vie.

Sa première opération fut l'attaque du fort St.-David. Une escadre Anglaise tenta de secourir la place, et dût se retirer, après un engagement peu décisif avec la flotte Française. Pour pousser le siége avec plus de vigueur, Lally imagina alors de mettre en réquisition tous les habitants Indous de Pondichéry, et de les employer, sans distinction de rang et de caste, à transporter l'artillerie et les bagages. Une profonde horreur éclata dans l'Inde au spectacle de cette profanation inouie, le Brahme assujéti à un travail réservé par la religion aux castes infâmes, le Radjpout soulevant le même fardeau avec le Paria qu'il avait droit de tuer si leurs mains se rencontraient, il n'en fallait pas plus pour ruiner à jamais l'influence française. Les supplications de tout le conseil de Pondichéry, de tous les Français établis dans l'Inde, furent repoussés avec mépris par Lally. Tout briser devant lui était le seul axiôme politique de l'impitoyable général. Nous le verrons, à diverses reprises, persévérer dans ce fatal système.

St.-David fut pris néanmoins; la garnison, après avoir vainement sollicité une capitulation, se rendit à discrétion et fut conduite à Pondichéry; les fortifications de la place furent démolies. Kuddalore et Devicatah eurent bientôt le même sort.

Lally ne s'occupa plus dès lors que des moyens d'investir Madras, pour achever d'un seul coup la ruine de la compagnie anglaise. Mais l'argent lui manquait, et il crut pouvoir s'en procurer en envahissant le royaume de Tandjaore. Voulant concentrer toutes ses forces pour cette expédition et jouer sur un seul coup de dé tout l'avenir de la lutte, enivré d'ailleurs par ses récents succès, Lally commit alors une faute, une irréparable faute. Peu capable d'apprécier à sa juste valeur l'alliance de Salabet-Singh, envieux de la gloire que moissonnait Bussy dans ses aventureuses expéditions, Lally résolut de le rappeler. Le 15 juillet 1758, Bussy reçut ordre de ramener toutes ses troupes à Pondichéry, et d'abandonner Salabet-Singh compromis aux yeux de ses partisans mêmes, par sa partialité en faveur des Français.

Nous ne craindrons pas le reproche d'exagération, en attribuant à cet ordre insensé tous nos malheurs dans l'Inde; la prise de Pondichéry même, qui arriva bientôt après, fut moins funeste à la cause de la France. Un général tel que Bussy, à la tête de troupes aguerries, habituées au pays et entretenues aux dépens de Salabet-Singh, pouvait résister à toutes les forces des Anglais. Après la perte de Pondichéry, il serait resté maître du Dekkan, aurait établi une puissante diversion dans le Nord du Karnatic, et menacé le Bengale, où, nous le verrons tout à l'heure, la puissance des Anglais était encore bien précaire. Tels étaient les plans de Bussy, et c'est pour leur conserver une dernière chance de succès, qu'il laissa, sous les ordres du marquis de Conflans, un corps de troupes destiné à protéger les provinces cédées à la France.

Clive, alors gouverneur du Bengale, profita de la faute commise par Lally, et immédiatement après le départ de Bussy, il fit attaquer les troupes de Conflans. A la suite d'un combat très-vif, ce dernier dût se renfermer dans Mazulipatam. Une altercation entre le colonel Ford qui commandait les Anglais, et un Radjah auxiliaire, donna le temps à Conflans d'appeler Salabet-Singh à son secours. Sa jonction avec les Français devait indubitablement amener la défaite des Anglais.

Salabet-Singh recevait aussi le contre-coup de l'impéritie de Lally. Nidzam-Aly, son frère et son compétiteur, n'eut pas plus tôt appris le départ de Bussy, qu'il reparut en armes dans le Dekkan. Soutenu par les promesses de Clive, il eut bientôt rassemblé quinze à vingt mille hommes, à la tête desquels il entra dans Avrangabâd. Salabet-Singh épouvanté, délibéra quelque temps s'il attaquerait son frère, ou courrait délivrer les Français. L'espoir de ramener de puissants auxiliaires lui fit préférer le dernier parti; mais sa fatale hésitation avait dévoré un temps précieux. Il n'était plus qu'à quelques lieues de Mazulipatam, quand les Anglais, animés par le désespoir, emportèrent d'assaut la place qu'ils n'avaient pas le temps d'assiéger régulièrement. Salabet-Singh ne se découragea pas, et attendit les renforts qui devaient arriver par mer; mais les vaisseaux français voyant flotter à Mazulipatam le pavillon anglais, s'éloignèrent sans débarquer un seul homme. Réduit à ses propres forces, abandonné des Français sans le secours desquels il n'espérait plus vaincre son frère, Salabet-Singh se décida à négocier avec le colonel Ford. Le 12 mai 1759, on conclut un traité.

Salabet-Singh cédait aux Anglais, à perpétuité et

sans rétribution quelconque, Mazulipatam et les districts environnants qui s'étendaient à 25 lieues le long de la côte, sur une largeur de huit lieues, et dont le revenu pouvait être évalué à douze cent mille francs ; il promettait de faire repasser sous quinze jours le Kistnah (frontière méridionale de la Soubahbie) aux troupes françaises réfugiées près de lui, à interdire à cette nation tout établissement dans le Dekkan, à ne prendre aucun Français à son service ; il promettait enfin de ne jamais donner secours aux ennemis des Anglais, et de ne pas inquiéter les Radjahs qui s'étaient joints à eux. Les Anglais en revanche s'engageaient à ne jamais assister les ennemis du Soubah.

Le lendemain de la signature du traité, Salabet-Singh demanda au colonel Ford de l'accompagner contre son frère, mais le commandant Anglais déclina la proposition qu'il pouvait difficilement accepter, puisque Nidzam-Aly était par le fait le premier allié des Anglais, et que les promesses de Clive l'encourageaient à s'emparer de la Soubahbie. Trompé dans son dernier espoir, Salabet-Singh eut recours aux négociations. Nidzam-Aly affectant le plus profond respect pour l'autorité légitime, semblait ne réclamer qu'une réforme administrative. Sa haine s'attachait surtout aux Français, qui seuls avaient long-temps déjoué ses projets. Salabet-Singh congédia d'auprès de lui ceux qui avaient échappé au désastre de Mazulipatam, trop peu nombreux pour lui être d'un utile secours,

et les envoya dans le gouvernement de son second frère
Bassalet-Singh, qui les prit à son service. Immédiatement après, Nidzam-Aly s'empara de l'administration ,
dont il fit remplir toutes les charges par ses créatures.
Salabet-Singh, dépouillé de toute autorité, ne conserva
que le titre de Soubah. Bassalet-Singh aussi mécontent
de la faiblesse de Salabet-Singh que de l'astuce de Nid-·
zam-Aly, les quitta tous deux et revint dans sa capitale
d'Adoni; il en repartit aussitôt avec les Français réfugiés,
et descendant sur le Nord du Karnatic, manifesta l'intention de joindre ses armes à celles de la France.

Lally avait donc ruiné d'un seul coup la puissance
Française dans le haut Dekkan, dans le vain espoir de
faire mieux réussir son expédition du Tandjaore et d'y
trouver des ressources suffisantes pour attaquer Madras.
La plus triste déception lui était réservée. Sa marche sur
Tandjaore ne fut qu'un long désastre; pour subvenir
aux besoins les plus pressants, il pilla les villes sur son
passage, viola des pagodes vénérées, sans y trouver les
trésors qu'il cherchait; son armée n'avait plus ni poudre
ni vivres lorsqu'elle arriva devant Tandjaore. Il entama
donc des négociations avec le Radjah que ses exigences
finirent par exaspérer. La nouvelle de l'approche d'une
escadre Anglaise, le força à lever le siége. La retraite ne
fut pas moins désastreuse que l'attaque; après des fatigues inouies, Lally ne revint à Pondichéry qu'en abandonnant son artillerie et ses bagages. Profitant d'un

avantage remporté par l'escadre Française, il enleva quelques forts peu importants et s'empara même d'Arkot. Il négligea cependant l'occasion d'attaquer Chingleput, aveuglé par le désir d'investir rapidement Madras, où il arriva en décembre 1758. La ville noire fut facilement envahie, mais le fort St.-Georges était défendu par une garnison considérable, puissamment approvisionné de vivres et de munitions, et Lally n'avait à sa disposition que des forces insuffisantes pour le réduire. Il était d'ailleurs haï de ses troupes, et ses officiers secondaient mollement ses efforts. Plusieurs occasions qui auraient pu devenir fatales aux assiégés, furent ainsi perdues, et l'irritation de Lally s'en accrut. Tout le Karnatic était en armes contre les Français; Lally, obligé de détacher une partie de ses troupes pour combattre ces ennemis qui se montraient jusqu'aux portes de Pondichéry, voyait sa position empirer chaque jour. Le Radjah de Tandjaore avait joint ses troupes à celles des Anglais, les vivres et les munitions manquaient; Lally faisait face à tout avec un courage digne d'un meilleur sort. Enfin, une flotte Anglaise parut dans le port de Madras. Lally sérieusement inquiet sur le sort de Pondichéry, comprit que son expédition était manquée, et le 17 février, il leva le siége en abandonnant toute son artillerie et ses blessés.

Telle était la haine inspirée par Lally, que ce désastre excita autant de joie à Pondichéry qu'à Madras même.

A partir de ce moment, nous voyons la discorde régner
dans les conseils. Lally s'acharnait sur l'homme qui
seul aurait pu le sauver; depuis son retour du Dekkan,
Bussy était chaque jour abreuvé de dégoûts. Au mois
d'août, le ministère français le nomma commandant en
second et successeur désigné de Lally; c'était seulement
lui donner voix délibérative au conseil; un mot de plus,
en lui donnant l'autorité suprême, aurait peut-être
changé l'avenir de l'Inde. Continuateur maladroit des
projets de Dupleix, Lally avait, sans consulter le Soubah, proclamé Nabab du Karnatic Radjah-Saheb, fils
de Chunda-Saheb. C'était se créer gratuitement un
nouvel ennemi, en fournissant à Nidzam-Aly un prétexte plausible de joindre les forces du Soubah à celles
des Anglais, protecteurs de Mohamed-Aly. Bussy aurait
pu réparer la faute en déterminant par son influence
personnelle, Bassalet-Singh à contrecarrer les projets
de son frère, mais Lally lui refusa long-temps la permission de traiter. Une révolte générale des troupes
françaises, amenée par la mauvaise administration et
d'énormes arriérés de solde, vint encore l'arrêter. Cet
événement décida Bassalet-Singh à évacuer le Karnatic.
La chance tournait pour Nidzam qui voulait empêcher,
à tout prix, Bussy de joindre Bassalet-Singh et de reconquérir, dans le Dekkan, un ascendant qui lui avait
été si funeste. Le général Français triompha de ces
obstacles, et le 10 novembre, il entra dans le camp In-

dien; mais lié par des instructions étroites, il ne put accepter les propositions de Bassalet-Singh. Il en obtint cependant les moyens de lever un corps de cavalerie, et en y joignant les réfugiés Français, il se créa une petite armée avec laquelle il rentra dans le Karnatic.

Les deux années qui suivirent la délivrance de Madras furent mises à profit par les Anglais; ils s'emparèrent successivement de toutes les villes et forteresses du Karnatic; leurs troupes de terre étaient alors commandées par le colonel Sir Eyre Coote, qui préludait déjà à l'illustration de son nom. Lally, malgré ses revers, résistait seul au découragement général. Réduit, par l'insuffisance de ses ressources, à éviter toute action décisive, il réussit cependant à s'emparer de Sheringham et à s'attacher un corps de Maharattes auxiliaires; mais ces avantages isolés furent aussitôt neutralisés par de nouveaux succès des Anglais et de leurs alliés. Enfin, en janvier 1760, Lally résolut de reprendre le fort de Vondisvah dont les Anglais s'étaient récemment emparés, et malgré la résistance de Bussy, il divisa sa petite armée en deux corps, dont l'un devait tenir la campagne, pendant que le second attaquerait le fort. Le colonel Coote profita de cette faute; il se porta, avec toutes ses forces, contre les Français qu'il dispersa, après une bataille acharnée dans laquelle Bussy fut fait prisonnier. Les débris de l'armée, protégés par la cavalerie Française, rentrèrent à Pondichéry. Cette victoire donna aux Anglais une supério-

rité incontestable dans le Karnatic; ils en profitèrent
pour enlever toutes les places qui leur avaient échappé
jusqu'à ce jour, et bientôt Lally fut réduit à la possession
de Pondichéry et de Gingi. Le gouverneur Français
qui s'était toujours montré fort dédaigneux des puissances Indiennes, devint plus traitable alors. Il rechercha
l'alliance de Haïder-Aly qui, sous le titre de Régent,
gouvernait, en dépit des grands et du Roi, le royaume
de Maïssour. Un corps de cavalerie qu'il en obtint, fit
un tort considérable aux Anglais en ravageant les états
du Nabab d'Arkot. Mais Haïder-Aly, menacé par une
révolution qui lui ôta momentanément le pouvoir, dût
rappeler ses troupes, et les Anglais, fortifiés par de nouveaux secours d'Europe, mirent, à la fin d'août 1760, le
siége devant Pondichéry. Pendant plusieurs mois, la ville
fut étroitement bloquée par le colonel Sir Eyre Coote et
par l'amiral Stevens, et défendue par Lally avec le courage et l'énergie que nous avons eu déjà plusieurs fois à
admirer dans ses revers. Un ouragan qui, le 1er janvier
1761, dispersa la flotte Anglaise et lui fit perdre quatre
vaisseaux, rendit quelque espoir aux assiégés; il devait
peu durer; quatre jours après, la flotte dispersée rallia
devant Pondichéry, et il fallut songer à traiter. La ville,
réduite à un jour de vivres, demanda à capituler; mais
Lally, sous prétexte que les Anglais avaient violé les
traités dans l'Inde, refusa de prendre officiellement part
aux négociations, et la ville dût se rendre à discrétion

aux troupes Anglaises, le 14 janvier 1761. Peu après, toutes les autres factories de la côte de Coromandel eurent le même sort; Mahé, sur la côte de Malabar, fut pris le 10 février suivant; Chandernagor l'était depuis 1757, et les Anglais n'eurent plus à combattre d'ennemis Européens sur tout le continent de l'Inde.

Cet événement semblait assurer à jamais la prépondérance des Anglais en Asie. Pendant quinze ans, l'Inde asservie avait pu douter quels seraient ses maîtres; pendant quinze ans d'une lutte ardente, les Anglais avaient plusieurs fois désespéré de conserver le Dekkan, et tourné, nous le verrons bientôt, toutes leurs pensées vers le Bengale. L'inintelligente administration de Lally fut une crise fatale, à laquelle ne put survivre notre puissance. C'est une pénible tâche pour l'historien de raconter la vie et la mort de cet homme malheureux. Doué de grandes qualités, il n'en sut faire qu'un mauvais usage, et les haines que son caractère altier soulevait à chaque pas, retombèrent lourdement sur lui. Ses fautes furent exagérées, son dévouement suspecté; on ne tint aucun compte de l'admiration que son énergie et son courage personnel inspirèrent aux ennemis mêmes de la France, et lorsqu'il revint à Paris, le mot Trahison sortit de toutes les bouches. Comme dans les guerres de la révolution française, où les généraux malheureux étaient mis à mort, il semble que l'orgueil national voulût se consoler d'une immense et irréparable défaite, en la faisant considérer comme la faute d'un seul homme. Lally, mis à la Bastille, se défendit avec énergie; l'animosité qui régnait alors entre le Parlement et le ministère Français acheva d'accabler l'infortuné général. Un arrêt, rendu le 6 mai 1766, écarta l'accusation de trahison et de concussion, mais condamna Lally à la peine de mort pour fautes contre les intérêts du Roi, abus d'autorité et exactions. La sentence fut exécutée avec la même dureté que s'il se fût agi d'un criminel immonde. Lié de cordes, bâillonné, jeté sur un tombereau qui passait devant la prison et fut mis en réquisition pour ce triste office, Lally monta sur l'échafaud, après avoir dit qu'il pardonnait à ses juges et à ses ennemis; il était âgé de 66 ans. Cette mort cruelle et imméritée doit désarmer la sévérité de l'histoire, et sans faire oublier que les fautes de Lally ont coûté un empire Asiatique à la France, elle commande la pitié et le pardon.

Pendant que Pondichéry était au pouvoir des Anglais, le privilége de la compagnie Française vint à expirer. Lors du traité de Paris, en 1763, le sol de la ville fut rendu à la France, mais son importance politique était à jamais détruite. Nous assisterons bientôt à cette régénération incomplète. La compagnie Française des Indes continua à végéter jusqu'à l'année 1769. A cette époque, elle fut déclarée en état de banqueroute et le commerce devint libre. C'est donc en son propre nom que l'État désormais prendra part aux affaires de l'Asie.

Débarrassés, en 1761 , de tous leurs ennemis , les Anglais songèrent à s'agrandir aux dépens de leurs alliés du Dekkan. C'est sur Mohamed-Aly qu'ils firent l'essai de cette tactique odieuse, si féconde pour eux dans le Bengale. Depuis le commencement des hostilités , la totalité des revenus du Nabab avait été consacrée au soutien des Anglais, et lors du siége de Madras, en 1759, Mohamed promit d'en supporter tous les frais. En juin 1760 , prévoyant la ruine complète des Français , il songea à prendre un arrangement définitif pour l'acquittement de ses dettes. Il proposait au président de Madras de payer annuellement à la compagnie 8,400,000 fr. jusqu'à son entière libération , plus 900,000 fr. pour l'entretien d'une garnison Européenne à Tritchinapali, que réclamait avec menace Haïder-Aly, au nom du Roi de Mäissour. Il offrait même de s'acquitter en une seule année, si les Anglais se joignaient à lui pour réduire les Poligars (commandants de districts) et Zemindars (fermiers des revenus) qui, pendant les derniers troubles, s'étaient affranchis du tribut. Mohamed demandait en retour que son drapeau fut substitué à celui des Anglais dans les forts du Karnatic; que les chefs des garnisons Anglaises s'abstinssent de toute intervention administrative entre le Nabab et les Zemindars; qu'il ne fût jamais donné asile à ses sujets rebelles; que la compagnie s'engageât à l'assister de toutes ses forces pour réduire les Poligars réfractaires, et promit de continuer son amitié aux enfants du Nabab.

Le président de Madras affecta d'abord une profonde reconnaissance pour ces propositions modérées ; mais avant la fin de l'année, il exigea quinze millions de francs, que Mohamed dût emprunter à un taux exorbitant, des employés mêmes de la compagnie. Le conseil se fit encore céder deux districts d'un revenu annuel de deux millions. Après la prise de Pondichéry, le Nabab voulut aller réduire quelques grands Poligars, mais le conseil de Madras avait d'autres vues. Il préférait envoyer ses troupes dans le Bengale et à Bombay. Vers la fin de 1761 cependant, un corps de troupes Anglaises marcha contre Vellore, où Mortaz, parent de Daoust-Aly, s'était toujours maintenu malgré le Nabab. La résistance se prolongea trois mois entiers. Mohamed voulut alors attaquer le Radjah de Tandjaore qui, depuis long-temps, négligeait aussi de payer son tribut. Fixé à la somme annuelle de trois millions, ce tribut avait été souvent doublé ou triplé sous forme de contribution de guerre, et tel était encore le but de Mohamed. Mais les Anglais n'avaient nulle envie d'augmenter à ce point la puissance du Nabab ; la résistance de Vellore les avait d'ailleurs intimidés. Pigot, gouverneur de Madras, s'établit en arbitre, et de sa pleine autorité, conclut, le 20 novembre 1762, avec le Radjah de Tandjaore, un traité que Mohamed refusa de signer, mais sur lequel Pigot apposa lui-même le sceau du Nabab dont il s'était emparé. Le Radjah payait immédiatement douze cent mille francs; il promettait, à des époques déterminées, six millions six cent mille francs pour les arrérages de son tribut; ce tribut enfin demeurait fixé pour l'avenir à la somme annuelle de douze cent mille francs. A ces conditions, le Nabab d'Arkot abandonnait toute prétention contraire, et restituait les districts qu'il avait déjà conquis. Il est presque inutile d'ajouter que la somme payée par le Radjah de Tandjaore fut tout entière perçue par les Anglais, à compte sur la dette du Nabab envers eux, et sans que celui-ci pût en réserver la moindre partie pour subvenir à ses propres besoins.

Les Anglais se sentaient donc assez forts pour lever le masque; ils ne cachaient plus le projet d'affaiblir Mohamed-Aly qu'ils voulaient sacrifier bientôt à leur agrandissement. L'Inde retentissait encore de leurs accusations contre la France, dont l'opposition aux droits équivoques de Mohamed, était qualifiée par eux d'attentat aux lois de l'empire. Quelques mois sont à peine écoulés, et déjà ces rigides champions de la légitimité s'interposent de force entre leur allié et un sujet rebelle. Par le droit du plus fort, ils réduisent de dix-huit cent mille francs le tribut que payait le Radjah de Tandjaore à son souverain légitime. La puissance de Mohamed était dès lors dans un état bien précaire.

Les Anglais persévérèrent quelque temps encore dans

ce système dont ils recueillaient des bénéfices inespérés. Représentant avec adresse leur lutte avec la France comme une conséquence de leur dévouement aux intérêts de Mohamed, ils l'avaient décidé à se charger des frais du siége de Pondichéry, à condition que la place lui serait remise avec tout ce qu'elle contenait. Cette partie de l'arrangement fut oubliée après la reddition de la place, et on discuta seulement pour savoir si elle serait annexée aux domaines de la couronne d'Angleterre ou à ceux de la compagnie. Les représentants de celle-ci firent trancher la difficulté en leur faveur, et en profitèrent pour éluder les réclamations de Mohamed. Toutefois, le conseil de Madras, pour atténuer cette déloyauté, décida que la dette de Mohamed envers la compagnie serait diminuée d'une somme arbitrairement fixée pour représenter la valeur des magasins de Pondichéry. Cette compensation illusoire échappa même au Nabab; le conseil des directeurs, à Londres, refusa de ratifier la promesse du conseil de Madras et fit rétablir le chiffre de la dette à sa valeur primitive.

Le conseil de Madras se fit encore céder, à titre de Jaghuîr ou fief exempt de toute redevance, un territoire assez considérable aux environs de Madras. Le malheureux Mohamed qui voyait ainsi sa principauté s'en aller par morceaux et ses ressources pécuniaires diminuer chaque jour, résista long-temps à cette dernière concession; il ne céda qu'à la menace de se voir prendre par force ce qu'on lui demandait. Le conseil tint note ce-pendant de cette velléité d'indépendance pour la lui faire payer plus tard.

Telle était la triste position que les Anglais avaient faite, dès l'année 1763, à Mohamed-Aly, Nabab d'Ar-kot, leur plus fidèle allié, ou pour mieux dire, leur créature. Le traité de Paris, dans lequel il était nomi-nativement désigné, vint mettre un frein momentané à leur politique odieuse envers lui. Le 10e article préli-minaire de ce traité stipulait que l'Angleterre resti-tuerait à la France les places possédées par cette der-nière puissance, en 1749, sur les côtes de Malabar, de Coromandel et du Bengale. La France devait renoncer en retour aux acquisitions faites depuis cette époque, (on entendait par là les cinq Circars du Nord, cédés Bussy par Salabet-Singh), et s'engageait à ne point élever de fortifications dans le Bengale. Le 10e article du traité définitif ratifiait ces stipulations et déclarait que, par une concession mutuelle, les deux puissances reconnaîtraient Salabet-Singh comme légitime Soubah du Dekkan, et Mohamed-Aly, légitime Nabab d'Arkot. Les deux parties renonçaient encore à toute prétention d'indemnités contre leurs alliés Indiens, pour les pertes et déprédations de la guerre.

Le gouvernement Anglais se débarrassait ainsi de toute rivalité dans le Bengale. Satisfait de ce résultat, il fit bon marché des contradictions que renfermait la seconde partie de l'article. Il était absurde, en effet, de reconnaître à la fois un Soubah et un Nabab. Dans la constitution de l'empire Mogol, le Nabab n'était pas un souverain vassal du Soubah; c'était plutôt un officier révocable à volonté, que le relâchement des liens politiques portait souvent à se rendre héréditaire et indépendant, mais qui était, en principe, bien plus comparable à nos Intendants de province qu'à nos Seigneurs féodaux. Reconnaître Salabet-Singh Soubah du Dekkan, c'était lui accorder implicitement le droit de déposséder Mohamed-Aly, lorsque ses propres intérêts ou sa partialité pour les Français l'y détermineraient. L'interprétation de cet article devait être une source de discordes; son exécution littérale était également défavorable aux Anglais, car Mohamed, reconnu par les deux puissances, devenait, *en fait* comme *en droit*, indépendant de la compagnie Anglaise, et pouvait résister aux exactions de ses employés. Ceux-ci sentirent donc la nécessité de changer momentanément leur ligne de conduite, et de séduire le Nabab qu'ils n'osaient plus menacer. Dans un des chapitres suivants, nous verrons que cet obstacle ne les arrêta pas long-temps, et qu'ils avaient su se réserver les moyens de procéder, en peu d'années, à l'asservissement définitif du Dekkan.

CHAPITRE V.

INVASION DU BENGALE PAR LES ANGLAIS,

Depuis l'Avènement d'Allaverdy-Khan, jusqu'à la déposition de Mir-Cossim.

1741-1763.

Nous avons décrit, dans notre second chapitre, l'état florissant du commerce de Calcuta vers 1740; cette prospérité dura peu, car le Bengale devint à cette époque le théâtre de révolutions sanglantes. Allaverdy-Khan, Soubah du Behâr, après s'être emparé de la province d'Orissa, attaqua, en 1741, le Soubah du Bengale, le battit complétement, et se fit proclamer à sa place. L'Empereur de Dehly, incapable de venger lui-même

son autorité méconnue, et serré de près par les Maharattes, imagina de détourner l'orage sur son puissant vassal. Les Maharattes, au nombre de cent mille, procédè-
rent systématiquement au pillage du Bengale, et, pendant
dix ans, cette province malheureuse fut dévastée en tous
sens. Il ne peut entrer dans notre plan de raconter
toutes les péripéties de ces guerres intestines entre les
Indigènes; leur lutte avec les Européens doit seule appeler notre attention. Il nous suffira donc de dire que le
génie et la fortune d'Allaverdy prévalurent enfin; plusieurs victoires et quelques assassinats le débarrassèrent
des Maharattes en 1750, et la cour de Dehly forcée de
dissimuler, le confirma dans le gouvernement du Behâr,
d'Orissa et du Bengale. Cette Soubahbie, ainsi réunie,
renfermait alors quinze millions d'habitants et produisait
un revenu de quatre-vingt-dix millions de francs; mais
par un traité conclu en 1753, une grande partie de la
province d'Orissa fut cédée aux Maharattes, et le Soubah
se soumit à un tribut pour la partie qu'il conservait.

Même pendant cette période de troubles, Allaverdy
sut se faire respecter des Européens. En 1744, il interdit
aux Anglais et aux Français toute hostilité dans l'étendue de son gouvernement, et à différentes époques, il
leur fit payer sa protection par de larges subsides. Il
avait adopté en 1753 et désigné pour son successeur,
Suraja Doula, l'un de ses petits neveux. Cette adoption
fut, selon l'usage Indien, suivie du meurtre des mécon-

tents qu'elle souleva; quelques-uns des ennemis de Suraja parvinrent toutefois à s'échapper. Pendant les dernières années de sa vie, Allaverdy, profondément ému du sort de Nazer-Singh et de Chunda-Saheb, observa d'un œil hostile les mouvements des Européens dans l'Inde, et fit promettre à son successeur d'écraser sur le champ tous ceux qui troubleraient la tranquillité du Bengale. L'occasion ne devait pas se faire attendre.

Allaverdy mourut en avril 1756, et quelques grands qui avaient à redouter la colère de son successeur, trouvèrent asile à Calcuta. Dans la prévision d'une guerre avec la France, le conseil fit aussi élever quelques batteries qui donnèrent de l'ombrage au Soubah. Il leur fit interdire ces préparatifs militaires; les Anglais ne se pressèrent pas d'obéir, et Suraja-Doula irrité, marcha sur Calcuta, qu'il emporta le 20 juin. La ville fut saccagée, les magasins pillés; la plupart des Anglais trouvèrent un abri sur leurs vaisseaux; quelques-uns se réfugièrent à Chandernagor; cent quarante-six furent faits prisonniers et renfermés dans un cachot si étroit, que le lendemain matin vingt-trois seulement avaient conservé la vie. C'est l'événement encore aujourd'hui tristement célèbre en Angleterre et désigné, d'après le théâtre dans lequel il fut accompli, sous le nom de: *The black Hole at Calcutta.* (Le trou noir de Calcuta.)

A la nouvelle de ce désastre et des cruautés dont il avait été accompagné, le conseil de Madras dirigea vers

le Bengale toutes ses forces disponibles, sous le commandement du colonel Clive; à la fin de décembre,
l'escadre Anglaise, commandée par l'amiral Watson,
entra dans la rivière Hougly. Après l'échange de quelques coups de canon, les officiers du Soubah abandon-
donnèrent tous les forts situés au-dessous de Calcuta,
et les Anglais occupèrent cette place le 1er janvier 1757.
Ils remontèrent ensuite jusqu'au fort de Hâgli qu'ils
emportèrent d'assaut. C'est alors qu'ils apprirent par la
voie d'Alep, le renouvellement des hostilités entre la
France et l'Angleterre. Leur position devenait critique,
et Clive ne dissimula pas ses craintes à cet égard, dans
le conseil de guerre qui fut aussitôt tenu. La garnison
française de Chandernagor dépassait trois cents hommes, et sa jonction avec les troupes Indiennes eut
assuré l'avantage au Soubah; mais le conseil de Chandernagor n'osa entamer la lutte, et proposa au contraire
un traité de neutralité à Clive, qui l'accepta avec empressement. En restant quelque temps encore dans
l'inaction, le Soubah pouvait affamer les Anglais, les
forcer à se rendre à discrétion et terminer ainsi la lutte;
sa fureur aveugle les sauva. Le 5 février, il vint attaquer,
à la tête de soixante mille hommes, le colonel Clive
qui ne lui opposait que deux mille Européens et quatre
mille Sipahis. La victoire resta cependant aux Anglais,
et le Soubah se résolut à la paix. Le 9 février, il promit
d'accorder aux Anglais la libre exécution des firmans

obtenus en 1717, et notamment l'acquisition des trente-sept villages au Sud de Calcuta; de leur restituer leurs factories, et de donner cours, dans le Bengale, à leurs monnaies d'or et d'argent; il les autorisait, en outre, à relever les fortifications de Calcuta. Les Anglais s'engageaient à ne donner protection à aucun des sujets du Soubah, à exercer paisiblement leur commerce et à observer fidèlement le traité.

Dans ce traité, les deux parties avaient cherché à dissimuler leur pensée dominante. Le Soubah espérait contracter avec les Anglais une alliance étroite, et s'en aider pour repousser les Maharattes. Les Anglais ne songeaient au contraire qu'à s'assurer la protection ou du moins la tolérance du Soubah, pour porter toutes leurs forces contre les Français, au mépris du traité de neutralité conclu entre le conseil de Chandernagor et Clive. Le premier acte du commandant Anglais, après la cessation des hostilités avec le Soubah, fut donc de lui demander l'autorisation d'attaquer Chandernagor. Un refus formel l'arrêta quelque temps et l'obligea même à conclure un nouveau traité avec le conseil de Chandernagor, mais bientôt l'arrivée d'un renfort de Bombay le décida à braver la colère de Suraja-Doula. Le 14 mars, Chandernagor fut investi; le 23, l'escadre Anglaise mouilla dans les eaux du fort, qu'on avait crues jusqu'à ce jour inaccessibles aux vaisseaux de 74 canons; le même jour, la place capitula.

Après cette éclatante infraction aux ordres du Soubah, les Anglais affectèrent de croire toute réconciliation impossible. Suraja, en effet, s'était montré fortement irrité; il se mit en correspondance avec Bussy qui était alors dans le Dekkan, recueillit les Français échappés à la prise de Chandernagor, éclata en invectives contre les Anglais, et manifesta l'intention de réunir toutes ses forces pour les chasser du Bengale. L'effet de ses menaces fut pendant quelque temps suspendu par les inquiétudes que lui inspiraient ses propres états, menacés au Nord et à l'Ouest par les Afghans et les Maharattes. Clive mit à profit cet instant de trève, et, instruit par l'exemple de Dupleix, que le plus sûr moyen de conquérir les provinces Indiennes était de leur imposer des Soubahs dévoués aux intérèts Européens, il résolut de renverser Suraja-Doula. Mir-Jaffier, général de la cavalerie et beau-frère d'Allaverdy-Khan, précédent Soubah, entra dans le complot. Par un traité conclu en juin 1757, Clive promit de mettre Mir-Jaffier en possession de la Soubahbie et de l'y défendre contre tous ses ennemis; Mir-Jaffier promit en retour de donner aux Anglais toutes les factories Françaises dans ses états; de céder à la compagnie tout le territoire compris entre Calcuta et Calpi, sous la redevance du tribut actuellement payé par les Zemindars; de ne pas bâtir de fort au-dessous de Calcuta; de regarder tous les ennemis des Anglais comme les siens, et de défrayer complétement les

troupes Anglaises qu'il emploierait comme auxiliaires.
En réparation du désastre de Calcuta, il devait payer
trente millions à la compagnie, quinze millions aux
habitants Anglais, six millions aux Indiens ou Mahométans, deux millions aux Arméniens; enfin, quinze millions devaient être distribués à l'armée de terre et à
l'escadre, et quinze autres partagés entre les principaux
membres de l'administration de Calcuta.

L'armée Anglaise s'avança alors vers Mourchidabâd,
capitale du Bengale, et Suraja vint à sa rencontre. Le
combat s'engagea près de Plassey, le 23 juin 1757. Suraja-Doula avait sous ses ordres cinquante mille hommes
et cinquante pièces de canon. Clive ne lui opposait que
mille Européens et deux mille Sipahis. Mais, trahi par
Mir-Jaffier, le Soubah fut bientôt obligé de s'enfuir. Le
vainqueur n'eut à regretter que vingt-deux morts et cin-
quante-deux blessés. Le 28 juin, Clive entra dans Mourchidabâd dont la population dépassait alors trois cent
mille âmes. Le même jour, il proclama Mir-Jaffier Soubah du Bengale. Le 2 juillet, Suraja-Doula fut arrêté
sous un vil déguisement, ramené dans son ancien palais
et massacré sous ce même toit habité par Clive; il était
âgé de vingt ans et n'avait régné que quinze mois. Ainsi
fut accomplie la première de ces révolutions odieuses
par lesquelles les Anglais préludèrent à la conquête du
Bengale. La bataille de Plassey est le véritable point de
départ de la puissance Anglaise dans le Bengale. Elle

rendait Clive maître absolu de cette province sous le nom de Mir-Jaffier, et lui permettait de déployer sans résistance toutes les combinaisons à l'aide desquelles il voulait créer un empire. Aussi, lorsque plus tard la reconnaissance publique le créa Pair d'Irlande, ce fut avec le titre de baron de Plassey.

La position du nouveau Soubah n'était cependant rien moins qu'assurée. Vérification faite de l'état du trésor, il n'avait pu payer les sommes stipulées; Clive en reçut la moitié, dont partie en argent et partie en pierreries, et prit des termes pour le reste. Le commandant Anglais dominait encore Mir-Jaffier par l'arbitrage qu'il exerçait entre lui et les grands officiers. En vain le Soubah suppliait Clive de ne pas entraver le gouvernement intérieur, et de souffrir qu'il remplit ses coffres en faisant rendre compte à des administrateurs infidèles, la politique Anglaise était d'affaiblir constamment les alliés de la compagnie. Clive ayant, au mois de septembre, quitté Mourchidabâd, Mir-Jaffier tenta de secouer le joug, et sous prétexte de réduire quelques Radjahs dans le Behâr, il se mit à la tête de ses troupes et campa à quelques miles de la capitale; mais Radjah-Daulub, son Duam, et quelques officiers s'étant mutinés contre lui, il fut obligé d'appeler à son secours Clive, qui revint à Mourchidabâd en novembre. Ils marchèrent ensemble contre Rownarain, Nabab de Patna, qui refusait de reconnaître Mir-Jaffier, et auquel s'étaient joints les Français fugitifs, sous la conduite du capitaine Law. Clive interposa sa médiation, retint pendant cinq mois dans l'inaction l'armée du Soubah forte de cinquante mille hommes, et confirma Rownarain; il fit en même temps, malgré la répugnance de Mir-Jaffier et les protestations des Hollandais, concéder à la compagnie Anglaise le monopole du commerce du salpêtre, l'une des plus importantes productions du Behâr. En avril 1758, Mir-Jaffier prétendit avoir reçu sa confirmation de la cour de Dehly, cérémonie à laquelle les Indiens attachent la plus haute importance. Au mois de mai, Clive retourna à Mourchidabâd qu'il trouva partagée en diverses factions menaçantes pour Mir-Jaffier. Son intervention les calma quelque temps, mais chaque service de ce genre coûtait bien cher au malheureux Soubah en resserrant sa chaîne. Il commençait à la porter avec impatience; son trésor était absolument vide, ses troupes prêtes à se mutiner, il voyait venir le moment où le souffle de Clive suffirait pour anéantir les restes d'une puissance achetée par tant de sacrifices. Plus d'une fois déjà il avait tourné sa pensée vers les Français, avec l'espérance de s'en faire d'utiles auxiliaires. Personnellement ami de Salabet-Singh, Soubah du Dekkan, il professait comme lui une admiration sans bornes pour Bussy, et il entrevoyait la possibilité de l'opposer à Clive. Les événements du Karnatic, que nous avons retracés dans le chapitre précédent, durent bientôt lui faire abandonner cette pensée.

En juin 1758, Clive fut rappelé à Calcuta par une modification dans l'administration de cette présidence. Un nouveau conseil avait été nommé, et, par un inexplicable oubli, il n'en faisait pas partie. La nécessité cependant parla plus haut que la légalité ; les nouveaux directeurs comprirent que Clive seul pouvait achever son ouvrage et faire face aux dangers; d'un commun accord, ils lui offrirent le pouvoir suprême qu'il accepta sans hésiter. Bientôt après, on apprit à Calcuta la prise de St.-David par Lally ; la présidence de Madras réclamait à grands cris des renforts que Clive, trop affaibli lui-même, n'osa lui faire passer. Après une longue hésitation, il se décida enfin à envoyer, sous les ordres du colonel Ford, un détachement dans les cinq Circars du Nord cédés à la France par Salabet-Singh. La circonstance était trop favorable pour que Mir-Jaffier la négligeât ; après avoir quitté Calcuta, où Clive l'avait attiré quelque temps, il se mit en rapport avec le chef de la factorie Hollandaise de Tchinsura. Il voulait faire venir de Batavia et prendre à son service un corps de troupes Hollandaises, à l'aide duquel il espérait se rendre indépendant pour l'administration intérieure. Un événement imprévu vint renverser tous ses projets.

Nous avons vu que depuis l'avénement d'Achmed-Châh, en 1747, la plupart des provinces de l'empire n'avaient conservé qu'une obéissance nominale. A Dehly même, les grands se disputaient, par le fer et le poison,

l'avantage de régner sous ce prince impuissant. Dans ce
conflit de noirceurs, dans cette lutte de crimes, la victoire resta à Châh-al-Dien petit-fils de Nidzam-al-Muluck. Il chassa le visir d'Achmed, se fit proclamer à sa
place, et bientôt, informé que l'Empereur méditait sa
ruine, il le déposa après lui avoir fait crever les yeux. Un
autre des arrière-petit-fils d'Avrengzeb fut, en 1753,
proclamé sous le nom d'Allum-Ghuîr. Après quelques
années d'une lutte malheureuse contre son puissant
ministre, l'Empereur, en 1757, appela enfin Abdallah,
cet usurpateur Persan qui depuis si long-temps menaçait
l'Inde Supérieure. Celui-ci marcha sur Dehly et s'empara de Châh-al-Dien; mais bientôt, séduit par les
artifices de son captif, il lui rendit le pouvoir, et lorsqu'il
partit pour défendre ses propres états, ce fut au vindica-
tif Vizir qu'il confia la garde d'Allum-Ghuîr; une dure
captivité enveloppa bientôt le prince et toute sa famille.

Son fils aîné, Aly-Goor, plus connu sous le nom de
Châh-Zadda, parvint cependant à s'échapper. Après
avoir vainement imploré l'assistance de Suja-Doula,
Soubah d'Aoudh et fils du Vizir dépossédé par Châh-al-
Dien, le fugitif s'adressa à Kiouli-Khan, Soubah d'Allahabâd. Celui-ci dirigea sur le Bengale les espérances
du prétendant; il lui représenta Mir-Jaffier comme un
usurpateur, et lui fit sentir la nécessité de s'assurer une
province puissante, pour secourir efficacement son
père. Châh-Zadda, muni d'un firman qui lui accordait

la vice-royauté du Bengale, vint avec Kiouli - Khan mettre, à la fin de 1758, le siége devant Patna. Le seul nom de l'héritier du trône avait rallié plusieurs Radjahs à sa cause; Mir-Jaffier avait peu de confiance dans la fidélité de Rownarain, il appela donc Clive à son secours, et en février 1759, les troupes combinées marchèrent sur Patna. Le siége en avait été levé depuis quelques jours. Le Soubah d'Aoudh, voyant Kiouli-Khan occupé à soutenir les prétentions de Châh-Zadda, en avait profité pour emporter d'assaut Allahabâd. Kiouli-Khan, ainsi menacé dans ses propres états, y retourna aussitôt, en abandonnant son protégé à ses propres forces.

Châh-Zadda ne trouva qu'une insuffisante compensation à cette défection inattendue, dans le secours que vint lui apporter Law à la tête de sa petite troupe de Français. Il essaya alors d'intéresser les Anglais à sa cause, et s'adressant directement à Clive, sollicita sa protection. Il offrait de reconnaître Mir-Jaffier comme Soubah du Bengale et d'accorder de brillants avantages à la compagnie, pour prix de secours envoyés à son père. Pour donner plus de force à ces offres, il annonça l'intention de se rendre dans le camp Anglais, et de s'abandonner à la merci de Clive; l'inflexible général répondit qu'il le livrerait à Mir-Jaffier. Le malheureux prince, sans trésors, sans troupes, sans amis, quitta le Behâr et reprit la vie errante du proscrit; Clive s'avança

aussitôt pour punir les Radjahs qui l'avaient un moment
soutenu.

Ainsi les Anglais, depuis le départ de Dupleix, se
croyaient assez forts pour substituer la violence à la ruse.
Cette fiction de légalité, dont ils avaient jusqu'alors enve-
loppé leurs usurpations, ne leur semblait plus qu'une inutile sujétion. Après avoir si long-temps affecté de ne
combattre que pour soutenir les souverains légitimes et
faire respecter les lois de l'empire, ils transigent avec
leur vertu, jusqu'à prendre les armes contre le légitime
héritier du trône, contre le descendant des Empereurs
dont ils avaient long-temps imploré protection et pitié.
Pour apprécier avec quelle facilité tous les rôles étaient
acceptés par eux, suivons les ambassadeurs Anglais
qui, à cette même époque, partent de Bombay et vont
se prosterner aux pieds de l'Empereur. Ils lui repré-
sentent: « qu'humbles marchands, étrangers à toute
« idée de domination politique, ils n'ont cependant pu
« voir de sang froid la connivence du gouverneur de
« Surate avec les corsaires qui infestaient ces mers, et
« *fermaient aux vrais Musulmans la route de la Mecque*;
« qu'ils l'ont déposé, et se sont, au nom de l'Empereur,
« emparé du château; qu'ils sollicitent enfin l'autorisa-
« tion de défendre eux-mêmes ce port. » Un présent
considérable pour le Vizir Châh-al-Dien fit réussir cette
étrange supplique. Les Anglais acquirent ainsi d'un seul
coup, le droit de nommer le Nabab de Surate, un revenu

net de sept cent mille francs et le commerce exclusif du Guzerate, source principale de la production du coton. Revenons aux affaires du Bengale.

Mir-Jaffier, délivré des craintes que lui inspirait Châh-Zadda, voulut récompenser Clive; il érigea pour lui en Jaghuîr ou fief, le cens annuel de sept cent cinquante mille francs qu'il s'était réservé sur les districts cédés à la compagnie, au Sud de Calcuta. Il réduisit ensuite quelques Radjahs indociles, mais sans en acquérir plus d'autorité réelle; Clive régnait sous son nom. Celui-ci apprit bientôt l'armement qui se préparait à Batavia. Aussitôt il attira le Soubah à Calcuta, et lorsque les troupes Hollandaises débarquèrent fortes de sept cents Européens et de huit cents Malais, Mir-Jaffier qui les avait appelées, *dût* leur ordonner d'évacuer le Bengale. Sur leur refus, Clive, *à la prière du Soubah,* disait-il, alla les attaquer. Tous furent pris ou tués, quatre-vingt seulement échappèrent; les vaisseaux qui les avaient amenés baissèrent pavillon après deux heures de combat. Par un traité signé le lendemain, les Hollandais se reconnurent les agresseurs et promirent de payer aux Anglais les frais de la guerre. Par un autre traité conclu avec le Soubah, les Hollandais s'engagèrent à ne pas entretenir plus de cent vingt-cinq soldats Européens dans leurs factories du Bengale; peu de temps après, sur l'ordre de Clive transmis par la voix de Mir-Jaffier, ils dûrent démolir les fortifications de Tchinsura.

A l'égard des autres puissances Européennes dans l'Inde, les Anglais employaient encore la ruse transparente qu'ils venaient d'abandonner à l'égard des Indigènes. Ainsi, c'est au nom du Soubah qu'il venait de créer lui-même, que Clive attaqua les troupes d'une nation en paix avec l'Angleterre et s'empara des vaisseaux qui les portaient. Il les restitua cependant, pour ne pas donner à cette agression le caractère d'une lutte nationale. La puissance du Soubah était bien précaire, puisqu'il ne pouvait pas essayer de défendre les auxiliaires qu'il avait lui-même appelés, et dont l'incorporation dans sa propre armée n'avait pas un caractère directement hostile aux Anglais.

Ce fut le dernier acte important de la première administration de Clive. Au mois de février 1760, il retourna en Europe, rendre compte de ses succès et provoquer l'adoption des vastes plans qu'il exécuta depuis. Il fut provisoirement remplacé par Holwell, le plus ancien membre du conseil, l'un des Anglais échappés aux tortures du *black Hole*. Ce fut au mois de juillet seulement que Vansittart, successeur définitif de Clive, prit possession de la présidence.

Mir-Jaffier, retiré dans sa capitale, sentait lourdement le poids de ses chaînes ; mais les circonstances semblaient prêtes à l'aggraver encore. Châh-Zadda envahit de nouveau le Behâr, et accompagné cette fois par les Français et par le Soubah d'Aoudh, il marcha sur Patna.

Mir-Jaffier recourut aux Anglais qui lui envoyèrent toutes leurs forces disponibles. Quelques mois s'écoulèrent sans action décisive, et en juillet 1760, le fils aîné de Mir-Jaffier, qui le considérait comme son seul appui, sa seule garantie contre la haine de ses ennemis, fut trouvé assassiné dans sa tente. Après avoir quelque temps caché aux troupes ce triste événement, on publia que le prince avait été frappé de la foudre; Mir-Jaffier rentra dans son palais pour y pleurer en liberté. Le conseil de Calcuta, pendant ce temps, se préparait à combler ses malheurs.

Depuis que Jaffier régnait sur le Bengale, il recueillait à peine la moitié des revenus de cette province, car les Anglais protégeaient sous main les Nababs qui refusaient de rendre compte. Ses dépenses militaires étaient excessives; le Behâr était, depuis trois ans, le théâtre d'une guerre continuelle, et quarante-cinq mille Maharattes avaient récemment ravagé le Bardwân. Mir-Jaffier payait exactement la solde des troupes Anglaises, mais les siennes, qu'irritait cette préférence, s'étaient maintes fois mutinées; enfin, pour acquitter ses dettes envers la compagnie, il lui avait concédé les revenus des provinces de Midnapour et de Bardwân. Le successeur de Clive prétendit voir dans cet état de choses le résultat d'une incapacité dangereuse; il insista auprès du conseil de Calcuta sur la nécessité d'opérer une nouvelle révolution dans le Bengale, et jeta les yeux sur Mir-Cossim-Aly-Khan, gendre de Mir-Jaffier.

Ce nouveau prétendant ne demandait d'abord que le titre de Naïb ou Lieutenant. Il fut donc convenu qu'on laisserait à Mir-Jaffier le nom de Soubah, et que l'autorité tout entière appartiendrait à Cossim, successeur désigné. Il s'engageait à acquitter toutes les dettes de Jaffier envers la compagnie, et à faire, en tout, cause commune avec les Anglais. Ceux-ci promettaient de l'assister contre tous ses ennemis, et spécialement contre Châh-Zadda. Le 14 octobre 1760, le gouverneur de Calcuta se rendit à Mourchidabâd, pour signifier à Jaffier ces nouveaux arrangements. Le prince dépossédé réclama énergiquement la foi jurée et le respect des traités, mais effrayé par l'entrée menaçante de Cossim dans le palais, il demanda au gouverneur sûreté pour sa personne et sa famille, et asile à Calcuta. Vansittart, interprétant cette demande comme une abdication formelle, proclama aussitôt Mir-Cossim Soubah du Bengale, et le malheureux Jaffier, jeté sur une barque, fut conduit à Calcuta, sous escorte Anglaise.

Trois ans auparavant, sous un prétexte frivole, et au mépris de serments solennels, Clive avait attaqué, déposé et laissé assassiner Suraja-Doula, légitime Soubah du Bengale. Les riches priviléges acquis par la compagnie firent alors approuver sa conduite. Mais quand le successeur de Clive déposa Jaffier, créature des Anglais, et dont le seul tort était une impuissance financière, résultat de leurs propres manœuvres, certes il ne pouvait alléguer les intérêts de la compagnie. Le traité conclu avec Cossim n'était que la reproduction des précédentes stipulations; pour en recueillir tous les avantages, il fallait obtenir sur Cossim l'influence qu'on exerçait déjà sur Jaffier; c'est dans les articles secrets qu'il faut donc chercher la source de cette honteuse révolution. Quinze millions avaient été secrètement payés par Jaffier; Clive en avait conservé cinq, et distribué le reste aux membres du conseil. Son successeur se fit donner six millions par Cossim, en garda la moitié, et partagea le reste entre ses principaux adhérents. Les trônes de l'Inde étaient ainsi périodiquement mis à l'encan, et la protection des Anglais acquise au plus offrant.

Bientôt après, les Anglais et Cossim reprirent la campagne contre Châh-Zadda, dont le parti s'était grossi de quelques Radjahs mécontents. En janvier 1761, le prince fut complétement battu et forcé de se mettre à la discrétion des Anglais qui songèrent dès lors à en faire l'instrument de leur ambition. Depuis que Châh-Zadda avait quitté Dehly, l'Empereur Allum-Ghuîr avait plusieurs fois cherché à secouer le joug. Une dernière tentative, dans laquelle était entré Nigib-al-Doula trésorier-général, effraya Châh-al-Dien qui fit assassiner l'Empereur et proclama un de ses parents. Nigib, de son côté, proclama un fils de Châh-Zadda, et ce dernier, apprenant cette révolution, prit aussitôt le titre de Châh-Allûm II

(Empereur du monde). La force seule pouvait décider
entre les trois compétiteurs, et Châh-Allûm cherchant
à s'attacher de redoutables auxiliaires, offrit aux Anglais
de leur donner carte blanche dans son empire, s'ils voulaient le conduire à Dehly. L'audace manqua aux Anglais
pour tenter une pareille entreprise, et Cossim qui craignait de se voir donner dans Châh-Allûm un maître trop
puissant, mit tout en œuvre pour les en détourner. Après
de longues négociations, il fut convenu que Châh-Allûm
serait reconnu empereur par la compagnie et par Cossim; que la monnaie du Bengale serait frappée à son
effigie, et que le Soubah lui fournirait quelques lacks
de roupies. (Le lack du Bengale vaut 100,000 roupies
ou 253,238 fr.) Châh - Allûm avait promis d'évacuer
immédiatement le Bengale, et en juin 1761, une escorte
Anglaise l'accompagna jusqu'à la frontière. Le projet de
l'empereur était de s'attacher le Soubah d'Aoudh Suja-
Doula, qui venait d'accroître sa puissance en s'emparant
d'Allahabâd, et qu'il choisit en effet pour son Vizir.

Cossim, pendant ce temps, avait soumis les Radjahs
mécontents, et s'était mis en pleine possession des Soubahbies du Bengale et du Behâr, dont Châh-Allûm lui
avait donné l'investiture. Tranquille au dehors, il voulut
remettre l'ordre dans ses finances et réformer l'administration intérieure. C'était l'écueil contre lequel devait se
briser sa fragile puissance.

Les Anglais, depuis l'avénement de Mir-Jaffier, s'étaient attribué le commerce intérieur et le monopole des matières de première nécessité, telles que le sel, le tabac, le bétel. Ceux que leurs grades retenaient à Calcuta ou dans les factories, employaient des agens pour faire en leur nom les achats et les ventes dans toute l'étendue du Bengale; ceux qui manquaient de capitaux vendaient leur nom aux négociants Arméniens ou à des aventuriers d'Europe. L'insolence des spéculateurs dépassa bientôt toutes les bornes; ils forçaient les habitants à vendre leur produits au prix qu'eux-mêmes fixaient, et leur imposaient en échange, à un taux également arbitraire, des denrées dont les malheureux Bengalis ne pouvaient faire usage. Pendant le règne de Jaffier, cette province désolée souffrit tout ce que peut enfanter de crimes la cupidité mercantile armée de l'autorité militaire. L'anéantissement total des revenus de la Soubahbie n'était pas le plus triste résultat de cette odieuse conduite. L'émigration, dernière ressource d'un peuple désarmé, faisait des progrès alarmants, et les grands officiers perdirent bientôt tout respect pour un esclave couronné qui ne pouvait protéger ses propres sujets. Cossim voyait le mal, mais n'osait appliquer le remède, et connaissant par sa propre élévation le fond qu'il y avait à faire sur la foi des Anglais, il reculait devant une lutte ouverte. Pour se procurer un peu plus d'indépendance cependant, il transféra son séjour de Mourchidabâd à Monghîr, ville forte beaucoup plus éloignée de Calcuta, il exerça ses troupes à l'Européenne, en donna le commandement à des réfugiés de diverses nations, et s'occupa d'organiser un corps d'artillerie. Il employait en même temps les voies de la négociation, pour mettre un terme aux vexations de ses sujets et aux insultes dont on abreuvait ses officiers. Il eut réussi peut-être, car le gouverneur de Calcuta sentait le tort que faisaient à la compagnie ces perturbations continuelles. L'intérêt personnel des employés Anglais était seul en jeu, et les plaintes formées contre eux semblaient accueillies sans défaveur, mais les efforts de Cossim devaient échouer contre un obstacle d'une autre nature.

La discorde régnait dans le conseil de Calcuta, et l'autorité du gouverneur y était méconnue. Plusieurs membres avaient désapprouvé la déposition de Mir-Jaffier et protesté contre la nomination de son successeur. Ils rappelaient que le conseil n'avait donné à Vansittart que la mission de réorganiser l'administration intérieure de la Soubahbie, de manière à sauvegarder les intérêts pécuniaires de la compagnie, et qu'il avait étrangement outrepassé ses pouvoirs en accomplissant une révolution politique. Cette opinion finit par réunir la presque unanimité du conseil. Les membres mécontents, ralliant à leur parti les officiers des diverses factories, s'étudiaient à mortifier de mille manières Cossim, créature d'un gouverneur qu'ils haïssaient. Désireux de s'en rapporter seulement à la décision des directeurs de Londres , Vansittart multiplia pendant dix-huit mois ses efforts pour retarder les hostilités. En octobre 1762, il se rendit à Monghîr, et de concert avec Cossim dont il prévenait ainsi les désirs, conclut un traité pour régler le commerce des *articles prohibés;* c'est ainsi qu'on désignait les denrées de première nécessité. Un droit de 9 p. 0/0 était stipulé au profit du Soubah, sur tous les objets achetés et vendus par [les Anglais dans l'intérieur du Bengale. Ce traité ne lésait en rien les intérêts de la compagnie qui se livrait exclusivement au commerce d'importation et d'exportation ; les intérêts personnels des employés avaient seuls à en souffrir dans le commerce intérieur qu'ils s'étaient attribué; mais ce droit de 9 p. 0/0 était encore bien inférieur à ceux que supportait le commerce des Indigènes, et laissait par conséquent aux Anglais une large moisson de bénéfices à récolter. Vansittart et Mir-Cossim étaient donc convaincus que le traité écarterait toute difficulté dans l'avenir.

Plus tranquille désormais sur l'administration intérieure, le Soubah partit aussitôt pour une expédition dans le Nord du Bengale, laissant à ses officiers les instructions les plus précises sur la conduite à tenir envers les Anglais. Vansittart, pendant ce temps, avait soumis le traité à l'approbation du conseil; il représentait avec force les avantages qui devaient en résulter. L'immixtion des Anglais dans le commerce intérieur, seulement to-

lérée jusqu'à ce jour, était désormais consacrée légale-
ment, et la manière dont elle était réglementée devait
peu à peu leur en assurer le monopole. Mais l'intérêt
privé, lorsqu'il a la force en main, raisonne rarement.
Le conseil de Calcuta, dont les membres trouvaient dans
le traité un frein à leurs exactions, refusa de le ratifier.
Par une délibération en date du 1er mars 1763, il déclara
que le Soubah *n'avait le droit* d'imposer aucune taxe sur
le commerce exercé par les sujets Britanniques ; que
toutefois, pour manifester sa condescendance aux désirs
de Mir-Cossim, le conseil consentirait à accepter une
taxe de 2 p. 0/0 sur le sel exclusivement. Lors donc que
les magistrats Indiens voulurent, selon les instructions
du Soubah, percevoir le droit stipulé au traité, ils ren-
contrèrent une résistance inattendue; les chefs des diverses factories Anglaises les firent arrêter par leurs
Sipahis, et le pays retomba dans une complète anarchie.

Le Soubah était revenu de son expédition en février
1763. Il reconnut bientôt que le parti de l'opposition,
neutralisant l'influence pacifique du gouverneur, cherchait à le pousser à bout. Intimidé par les souvenirs du
passé et n'osant recourir aux armes, il se résolut à
affranchir de tous droits les Indigènes qui se livraient au
commerce des articles prohibés. C'était les mettre au
niveau des Anglais et anéantir le privilége qui faisait la
force de ceux-ci. Aussi le conseil se montra-t-il violemment irrité, et sans chercher à colorer d'un prétexte

plausible cette insolente prétention, envoya une députation *sommer* le Soubah de révoquer son édit. Les mêmes membres qui avaient contesté à Mir-Cossim *le droit* de mettre une taxe sur le commerce des Anglais, lui déniaient aussi le *droit* de ne pas mettre de taxes sur ses propres sujets. A défaut d'équité, c'était du moins de la logique; il ne manquait plus que de déclarer avec franchise que le seul *droit* de Mir-Cossim, était d'être l'esclave des Anglais. A partir de ce moment, on fit à Calcuta tous les préparatifs de la guerre, et dès le 20 juin, on mit en délibération la déposition de Cossim, sans cependant rien conclure.

Les chefs des diverses factories continuaient à s'opposer à main armée à l'exécution du traité de Monghîr. Ellis, chef de la loge de Patna, ennemi déclaré de Cossim, avait fait venir deux bateaux chargés d'armes que le Soubah fit arrêter à Monghîr. Sur son refus de les relâcher, Ellis fit attaquer Patna et s'en empara le 24 juin, sans pouvoir cependant pénétrer dans la citadelle. Le Soubah, qui venait de congédier les députés Anglais, les fit aussitôt poursuivre. Amyatt, l'un d'eux, périt en se défendant, avec la plupart de ses compagnons. L'autre député fut pris et conduit à Monghîr. Le lendemain, Cossim marcha sur Patna, le reprit après un assaut furieux, et tout ce qui se trouva d'Anglais dans la ville fut passé par les armes. Plusieurs factories Anglaises furent également emportées et pillées.

Ces nouvelles parvinrent à Calcuta le 7 juillet 1763. Immédiatement le conseil déclara Cossim déchu de son pouvoir, proclama Mir-Jaffier légitime Soubah du Bengale, et invita solennellement les populations à se joindre aux Anglais pour exterminer le tyran.

Une nouvelle ère de dévastation et de violence s'ouvrait donc encore pour ces malheureuses provinces. L'événement prouvait combien était impolitique et contraire aux intérêts de la compagnie la révolution qui, en 1760, avait placé Mir-Cossim sur le trône. Le successeur de Clive, après avoir obéi au désir puéril de singer ce grand homme, en faisant comme lui des souverains, se voyait forcé de renverser son propre ouvrage, et n'avait d'autre ressource que d'en revenir à la combinaison primitive. Ainsi la foi des traités avait été deux fois violée et bien du sang inutilement répandu, mais les employés Anglais n'avaient garde de le regretter, car quelques millions de plus étaient entrés dans leurs coffres.

CHAPITRE VI.

CONQUÊTE DU BENGALE PAR LES ANGLAIS,

Depuis la Déposition de Mir – Cossim , jusqu'à l'Asservissement définitif de cet état.

1763-1766.

Après avoir prononcé la déchéance de Mir-Cossim , le premier soin du conseil de Calcuta fut de conclure avec Jaffier un traité par lequel la compagnie s'engageait à le mettre en possession des Soubahbies unies de Bengale, Behâr et Orissa, et à lui livrer tous les trésors de Cossim qui pourraient tomber éntre leurs mains. L'analyse de ce document important va nous montrer avec quelle énergie les Anglais suivaient la ligne politique qu'ils avaient adoptée.

Par le 1er article, Jaffier confirmait le traité conclu en 1757, lorsque Clive l'éleva pour la première fois à la Soubahbie.

Par le 2e, il confirmait la cession faite à la compagnie par Cossim, du revenu des trois provinces de Midnapour, Tchittagong et Bardwân. Le conseil avait cherché à se les faire céder en toute propriété, mais Jaffier n'osa y consentir. Ces trois provinces rapportaient alors quinze millions et ont produit depuis bien davantage ; leur possession rendait d'ailleurs les Anglais maîtres de toutes les bouches du Gange et de toute la côte du Bengale, depuis Balassôr jusqu'à la côte d'Arakan.

Le 3e article renouvelait tous les priviléges commerciaux de la compagnie, et accordait franchise absolue de droits à toute marchandise voyageant sous le passe-port d'un employé de la compagnie ; le sel toutefois restait grevé d'un droit de 2 p. 0/0. C'était là le véritable objet de cette nouvelle révolution ; les officiers Anglais s'assuraient ainsi le monopole des denrées consommées par une population de quinze millions d'habitants. Depuis près d'un demi siècle, nous les avons vu renouveler leurs efforts pour s'emparer du commerce intérieur. Leur but était pleinement atteint, en ce qui concernait du moins les intérêts individuels des employés de la compagnie.

Par les 4e et 5e articles, Jaffier concédait aux Anglais la moitié du salpêtre et de la chaux fabriquée dans les provinces, réservant exclusivement l'autre moitié pour son usage personnel. Aucune rivalité Européenne n'était donc plus à craindre pour ce commerce.

Par le 6ᵉ, il s'engageait à n'entretenir que douze mille hommes d'infanterie et autant de cavalerie, et à réclamer l'intervention des troupes Anglaises dans toutes ses querelles. Le conseil avait d'abord cherché à réduire à six mille hommes l'effectif de l'armée du Soubah. Celle qu'on lui accordait ne suffisait pas à le rendre dangereux.

Par le 7ᵉ article, Jaffier promettait de ne jamais changer le siége de sa résidence, sans en avoir prévenu le gouverneur et le conseil de Calcuta; il s'obligeait à conserver à sa cour un délégué du conseil, et à entretenir lui-même un agent à Calcuta.

Le conseil avait voulu l'amener à souffrir la présence permanente d'un corps de troupes Anglaises dans sa capitale. Il renonça cependant à cette clause qui n'était qu'une vexation inutile, car les articles précédents lui donnaient réellement la souveraineté du Bengale. Remarquons toutefois que dans ce traité les intérêts de la compagnie étaient tout-à-fait sacrifiés à ceux de ses employés. La compagnie pouvait à peine tirer des provinces cédées de quoi défrayer son établissement militaire, mais les membres du conseil espéraient disposer des quarante-huit millions de revenu qui restaient encore à Jaffier désarmé.

Par le 8ᵉ article, le Soubah révoquait l'ordonnance

de Cossim qui assimilait les natifs aux Anglais pour la franchise de droits sur les articles prohibés. L'œuvre du monopole était ainsi irrévocablement complétée au profit des Anglais.

Par le 9e, il promettait de punir quiconque ne recevrait pas, sans aucun droit de change, les roupies frappées à Calcuta. Cette clause était très-lucrative pour les Anglais qui avaient altéré le titre des monnaies et y mettaient à cette époque quatre dixièmes d'alliage.

Par le 10e, il payait à la compagnie neuf millions de francs pour la dédommager des frais de la guerre contre Cossim; il s'engageait en outre à indemniser, *sur une simple attestation du conseil*, les particuliers qui auraient souffert dans leur commerce. Ce dernier article, habilement exploité, valut quatorze millions aux employés de la compagnie. Quelques sommes insignifiantes furent aussi payées à des natifs.

Par le 11e article, le Soubah s'engageait à renouveler avec les Hollandais son premier traité, qui fixait à cent vingt-cinq hommes l'effectif de leurs troupes Européennes dans le Bengale.

Le 12e article, relatif à la rentrée éventuelle des Français dans le Bengale, stipulait qu'ils ne pourraient y entretenir de troupes, élever de fortifications, affermer de terres, ni jouir d'aucun privilége commercial.

Les parties contractantes s'engageaient, par le 13e article, à promulguer un réglement qui prévint toute altercation entre leurs officiers respectifs.

Mir-Jaffier ne signa point toutefois ce traité sans restriction; il y ajouta cinq articles dont quelques-uns, relatifs à sa sûreté personnelle, montrent comment il jugeait lui-même sa propre situation.

Il insistait d'abord pour que le conseil de Calcuta fit approuver cette nouvelle transaction par le roi d'Angleterre et les Directeurs de la compagnie à Londres, afin de lui donner un titre contre le mauvais vouloir des administrateurs qui pourraient remplacer les membres actuels du conseil.

Il demandait en second lieu, qu'en vertu de l'alliance intime qui allait subsister entre lui et les Anglais, ils ajoutassent foi à ses propres allégations, plutôt qu'aux rapports de gens intéressés à lui nuire.

Il priait le conseil de ne plus accorder asile à ses sujets rebelles, et de s'engager à punir les infractions des employés Anglais.

Il exigeait que les Anglais ne se fissent plus justice eux-mêmes des sujets de la Soubahbie dont ils croiraient avoir à se plaindre, et qu'ils abandonnassent entièrement à sa jurisprudence Chandernagor et les districts Français qui lui avaient été rendus par Clive.

Enfin, il demandait que les troupes Anglaises dont il pourrait avoir besoin pour faire respecter son autorité, lui fussent accordées à sa première réquisition et sans frais extraordinaires.

Ces deux derniers articles, dirigés contre les autres nations Européennes, étaient évidemment dictés à Jaffier par les Anglais, qui n'avaient osé les insérer en leur propre nom dans le corps du traité. C'était un voile commode pour la satisfaction de leurs haines politiques; les intérêts et les ordres du Soubah devenaient un prétexte pour justifier leurs hostilités contre une nation rivale, et surtout contre les Français. Ils appliquaient en grand pour l'avenir la tactique qui leur avait si bien réussi en 1759 à l'égard des Hollandais.

Ainsi fut consommée la troisième révolution du Bengale. Les deux premières avaient eu pour prétexte plus ou moins plausible l'intérêt de la compagnie; mais on n'osa cette fois jouer aucune comédie justificative. L'odieuse cupidité des employés de la compagnie étouffa tout scrupule. Le Soubah qu'ils venaient de faire reconnaître par l'Empereur, n'était plus évidemment qu'un usurpateur, puisqu'il avait tenté de protéger ses propres sujets, et menacé le monopole du commerce intérieur dont s'étaient emparé les Anglais.

Immédiatement après la conclusion du traité, les Anglais marchèrent avec Jaffier contre le Soubah proscrit. Le 19 juillet, sous les ordres des Majors Adams et Carnac, ils battirent un de ses généraux, et le 24 ils emportèrent d'assaut Mourchidabâd. Le 2 août enfin,

Cossim vint déployer devant eux, dans les plaines de Gériah, l'armée la mieux disciplinée qu'ils eussent eu encore à combattre; 170 Européens de diverses nations manœuvraient son artillerie. Après un combat de quatre heures, dans lequel Cossim enfonça une aile de l'armée Anglaise et prit deux batteries, la fermeté d'un régiment d'infanterie royale décida la victoire. Cossim, forcé de fuir, abandonna toute son artillerie. L'armée Anglaise s'empara alors de quelques forts, et au mois de septembre marcha sur Monghîr où s'était réfugié le Soubah. Celui-ci, furieux et désespéré, envoya au commandant de l'armée confédérée une lettre par laquelle il reprochait amèrement aux Anglais la violation du traité de 1760, annonçant que s'ils avançaient encore, il ferait décapiter tous ses prisonniers. Dans le nombre se trouvaient trois membres du conseil de Calcuta qui s'étaient le plus distingués par leur haine contre Cossim, et notamment Ellis, qui en s'emparant de Patna avait donné le signal des hostilités. Le Major Adams n'ayant tenu compte de cette menace, Cossim fit massacrer deux cents Anglais et une centaine d'Indiens de leur parti, et après cet acte de sauvage provocation, continua sa retraite.

Le 11 octobre 1763, Monghîr capitula, et le 6 novembre les Anglais emportèrent Patna. Le 4 décembre, Cossim toujours fuyant et toujours poursuivi, passa enfin la Gôgra, pour implorer le secours de Suja-Doula, Soubah d'Aoudh, auprès de qui s'était déjà retiré Châh-Allûm, Empereur reconnu par les Anglais. Ceux-ci n'avaient point attendu jusqu'à ce moment pour sonder les dispositions d'un auxiliaire si important. Ils avaient offert à Suja-Doula de payer par son intermédiaire une somme considérable à Châh-Allûm, dont il était le Vizir, si ce prince voulait confirmer Jaffier. Occupé d'autres soins, Suja-Doula avait long-temps différé sa réponse, quand une terrible sédition éclata en février 1764 dans l'armée Anglaise. Deux cents Européens désertèrent en corps et quelques bataillons de Sipahis suivirent cet exemple. Si Souja-Doula eut saisi le moment favorable, c'en était fait de la puissance des Anglais dans le Bengale, la plupart de leurs troupes Indigènes se seraient jointes à lui et il eut enlevé sans coup férir Calcuta dégarni.

Des concessions pécuniaires ramenèrent bientôt les mécontents. Chaque soldat Européen reçut cent roupies, chaque Sipahis vingt-quatre, les Sous-Officiers eurent double part, et l'armée était réorganisée, quand au milieu d'avril, le Soubah Vizir se déclara ouvertement pour Cossim. Effrayé de ses menaces, le Major Adams, dont un petit corps avait été battu par Cossim, se retira bientôt sur Patna, où il reçut un renfort impatiemment attendu de Madras. Cette facilité de concentrer leurs forces des diverses parties de l'Inde devait sauver les Anglais.

Le 3 mai, Suja-Doula attaqua l'armée Anglaise et fut

repoussé avec perte. Les négociations s'ouvrirent aussitôt. Le Soubah, forcé de partager ses forces entre les Anglais et les Maharattes, semblait pencher pour la paix; mais à chaque concession, le commandant ennemi se montrait plus exigeant; il déclara bientôt tout accommodement impossible, si on ne lui livrait préalablement Cossim et son général d'infanterie, Sombre. Ce dernier, Suisse d'origine, avait été d'abord sergent au service de France, puis il s'attacha aux Anglais et les quitta pour Cossim; c'est lui qui, sur l'ordre du Soubah, avait fait massacrer par ses propres Sipahis tous les prisonniers Anglais.

Mir-Jaffier, de son côté, redoutait les suites d'une guerre. Il avait à lutter contre les forces de Suja-Doula et l'influence morale de Châh-Allûm, dont le nom pouvait servir de prétexte à des Radjahs mécontents. Il chercha donc à négocier à l'insu des Anglais qui, inquiets de ces velléités d'indépendance, le rappelèrent à Calcuta sous un frivole prétexte, vers la fin du mois de juin. Dès qu'il eût ainsi Jaffier en sa puissance, le conseil de Calcuta s'avisa que le revenu des provinces de Bardwân, Midnapour et Tchittagong, ne suffirait pas à défrayer la guerre, et au mépris évident du traité signé trois mois auparavant, il força le Soubah à consentir un subside mensuel de quinze cent mille francs jusqu'à la fin des hostilités. L'armée Anglaise était pendant ce temps restée sur la défensive. Suja-Doula, espérant que la désertion et l'épuisement des finances amèneraient les Anglais à un accommodement, se contentait de fatiguer leurs troupes par des contre-marches compliquées. L'arrivée d'un renfort de Bombay fit échouer ce plan habile. Le 13 octobre 1764, le Soubah d'Aoudh rencontra à Bouxar (à 100 miles environ au-dessus de Patna), l'armée Anglaise forte de quinze cents Européens et de dix mille Sipahis; elle était commandée par le colonel Sir Hector Munroe. Suja-Doula fut vaincu après une lutte désespérée, et donna dans sa retraite une preuve de talents militaires peu communs en ces contrées; il fit rompre un pont de bateaux.

Châh-Allûm avait toujours compté sur l'appui de Suja-Doula pour reconquérir Dehly. Le Soubah d'Aoudh jouissait alors d'une grande influence personnelle dans le Haut-Indostan; il y était considéré comme le boulevard de l'Islamisme. En 1762, les Maharattes s'étaient crus assez forts pour chasser les Mogols, détruire le gouvernement Mahométan et rétablir celui des princes Indous. Au nombre de deux cent mille, ils marchèrent sur Dehly, alors occupé par Abdallâh, Châh de Perse. Suja-Doula vint se joindre à lui, entraînant à sa suite les Rohillas et d'autres puissantes tribus. Sous sa conduite, cent cinquante mille Mahométans combattirent les Maharattes et les exterminèrent à Paniput, cette arène sanglante où déjà une fois avaient été disputées, au redoutable jeu des batailles, les destinées de l'Indostan. Cette victoire avait rendu Suja-Doula maître de l'empire. C'est alors qu'il se déclara pour Châh-Allûm à qui le trône était, nous l'avons vu dans le chapitre précédent, disputé par deux compétiteurs. Le Soubah d'Aoudh les laissait s'affaiblir mutuellement et, en attendant le moment de conduire son protégé à Dehly, se servait de son nom pour réduire quelques Radjahs révoltés. Châh-Allûm avait toujours considéré Suja-Doula comme l'arbitre de sa destinée, le seul auxiliaire assez puissant pour le faire asseoir sur son trône contesté. Mais après la bataille de Bouxar, le prince crut tout espoir perdu de ce côté, et plus confiant dans la force des Anglais qui l'avaient reconnu pour souverain légitime en juin 1761, il se rendit dans leur camp et implora leur protection.

La première proposition que fit Châh-Allûm aux Anglais, fut de leur sacrifier son Vizir, en leur cédant telle portion qu'ils désireraient de la Soubahbie d'Aoudh. Une nouvelle collision semblait inévitable en effet, entre les Anglais et le Soubah. Les premiers insistaient pour se faire livrer Cossim et Sombre, mais Suja-Doula « fermement attaché aux lois de l'honneur et de l'hospitalité, ne voulait pas les enfreindre, dût-il lui en coûter « la vie »; et en attendant, il rassemblait une nouvelle armée. Ces circonstances décidèrent les Anglais à conclure, en décembre 1764, un traité avec Châh-Allûm. Ils s'engageaient à conquérir pour lui toute la Soubahbie d'Aoudh, et l'Empereur en retour leur cédait les revenus de la province de Benarès, dont le Nabab Bulwanet-Singh avait déjà pris les armes contre Suja-Doula.

La compagnie acquérait par ce traité un accroissement de revenu d'environ six millions; mais elle était obligée de soutenir, à deux cent cinquante lieues de Calcuta, une guerre terrible qui aurait absorbé toutes ses ressources. En supposant même la conquête d'Aoudh accomplie, la nécessité de défendre Châh-Allûm dans cette possession lointaine eut été désastreuse pour la compagnie. Il était difficile, en un mot, d'imaginer un plan plus impolitique; mais les employés y trouvaient parfaitement leur compte en ouvrant un vaste champ à leur envahissante rapacité. Un nouvel incident ramena toutefois leurs idées sur le Bengale.

En février 1765, le vieux Jaffier mourut, en désignant pour son successeur l'un de ses fils, Nidgum-Doula, qu'il avait, peu de temps auparavant, de l'aveu des Anglais, associé à son pouvoir. Aussitôt, quatre députés envoyés par le conseil à Mourchidabâd, voulurent forcer Nidgum à signer un nouveau traité. Il s'y refusa longtemps, voulant s'en référer à celui signé par son père en juillet 1763. Il s'était procuré secrètement la confirmation de l'Empereur, et allait faire procéder à son installation, quand les conseillers Anglais revenant à la charge, protestèrent qu'il ne s'assoierait pas sur le *Musnud* avant d'avoir obéi, et menacèrent de nommer eux-mêmes un Soubah plus docile. Le 20 février, Nidgum céda et signa un traité en quatorze articles. Il reproduisait, en les aggravant encore, toutes les stipulations du traité de 1763, relativement au revenu des provinces de Midnapour, Tchittagong et Bardwân, au subside mensuel, à l'effectif de son armée, au commerce intérieur, à celui de la chaux et du salpêtre, au cours des monnaies de Calcuta, au retour éventuel des Français dans le Bengale et à la promulgation d'un réglement intérieur. Il s'obligeait encore à payer sans retard l'arriéré des sommes stipulées en faveur des Anglais dans le traité de 1763, et pour lesquelles les réclamations de la compagnie s'élevaient alors à seize millions. Il prenait l'engagement de n'admettre aucun Européen à son service, et de renvoyer ceux qui s'y trouvaient déjà. Enfin, par deux articles nouveaux, il consentait à accepter pour Naïb ou lieutenant de la Soubahbie, Mohamed-Beza-Khan, créature des Anglais; il s'engageait à lui laisser la collection de tous les revenus et à ne changer, sans l'agrément des Anglais, aucun des officiers subalternes chargés de cette collection. Il promettait en outre d'accueillir les réclamations des Anglais contre ses propres employés.

Ces deux articles mettaient le gouvernement *de fait* entre les mains des Anglais, et laissaient le Soubah entièrement à leur discrétion, même pour sa subsistance personnelle. Il est assez curieux de voir le peu de cas

que faisait le conseil de Calcuta, des ordres des chefs
Européens de la compagnie. A la première nouvelle des
démêlés de Cossim avec le conseil, les directeurs de
Londres avaient formellement interdit à leurs employés
toute participation au commerce intérieur, et surtout à
celui des denrées de première nécessité. Deux articles
du nouveau traité étaient néanmoins relatifs à la continuation de ce trafic. Avec une avidité non moins contraire aux volontés des directeurs, les quatre députés
Anglais rédacteurs du traité, parvinrent à arracher de
Nidgum six millions à titre de présent; ils les partagèrent
entr'eux et quelques membres du conseil de Calcuta.
Mohamed-Beza-Khan et les autres grands officiers nommés par l'influence Anglaise donnèrent de leur côté trois
millions. Les Anglais, on le voit, ne se lassaient pas de
recevoir. Il fut prouvé, en 1773, devant un comité secret de la chambre des communes, que de 1757 à 1766,
les divers Soubahs du Bengale avaient DONNÉ, *à titre
de restitution*, à la compagnie des Indes Anglaises,
85,860,000 fr., somme qui dépassait beaucoup le capital
de la compagnie; et que ces mêmes Soubahs avaient
également DONNÉ, *à titre de présent*, aux employés civils
et militaires de la compagnie, 52,080,000 fr.; dans ce
chiffre n'était même pas compris le Jaghuîr de 750,000 fr.
par an érigé en faveur de Clive. Plusieurs autres millions enfin avaient été extorqués à diverses époques,
sans qu'on pût en trouver de preuves matérielles. Si

énormes cependant que paraissent ces sommes, il y a
lieu de croire qu'elles n'égalaient pas celles arrachées
aux malheureux Bengalis par le prétendu commerce
intérieur, brigandage organisé et rendu plus odieux
encore par la cruauté avec laquelle on l'exerçait.

Après avoir ainsi réalisé les avantages matériels de
ce nouveau traité, il restait aux Anglais à en exécuter un
autre et à mettre Châh-Allûm en possession de la Soubahbie d'Aoudh. L'armée Anglaise qui, à la fin de la
campagne précédente, avait pris ses quartiers sous les
murs de Benarès, se remit en mouvement sous les ordres
du major Sir Robert Flechter. Il eut d'abord des succès
rapides; il emporta le fort de Chandajir contre lequel
avait échoué l'année précédente le colonel Munroe ; il
s'empara de la ville de Eliabad sur le Gange, chef-lieu
du district de Gorrah. Enfin, en avril, il passa le Gange
pour aller attaquer Suja-Doula qui lui opposa une résistance inattendue. Nigib-al-Doula, gouverneur de Dehly,
avait d'abord embrassé sa cause; les intrigues des Anglais l'en détachèrent bientôt. Le Soubah se ligua alors
avec Châh-al-Dien et appela les Maharattes à son aide.
Le plan des confédérés était de prolonger la guerre et de
fatiguer l'armée Anglaise. Deux mois s'écoulèrent en escarmouches insignifiantes et négociations peu sincères;
enfin, le 20 mai 1765, un combat s'engagea près de
Kalpy, et les Maharattes furent complétement battus.
La division se mit aussitôt entre Suja-Doula et ses nou-

veaux alliés, qui voulaient lui faire acheter trop cher un appui équivoque. Il prit dès lors le parti de recourir à la clémence de ses ennemis. Cossim et Sombre s'échappèrent du camp; les Maharattes se retirèrent de leur côté, et le 27 mai, le Soubah-Vizir vint lui-même se remettre aux mains du major Carnac qui avait repris le commandement de l'armée. Celui-ci en donna immédiatement avis au conseil de Calcuta; mais pendant cet intervalle l'administration avait éprouvé une révolution dont il faut rendre compte.

Dès que l'on eut reçu à Londres la nouvelle de la guerre contre Cossim, suscitée par la mauvaise conduite et la rapacité des employés Anglais, les directeurs de la compagnie résolurent de changer entièrement le gouvernement de la présidence de Calcuta. Les principaux actionnaires se joignirent à eux pour supplier Clive, récemment créé pair d'Irlande, de reprendre une seconde fois le gouvernement des affaires de la compagnie. L'animosité personnelle qui régnait entre lui et Sullivan, président de la cour des directeurs, arrêta quelque temps cette combinaison. Clive avait vainement dépensé deux millions et demi pour empêcher Sullivan d'être réélu; celui-ci s'en vengea en attaquant Clive au sujet du Jaghuîr de 750,000 fr. de rente qu'il avait accepté de Mir-Jaffier. Un procès s'en suivit, mais pendant ce temps, les circonstances devenaient de plus en plus pressantes. Sullivan fut enfin forcé de céder la place à son rival, et Lord

Clive partit d'Angleterre le 4 juin 1764, avec le titre de
Commandant en chef des forces de la compagnie, assisté
d'un comité de quatre membres qu'il avait choisis lui-
même et investi de pouvoirs à peu près absolus.
Après avoir touché à Madras, il débarqua à Calcuta le
3 mai 1765 et prit aussitôt d'une main ferme les rênes
flottantes du pouvoir. Il ne tarda pas à reconnaître toute
l'absurdité des engagements que le conseil avait contractés envers Châh-Allûm, et il cherchait les moyens de
ramener Suja-Doula, quand il reçut la nouvelle de sa soumission volontaire. Clive ne vit plus dès lors d'obstacle
au projet qu'il avait formé dès l'année 1757, d'acquérir
à la compagnie la souveraineté réelle de tout le Bengale,
en en laissant la souveraineté nominale à un prince
Indien. Il se rendit immédiatement à l'armée, et fit
rendre le 12 août par Châh-Allûm, un firman qui concédait à la compagnie Anglaise des Indes la Duannie,
c'est-à-dire l'administration des revenus des Soubahbies
unies de Bengale, Behâr et Orissa. La compagnie se rendait caution pour le paiement d'un tribut annuel de
sept millions huit cent mille francs que le Soubah Nidgum-Doula devait à l'Empereur; elle devait fournir en
outre aux frais du gouvernement du Soubah, et l'excédant
des recettes entrait dans ses coffres, à la charge par elle de
pourvoir à la défense du pays. Un autre firman du même
jour concédait à la compagnie la propriété absolue des
trois provinces de Midnapour, Tchittagong et Bardwân

dont elle percevait déjà les revenus, et lui assurait la réversion du Jaghuîr de Lord Clive.

Telle est la base de la puissance des Anglais dans le Bengale; tels sont les titres dont ils argüent pour établir leurs droits à la possession territoriale de cette province. Ils les tiennent de ce même prince que Clive avait chassé en 1758 et dont il avait si sévèrement traité les adhérents; de ce même prince contre lequel les Anglais avaient, en 1760, formé avec Cossim une ligue offensive peu de temps après l'avoir reconnu Empereur, qu'ils avaient abreuvé d'outrages et fait reconduire par une escorte jusqu'aux frontières de la province d'Aoudh. Nous verrons bientôt comment ils le traitèrent depuis, et la reconnaissance que garda pour lui leur ambition satisfaite.

Clive avait encore à rétablir la paix dans les nouveaux états qu'il venait d'acquérir. Le 16 du même mois, en son nom et en celui de Nidgum-Doula, Soubah du Bengale, il conclut un traité avec Suja-Doula, Soubah d'Aoudh et Vizir de l'empire.

Par le 1er article, les parties contractantes s'engageaient à une paix et union perpétuelles.

Par le 2e, elles se promettaient secours mutuel en cas d'attaque, avec cette différence toutefois que les troupes auxiliaires Anglaises devaient être entretenues par Suja-Doula, tandis que les siennes marcheraient gratuitement pour le service de la compagnie.

Par le 3e, Suja-Doula promettait de ne jamais donner asile à Cossim, à Sombre ou à aucun déserteur Européen, et de livrer aux Anglais ceux qui pénétreraient dans ses états.

Par le 4e article, on stipulait que jusqu'au moment où Châh-Allûm remonterait sur le trône de Dehly, il resterait en possession des districts d'Allahabâd et de Karrâ, comme d'un apanage nécessaire au soutien de sa dignité.

Par le 5e, Suja-Doula promettait solennellement de ne pas déposséder Bulwanet-Singh, Nabab de Benarès, qui pendant les troubles s'était joint aux Anglais.

Par le 6e, il s'engageait à payer, dans l'espace de treize mois, quinze millions pour les frais de la guerre.

Par le 7e article, il était convenu que jusqu'à l'entière exécution du précédent, les Anglais continueraient à occuper la province de Benarès, dont les revenus leur avaient été cédés, en décembre 1764, par un firman de Châh-Allûm.

Par le 8e, Suja-Doula accordait à la compagnie une exemption de tous droits dans ses états sur les objets de son commerce.

Par le 9e, il accordait amnistie à tous ceux de ses sujets qui pendant la dernière guerre s'étaient joints aux Anglais.

Par le 10e, les Anglais promettaient d'évacuer, immédiatement après la signature du traité, toute la Soubahbie d'Aoudh, à l'exception d'une forteresse importante.

Enfin, par le 11e et dernier article, on promettait de part et d'autre une fidélité scrupuleuse à exécuter le traité.

Le 19 de ce même mois d'août 1765, si important dans l'histoire de l'Inde Anglaise, Lord Clive remit à l'Empereur une soumission écrite par laquelle la compagnie s'engageait à lui payer les 7,800,000 fr. qu'il exigeait pour prix de la Duannie du Bengale, mais à deux conditions cependant : la première, que le tribut serait réduit toutes les fois qu'un ennemi étranger attaquerait le Bengale, et la seconde, qu'une somme de 600,000 fr. en serait annuellement distraite en faveur de Nigib-al-Doula. Il fallait récompenser les services qu'il avait, au mois de février, rendu aux Anglais, en abandonnant la cause de Suja-Doula.

Pour jouir des bénéfices du firman du 12 août, il ne restait plus qu'à préciser les stipulations vagues qu'il renfermait, et à désintéresser le Soubah en déterminant la part qui lui reviendrait dans les revenus des trois provinces de Bengale, Behâr et Orissa. Par une convention conclue le 30 septembre suivant entre Clive et Nidgum-Doula, ce dernier accepta une pension annuelle de 16,158,393 fr., dont 5,336,562 étaient consacrés à l'entretien de sa maison. Les 10,821,831 fr. restant, devaient servir au paiement de ses Sipahis et à son établissement

militaire. Il laissait d'ailleurs l'administration de cette
dernière somme au ministre que lui avaient imposé les
Anglais. C'est ainsi que Clive mit la dernière main au
plan habile et vaste qu'il avait conçu.

On ne saurait trop admirer la conduite politique du
gouverneur, et l'art avec lequel il fit concourir au même
résultat toutes les stipulations diverses, soit en augmen-
tant la puissance immédiate de la compagnie, soit en
lui procurant des alliances importantes. L'Empereur
Châh-Allûm était dès lors entièrement dévoué aux intérêts des Anglais, car en leur concédant ce qu'il ne possédait pas et ce dont il n'avait peut-être pas le droit de
disposer, il avait acquis un riche revenu et une position
honorable. Depuis quatre ans, revêtu du titre pompeux
d'*Empereur du Monde*, il errait de province en province, mendiant la pitié de tous ceux qui conservaient
quelque respect du sang de Timour-Lenggue ou qui espéraient tirer parti de son nom, et un seul jour l'avait
presque porté au but de son ambition. Les Anglais seuls
pouvaient désormais le ramener à Dehly, et cet espoir
leur répondait de sa fidélité. En rendant à Suja-Doula
ses états, Clive établissait une barrière entre le Bengale
et les puissances belliqueuses du Haut-Indostan. Dans le
cas même d'une collision, la Soubahbie d'Aoudh devenait le théâtre de la guerre, et ses ravages étaient écartés
des possessions Anglaises. En payant un subside annuel
de 600,000 fr. à Nigib-al-Doula, dont les états bordaient

ceux d'Aoudh, Clive se donnait encore un allié puissant, et assurait d'autant mieux la tranquillité intérieure du Bengale. Enfin, par le firman impérial du 12 août, Clive avait, pour dépouiller le Soubah de ses revenus, un titre respectable aux yeux des Bengalis. En conservant toutes les formes extérieures de l'ancien gouvernement, il évitait de heurter violemment les habitudes des populations, et mettait la responsabilité Anglaise à couvert dans les tracasseries qu'il voudrait par la suite, au nom d'un prince Indien, susciter aux autres nations Européennes. C'était, on le voit, la complète réalisation du plan que Dupleix avait, en faveur de la France, conçu pour le Dekkan. Clive réduisit bientôt après la pension du Soubah à douze millions, et ne crut pas trop cher acheter par ce sacrifice les avantages qu'il attendait de ces traités. Voici comment il s'exprime en rendant compte de sa conduite aux directeurs de la compagnie : « Désor-
« mais, vous êtes en effet les maîtres du Bengale. Vos re-
« venus, l'année prochaine, monteront à près de soixante-
« quinze millions, et sont susceptibles d'une augmen-
« tation de dix ou douze par la suite. Le tribut à l'Em-
« pereur est fixé à 7,800,000 fr.; la pension du Soubah
« est déjà réduite à 12,600,000 fr.; votre établissement
« civil et militaire, en temps de paix, ne doit jamais
« excéder 18,000,000 fr; il restera donc à la compagnie un
« gain clair de 36,600,000 fr. par an. » Clive leur recom-
mandait de laisser toujours l'administration intérieure et

la collection des revenus entre les mains des natifs, et de s'attacher à ce système de double gouvernement, qui leur permettrait de rejeter sur le compte du Soubah les plaintes qu'allaient faire les autres compagnies Européennes. Les revenus de la compagnie Anglaise, en effet, ne pouvaient être envoyés à Londres que par le commerce et sous forme de produits industriels ; ils devaient bientôt absorber la totalité des productions du Bengale, et les autres nations allaient éprouver la plus grande difficulté à faire les moindres achats.

Dans une lettre du 31 janvier 1766, Clive se montra plus explicite encore sur les motifs de sa conduite. « Nous « n'avions d'autre alternative, disait-il, que d'avancer « comme nous l'avons fait en nous emparant de la tota- « lité du pouvoir, ou de retomber dans notre condition « primitive de simples marchands, de licencier nos « troupes, et nous en remettre à la clémence des princes « qui ne nous auraient pas facilement pardonné la supé- « riorité que nous avons si long-temps affectée. Cette « dernière mesure était en elle-même impraticable. « Nous devons avouer, bien à regret, que l'inconduite « des individus a rendu le nom Anglais tellement odieux, « que nous ne serions plus en sûreté, si nos mains « n'étaient armées pour la défense de notre vie et de nos « propriétés. »

Clive s'occupa ensuite de l'organisation régulière d'un établissement militaire. Il le composa de quatre régiments d'infanterie Européenne de mille hommes chacun, et de trente mille Sipahis. Ces forces devaient, selon lui, suffire à toutes les éventualités. Son infatigable activité s'exerça encore sur les finances et le commerce. Il n'entre pas dans notre plan de développer les systèmes qu'il adopta sur ces matières importantes, et de retracer les résistances qu'il rencontra lorsqu'il voulut s'attaquer aux deux plus graves abus introduits par les employés de la compagnie, les présents et le monopole du commerce intérieur; ces résistances allèrent jusqu'à une rébellion armée que Clive ne put étouffer que par un prodige de fermeté. Il nous suffira de dire qu'à partir de cet instant, les Anglais régnèrent en maîtres absolus dans le Bengale et en véritables propriétaires du sol. Nidgum-Doula mourut en 1766, et son frère Sigf-al-Doula lui succéda aux mêmes conditions.

Tranquille désormais sur l'avenir de cette partie des possessions Anglaises, Clive dirigea toute son attention sur le Dekkan. Nous allons l'y suivre et développer d'abord les événements dont cette province avait été le théâtre depuis la paix de 1763.

CHAPITRE VII.

ASSERVISSEMENT DU KARNATIC.

Première Guerre avec Haïder-Aly.

1763-1770.

Nous avons laissé, dans notre chapitre IV, le Nabab
d'Arkot occupé à défendre péniblement quelques restes
de sa puissance contre la politique envahissante du
conseil de Madras. Chaque épisode de cette lutte était
une nouvelle défaite. Une grande partie du Karnatic était
en rébellion ouverte contre l'autorité de Mohamed. Déjà
les Anglais avaient soumis le gouverneur de Vellore et
traité avec le Radjah de Tandjaore. Plusieurs Poligars

et Killidars résistaient encore, et le Nabab, également
affaibli par la guerre et par l'alliance Anglaise, se voyait
dans l'impossibilité de les réduire. Le conseil de Madras
alors lui proposa de pacifier le Karnatic et de le défendre
ensuite, s'il voulait céder à la compagnie en toute propriété plusieurs districts aux environs de Madras, dont
le revenu annuel, évalué à trois millions trois cent mille
francs, couvrirait les dépenses de cette nouvelle entreprise. Mohamed demanda qu'un traité signé attestât à la
fois et la cession qu'il ferait et les promesses de la compagnie. Cette prétention si naturelle fut repoussée avec
humeur; on voulait une donation sans condition écrite,
et on lui fit entendre qu'en cas de refus, il serait abandonné au ressentiment de Salabet-Singh, à la haine de
Haïder-Aly et des puissances Indiennes qu'avait irritées
sa partialité pour les Anglais. Le Nabab intimidé céda
bientôt, et remit au gouverneur de Madras les *Sunnuds*
ou lettres-patentes du don pur et simple qu'on exigeait.
Il obtint cependant par faveur spéciale d'affermer lui-
même les districts qu'il cédait, afin d'y conserver au
moins les apparences d'un pouvoir perdu. Aussitôt un
corps de troupes Anglaises se joignit à celles du Nabab
pour réduire l'importante forteresse de Madoura, dont
le gouverneur, récemment nommé par l'influence du
conseil de Madras, venait de se révolter. Après une défense énergique, la place fut emportée vers la fin de 1764.
Cette expédition coûta plus de vingt millions de francs

à Mohamed qui empruntait à 25 p. 0/0 aux employés de
la compagnie de quoi remplir ses engagements envers
elle. Les Anglais avaient leurs raisons pour ne pas s'engager par écrit à secourir gratuitement le Nabab.

Le 29 janvier 1765, le marquis Law de Lauriston
que le Roi de France avait nommé son Commissaire
dans l'Inde, arriva à Madras pour réclamer, conformé-
ment au traité de 1763, la restitution des districts de
Karikal et de Pondichéry. Le 2 février, le conseil de
Madras délibéra sur les conditions que, par la bouche
de Mohamed, il imposerait à cette restitution; il les ré-
digea de la manière la plus explicite, et pour que rien
ne manquât à cette comédie, offrit ensuite ses bons offi-
ces à Lauriston pour les faire adoucir. Celui-ci déploya
vainement dans cette position difficile, les talents d'un
négociateur habile; Mohamed avait été reconnu par la
France légitime Nabab d'Arkot, et il imposa, à ce titre,
au gouverneur de Pondichéry un traité qui laissait les
Français presque à sa discrétion et soumis à ses ordres.
Il put bientôt se convaincre que cette vaine satisfaction
n'ajoutait rien à sa puissance.

Le Dekkan était, pendant cet intervalle, devenu le
théâtre d'événements importants. Dès que Bussy eut,
par l'ordre de Lally, quitté les provinces du Nord, Nidzam-Aly s'était emparé de Salabet-Singh, son frère. La
crainte des Français le détermina à lui conserver quelque temps la vie et les apparences du pouvoir; mais

quand il vit que par le traité de Paris, les Français étaient définitivement exclus des cinq Circars, et que Salabet-Singh, reconnu par les puissances, allait devenir plus redoutable, il se décida à le faire assassiner, vers la fin de 1763. Il se fit ensuite proclamer Soubah, et, à la tête d'une nombreuse armée, alla réclamer le tribut de ses vassaux. Dans le cours de 1764, il fondit sur le Karnatic qu'il mit à feu et à sang. Les Anglais marchèrent à sa rencontre; il se retira aussitôt, emmenant avec lui tous les habitants qu'il put saisir, et détruisant ce qu'il ne pouvait emporter. Cette courte invasion acheva de ruiner Mohamed en le privant pour plusieurs années des revenus du Karnatic, et en le forçant à des dépenses énormes pour payer ses troupes et celles des Anglais. Le conseil de Madras s'occupait en même temps d'augmenter ses embarras par de nouvelles exactions.

Les directeurs avaient, en 1763, limité leur établissement militaire sur la côte de Coromandel à deux mille huit cents Européens et six mille Sipahis. Le Nabab d'Arkot, appréciant la supériorité de la discipline Anglaise, demanda que le nombre des Sipahis de la compagnie fut porté à dix mille, et offrit de supporter l'excédant de dépense qui en résulterait. Le conseil saisit cette ouverture, et fit monter cet excédant à une somme suffisante pour entretenir la totalité de son armée. Puis à mesure qu'on réduisait quelque forteresse au nom de Mohamed, les Anglais y plaçaient une troupe de leurs

propres Sipahis , et multipliaient leurs demandes pour
frais extraordinaires de marches et de garnison. Obligé
de satisfaire à ces exactions, de subvenir aux frais de
son gouvernement et d'entretenir pour sa sûreté personnelle une armée de vingt mille hommes, le Nabab empruntait de tous côtés, et se consolait par l'espoir qu'ayant
entre ses mains une portion notable de la fortune des
employés Anglais, il deviendrait pour eux l'objet d'une
protection intéressée. En 1766 , ses dettes envers la
compagnie et ses employés montaient à plus de soixante
millions, et le revenu brut de la Nababie en temps de
paix n'atteignait pas la moitié de cette somme.

En même temps que Lord Clive obtenait de l'Empereur les firmans relatifs à la Duannie du Bengale, il lui
en fit rendre deux autres qui trouvent ici leur place. Par
le premier, Châh-Allûm confirmait les dons que le Nabab
d'Arkot pouvait jusqu'à cette époque avoir fait à la compagnie. Par le second, il rendait Mohamed-Aly indépendant du Soubah du Dekkan , et assurait à Mir-al-
Muluck, son fils, l'hérédité de la Nababie. L'esprit exact
de Clive avait apprécié l'absurdité contenue dans le
10e article du traité de Paris , et c'est ainsi qu'il le cor-
rigeait. Le même firman accordait en toute propriété
aux Anglais les cinq Circars du Nord , dont quelques
districts, et notamment Mazulipatam , étaient, depuis
1759 , en leur pouvoir.

Le conseil de Madras envoya aussitôt la moitié de ses

troupes prendre possession de ces nouvelles provinces.
A la première nouvelle de cet empiètement sur ses états,
Nidzam-Aly, alors engagé dans une expédition contre un
chef Maharatte qui s'était emparé de la principauté de
Bêrar, conclut une trève et commença d'immenses préparatifs pour attaquer le Karnatic. Les Anglais redoutant une invasion qui devait obérer le Nabab d'Arkot et
compromettre de plus en plus la sûreté de leurs propres
créances, négocièrent avec le Soubah, et en novembre
1766, un traité fut conclu.

La compagnie et Nidzam-Aly formaient alliance offensive et défensive envers et contre tous; elle recevait en
don du Soubah les cinq Circars du Nord, et s'engageait
à entretenir près de sa personne un corps auxiliaire
de troupes, sauf les moments où ses propres établissements seraient menacés. En échange de ce don, les Anglais s'engageaient à payer au Soubah quinze cent mille
francs pour les trois Circars de Radja-Mandri, Ellore et
Vizagapatam qu'ils allaient occuper immédiatement, et
six cent mille francs pour chacun des Circars de Cicacolle et Gantour, quand ils les posséderaient. En outre,
ils promettaient de réduire le Radjah de Cicacolle qui
s'était rendu indépendant, et de laisser à Bassalet-Singh,
sa vie durant, le Circar de Gantour que le Soubah, son
frère, lui avait antérieurement donné en Jaghuïr. Toutefois, un article spécial du traité les autorisait à occuper
immédiatement cette province, si Bassalet-Singh ou ses

agents y excitaient quelque trouble préjudiciable à la
compagnie. Enfin , huit autres articles réglaient les
époques de paiement et autorisaient les Anglais à dé-
duire des tributs stipulés les sommes nécessaires à l'entretien de leurs troupes auxiliaires.

Par un acte séparé, le Soubah déchargeait Mohamed-
Aly de toute dépendance, moyennant quinze cent mille
francs une fois payés.

Cette fois encore, l'habileté politique de la compagnie
avait été neutralisée par l'intérêt personnel de ses employés. Le traité lui était tout à fait désavantageux. En
acceptant les cinq Circars de Nidzam-Aly, sans aucune
mention du firman de Châh-Allûm, en substituant la
puissance *de fait* du Soubah à la puissance *de droit* de
l'Empereur, elle invalidait implicitement le titre en vertu
duquel elle s'était emparé des revenus du Bengale. Elle
s'assujétissait en outre à un tribut annuel de deux millions sept cent mille francs pour des provinces que
Châh-Allûm lui cédait gratuitement, et elle commettait
l'imprudence de laisser à un prince Indien, favorable aux
Français , le Circar de Gantour qui interceptait toute
communication par terre entre Mazulipatam et Madras ;
l'excellent port de Madapollam situé dans ce Circar ,
pouvait introduire des troupes étrangères au centre des
possessions Anglaises. Enfin, l'alliance offensive et défensive avec le Soubah, devait brouiller la compagnie
avec toutes les autres puissances de l'Inde , et le but

spécial qu'on s'y proposait la rendait plus impolitique encore. Il s'agissait d'attaquer Haïder-Aly.

C'est ici qu'il convient de jeter un coup d'œil rapide sur les vicissitudes qu'avait traversées cet homme extraordinaire, avant de se créer dans le Dekkan une puissance capable d'arrêter un instant celle des Anglais. Descendant d'un Fakir Mahométan du Pendjab, Haïder-Aly, après une jeunesse dissolue, devint simple officier dans la garde du roi Indou de Maïssour. Il sut bientôt se rendre à peu près indépendant dans le gouvernement du petit fort de Dindigoul, près de Madoura, et se mit à piller systèmatiquement pour son propre compte tous les districts environnants. Cette guerre de razzia emplit ses coffres et lui donna le moyen d'entretenir des troupes assez nombreuses, à l'aide desquelles il put se poser en médiateur entre le roi de Maïssour et un ministre qui aspirait au pouvoir suprême. Investi du commandement de l'armée dans une guerre contre les Maharattes, il les battit complétement et leur imposa une paix avantageuse pour le Maïssour. Il en profita pour se faire ceder par le roi plusieurs districts importants, et notamment celui de Bangalore, la plus forte ville du royaume. Ce fut alors qu'il contracta une alliance avec Lally Tolendal. Son but était d'attacher définitivement sa fortune à celle des Français et de renverser, avec leur appui, Mohamed-Aly qu'il haïssait personnellement. Le roi de Maïssour interrompit l'exécution de ce projet en s'entendant avec les Maharattes pour se délivrer d'un protecteur qui était devenu son maître. Haïder-Aly, attaqué dans son château, s'échappa presque seul à la faveur de la nuit; il fit cependant sa paix particulière avec les Maharattes, et revenant avec une nouvelle armée devant la capitale du Maïssour, obligea le roi à résigner le pouvoir entre ses mains, en se contentant d'une pension de trois lacks de roupies (environ 750,000 fr.). Pendant cet intervalle Lally avait succombé, les Français avaient été chassés du Karnatic, et Haïder-Aly dût ajourner l'exécution de ses projets sur cette province. Mohamed-Aly n'osait l'attaquer seul, mais conservait un ressentiment profond du tort que lui avait causé Haïder en diverses circonstances. Le Soubah Nidzam-Aly était animé des mêmes sentiments. Le régent de Maïssour (tel était le titre pris par Haïder-Aly), avait successivement conquis et incorporé à ses états divers districts précédemment inféodés à la Soubahbie du Dekkan, ou à la Nababie d'Arkot. Nidzam et Mohamed avaient eu trop de peine à s'affermir dans leurs propres gouvernements pour soutenir les armes à la main des droits toujours contestés, mais ils suivaient d'un œil jaloux la prospérité menaçante de Haïder. Celui-ci s'agrandissait en ce moment aux dépens des Maharattes, dont la redoutable cavalerie ne pouvait se déployer sur les confins montueux et boisés du Maïssour. Cette puissante confédération était le seul adversaire redoutable qui restât aux Anglais dans la péninsule de l'Inde; Haïder-Aly, ennemi juré des Maharattes, mais trop faible pour les vaincre seul, était donc l'allié naturel de la compagnie; lui-même désirait cette réunion, et avait fait au conseil de Madras des ouvertures à ce sujet. La solidarité d'intérêts que des prêts usuraires avaient établie entre Mohamed et les employés Anglais, les aveugla et les rendit dociles instruments de sa haine.

Nidzam-Aly, cependant, n'avait vu dans la coalition qu'un moyen de relever ses finances obérées, en employant les troupes anglaises à réduire ses tributaires indociles. Il n'entrait nullement dans ses vues de contribuer à l'agrandissement de Mohamed, en agissant trop vivement contre Haïder-Aly. Une paix chèrement achetée était tout ce qu'il attendait de ce dernier. Pendant quelques mois, l'armée confédérée s'occupa exclusivement de lever des contributions, et de faire reconnaître le Soubah; elle se porta enfin sur la frontière du Maïssour. Aussitôt, moyennant trois millions comptant et trois autres payables à terme, Haïder-Aly acheta une trêve avec les Maharattes. Cette circonstance intimida Nidzam, fatigué d'une alliance dont il avait déjà réalisé les bénéfices. En août 1767, il fit la paix avec Haïder, et promit de joindre ses troupes aux siennes, pour écraser l'armée anglaise dans les gorges du Maïssour.

Quelque secrète qu'eut été cette défection, le colonel Smith qui commandait les Anglais, la soupçonna et bat-

tit précipitamment en retraite. Les deux armées le poursuivirent et l'attaquèrent avec ardeur, mais il les
repoussa, et par une marche non interrompue de trente-
six heures, gagna le fort de Trinomaly dans lequel il
s'enferma. Pendant cet intervalle, un corps de cavalerie conduit par Tippou-Saheb, fils de Haïder, ravagea
le Karnatic, pénétra jusqu'aux portes de Madras, et se
vit au·moment de saccager la ville noire et de sur-
prendre le fort St.-Georges. Mais bientôt le colonel Smith
reçut des renforts et reprit la campagne; Tippou-Saheb
dût courir au secours de son père. Le 26 décembre 1767,
les Anglais remportèrent sur les confédérés une victoire
complète près de Trinomaly.

Un corps Anglais se dirigea aussitôt sur le Dekkan
pour forcer Nidzam-Aly à rappeler ses troupes. Le Soubah s'y prêta sans difficulté; il était satisfait d'avoir mis
aux prises les deux puissances qu'il redoutait, et de leur
avoir successivement extorqué de l'argent. En janvier
1768, il conclut avec les Anglais un traité en douze
articles, un peu moins favorable toutefois que celui de
1766.

On y stipulait de nouveau l'occupation des cinq Circars par les Anglais, mais en s'appuyant sur le firman
de Châh-Allum et en reproduisant les dispositions prises
en 1766 en faveur de Bassalet-Singh, à condition qu'il
quitterait immédiatement le camp de Haïder. Les Anglais
se réservaient toutefois l'occupation d'une forteresse im-

portante dans le Gantour. De son côté, le Soubah promettait son influence morale sur les Zemindars des cinq
Circars pour les amener à obéir aux Anglais, et consentait à ce que le tribut de deux millions sept cent mille
francs précédemment promis par les Anglais fut réduit
à six cent mille francs pour les quatre premiers Circars,
et fut seulement doublé lorsqu'ils occuperaient le Gantour. Les Anglais promettaient néanmoins de le porter
à quinze cent mille francs, si, pendant six ans, aucun
événement ne troublait leur possession, et à deux millions cent mille francs, si à cette époque ils occupaient le
Gantour. L'alliance offensive conclue en 1766 avec le
Soubah était rompue. Les puissances contractantes s'engageaient seulement à une paix sincère. Pour donner
cependant une preuve de leur attachement à Nidzam-Aly,
les Anglais offraient de tenir à sa disposition deux
bataillons de Sipahis et six pièces d'artillerie, dont la
dépense serait à sa charge. Par deux articles de ce traité,
Nidzam reconnaissait de nouveau l'indépendance de
Mohamed et l'hérédité de son fils, en vertu du firman de
l'empereur et du traité de 1766. Un autre article déclarait Haïder rebelle et usurpateur, et le dépouillait des
titres et avantages que lui avait récemment accordés le
Soubah. Enfin, une concession plus importante était faite
aux Anglais ; Nidzam-Aly investissait la compagnie de la
Duannie des districts dépendants du Karnatic dont
Haïder s'était emparé, et notamment de la province de

Balâghat; les Anglais se soumettaient à un tribut annuel
de neuf cent mille francs, dès qu'ils les auraient recon-
quis, et pour intéresser les Maharattes à leur succès, ils
promettaient, après la conquête de ces districts, de leur
en payer le *Châtai,* que Haïder avait toujours refusé.
Le traité se terminait, comme tous les précédents, par
des serments mutuels de loyauté et par la promesse
d'un attachement inviolable.

Le conseil de Madras, par ce traité, réparait une
partie des fautes commises dans celui de 1766. En faisant reconnaître par Nidzam les firmans du 12 août
1765, il rendait l'autorité Anglaise plus respectable aux
yeux des Zemindars des provinces cédées; en rendant
simplement défensive l'alliance offensive précédemment
conclue, il éloignait les dangers dans lesquels l'ambition
du Soubah aurait pu entraîner la compagnie; enfin la
réduction du tribut était un avantage notable dans l'état
de ses ressources. Mais le onzième article était une lourde
faute. Promettre aux Maharattes le *Châtai* des provinces
que les Anglais allaient conquérir sur Haïder, c'était leur
reconnaître le droit d'exiger le même tribut pour les
provinces que gouvernait Mohamed-Aly. Les Maharattes
en effet, n'arguaient que d'un seul titre, unique, indi-
visible, le firman d'Avrengzeb qui leur accordait le
Châtai ou quart des revenus *de tout le Dekkan,* c'est-à-
dire de toute la presqu'île du Sud de la Nerbuddah. Ce
don avait été confirmé par tous les successeurs de ce

prince. On pouvait admettre ou rejeter d'une manière absolue le droit des Maharattes, mais il était inconséquent de l'admettre pour le Maïssour et de le rejeter pour le Karnatic. Les expressions qu'on employait dans le 9e article à l'égard de Haïder, devaient en outre offenser vivement un prince qui méritait peut-être la haine des Anglais, mais à coup sûr avait droit à des ménagements de leur part.

Le conseil de Madras, ainsi délivré des soucis de sa lutte avec Nidzam-Aly, avait résolu d'écraser Haïder, de porter la guerre dans le cœur du Maïssour, et de conquérir ce royaume au nom de la compagnie, rejetant sur l'avenir le soin de faire la part de Mohamed-Aly; mais il voulait en même temps faire payer au Nabab tous les frais de cette conquête, et pour capter son orgueil, le proclama d'avance souverain du Maïssour et général en chef de l'expédition. On lui adjoignit toutefois un comité dont l'impéritie et l'arrogance entravèrent toutes les opérations. Haïder-Aly amusa les Anglais par des affaires de détail. Battu deux fois par le colonel Wood, il l'empêcha néanmoins d'envahir le Maïssour, et pendant ce temps, sa nombreuse cavalerie ravageait tout le Karnatic et enlevait les convois. La présidence de Bombay tenta alors une diversion en faveur de celle de Madras, et pour résister à ce nouvel ennemi, Haïder sentit le besoin d'auxiliaires Européens. Depuis le commencement de la guerre, il avait entretenu une correspondance avec Law de Lauriston, gouverneur de Pondichéry, et multiplié ses instances pour obtenir l'alliance de la France. Par un traité conclu avec cette puissance, Haïder devait recevoir un secours de trois mille hommes qu'on enrégimentait aux îles de France et de Bourbon, mais les événements subséquents empêchèrent le départ de ces troupes. Haïder s'était également procuré un corps d'auxiliaires Maharattes, et négociait secrètement avec Nidzam-Aly. Il reprit bientôt la campagne, et, après quelques succès, offrit de traiter avec les Anglais. On ne pût s'entendre sur les conditions de la paix. Haïder-Aly acheva alors de délivrer le Maïssour, reprit toutes les places qu'on lui avait enlevées et jeta sur tous les points du Karnatic des corps de cavalerie qui ravageaient tout autour d'eux. Cette tactique épuisa bientôt les ressources des Anglais; ils tentèrent d'entraîner dans la lutte le Radjah de Tandjaore qui pouvait leur fournir de la cavalerie; mais Haïder se porta à la rencontre de ce nouvel ennemi, arrêta ses troupes et le força à lui fournir des vivres et à lui payer une forte contribution de guerre. Les Anglais découragés rappelèrent enfin du camp, en novembre 1768, le Nabab dont l'animosité opposait un obstacle à toute négociation, et parlèrent à leur tour de faire la paix. Haïder-Aly voulait désormais en dicter les conditions; il fondit tout à coup sur l'armée Anglaise, la battit, la chassa de toutes ses positions, et vint camper avec toutes ses forces au centre du Karnatic. Le gouverneur de Madras, justement effrayé du danger que courait cette ville, sollicita une trêve de cinquante jours; Haïder n'en accorda que sept. Dès que ce terme fut expiré, Haïder laissa la plus grande partie de ses troupes pour occuper l'armée Anglaise, et à la tête d'un corps de six mille hommes, il vint, par une marche forcée, s'établir aux portes même de Madras, puis aussitôt fit proposer au conseil de reprendre les négociations ouvertes. L'hésitation n'était plus possible. Le même jour, le négociateur Anglais désigné par Haïder comme lui étant le plus agréable et auquel il avait voulu, disait-il, éviter la peine de se déranger, en venant lui-même aux portes de Madras, se rendit au camp Indien, et accepta toutes les bases d'un traité qui fut signé le 3 avril 1769.

Le traité stipulait une amitié inviolable entre les parties contractantes et leurs alliés respectifs, nommément le Radjah de Tandjaore, vassal de la Nababie, dont les états bornaient le Maïssour. On y convenait que si l'une des deux puissances contractantes ÉTAIT ATTAQUÉE, l'autre viendrait à son secours, et on réglait d'avance la solde des troupes auxiliaires. Un article étendait à la présidence de Bombay le bénéfice du traité; Haïder-Aly s'engageait à restituer les factories Anglaises dont il s'était emparé sur la côte de Malabar, et à conclure ultérieurement avec le conseil de Bombay un traité pour le commerce du poivre et du sandal. Enfin, deux autres articles stipulaient l'échange des prisonniers et la restitution de toutes les conquêtes, sauf un seul fort qui restait à Haïder.

Ce traité ne semble pas d'abord tel qu'aurait pu l'imposer Haïder-Aly vainqueur, campé aux portes de Madras et maître de la campagne. Mais dans le second article repose sa pensée tout entière; c'était là le but de tous ses efforts. Ses succès momentanés contre les Maharattes ne l'avaient pas ébloui; il sentait son infériorité, prévoyait le moment où toutes les forces de la confédération se réuniraient contre lui, et voulait se ménager un allié puissant. Les états de Haïder étaient, à cette époque, bornés au Nord par ceux des Maharattes, à l'Ouest par la côte de Malabar sur laquelle il n'avait que le seul port de Mangalore, au Sud par le Madoura et le Travankore, pays dépendans de la Nababie d'Arkot, et à l'Est par les états de quelques Radjahs, tributaires du Soubah du Dekkan. Or, l'alliance de Nidzam-Aly ne pouvait remplir ses vues; son caractère personnel et son pouvoir précaire ne lui offraient aucune garantie; d'un autre côté, Mohamed haïssait mortellement en lui l'ancien allié de Dupleix. Haïder n'avait donc à espérer aucune alliance Indienne; il appréciait d'ailleurs la supériorité des troupes Européennes, et c'était en elles qu'il voulait trouver son appui. Obligé de renoncer aux espérances qu'une longue communauté de vues lui avait fait conserver du côté de la France, il résolut de se tourner momentanément vers les Anglais, et de se ménager leur appui pour réaliser ses desseins ambitieux sur le Dekkan. Lors donc que des circonstances favorables lui permirent de leur imposer cette alliance défensive à laquelle il attachait tant de prix, il espéra, en se montrant vainqueur généreux, s'en faire des amis fidèles. Le traité qu'il conclut l'année suivante avec le conseil de Bombay, ne laisse subsister aucun doute sur ses véritables intentions. Dans cet acte, il prodiguait aux Anglais les avantages politiques et les priviléges commerciaux, leur assurait tout le poivre et tout le sandal de ses états; les assurances amicales du traité de Madras y étaient reproduites; l'alliance défensive y était stipulée de nouveau, quoique d'une manière moins explicite, car tout en en réglant les conditions pécuniaires, on semblait la considérer plutôt comme une éventualité que comme un fait arrêté. Le voisinage immédiat des Maharattes imposait en effet, au conseil de Bombay, une bien plus grande réserve vis-à-vis de leur ennemi déclaré. Haïder-Aly se contenta toutefois de cette alliance équivoque, et pour témoigner hautement de sa bonne volonté, il ajouta après coup un douzième article au traité de Bombay. Il s'engageait à n'accorder aucun privilége à d'autres nations Européennes, à ne pas leur permettre de nouvel établissement dans ses États, à employer les Anglais de préférence pour toute espèce de commerce intérieur, et à leur donner le pas

dans les cérémonies publiques sur toutes les nations
d'Europe ou de l'Inde.

Le conseil de Madras se montra moins touché de la
modération de Haïder, qu'inquiet de son alliance forcée
avec ce prince entreprenant. Il redoutait surtout l'impression que produirait sur les directeurs d'Europe, ce
traité tout-à-fait contraire à leurs vues politiques. Dès
qu'ils avaient connu le traité conclu avec Nidzam-Aly
en 1766 et les hostilités contre Haïder, ils avaient tracé
à leurs employés de la manière la plus précise le système
à suivre. Nous citerons particulièrement une lettre datée
de mars 1769. Après avoir blâmé les tentatives faites
pour étendre, hors des limites du Karnatic, les possessions territoriales de la compagnie, les directeurs continuaient en ces termes : « Le grand objet de notre solli-
« citude est de conserver notre influence actuelle dans
« le Bengale, et nos relations politiques dans le reste
« de l'Inde ne sont importantes qu'autant qu'elles peu-
« vent nous fortifier de ce côté. Toute augmentation de
« pouvoir ou d'influence qui, en divisant nos forces,
« nous empêche d'en diriger l'impulsion toute entière
« vers le Bengale, n'est qu'une ombre dont la poursuite
« mettrait en danger la réalité de nos acquisitions. Nous
« ne regardons notre établissement sur la côte de Coro-
« mandel, que comme une barrière à nos possessions
« dans le Bengale, et toutes vos opérations politiques
« ne doivent avoir pour objet que d'annihiler la puis-

« sance de la France et d'exclure cette nation des cinq
« Circars du nord. Nous ne serons pas tranquilles tant
« que nous aurons un seul soldat dans le Maïssour, et
« que ce pays ne sera pas entre les mains d'un prince
« capable de devenir pour nous un allié utile, et de
« nous servir de barrière contre les Maharattes. L'incer-
« titude où nous sommes des engagements que vous
« pouvez avoir pris avant de recevoir nos ordres, nous
« empêche de vous rien dire de positif à cet égard. S'il
« ne s'agit que de flatter l'ambition du Nabab d'Arkot,
« la conduite du Radjah de Tandjaore, vous en fournit
« l'occasion. Joignez-vous au Nabab pour amener le
« Radjah à des termes convenables. » Les directeurs
entraient ensuite dans des détails d'administration intérieure, et concluaient en répétant l'ordre formel de se
renfermer dans les limites du Karnatic.

Dans une autre lettre, les directeurs disaient : « Sans
« les mesures imprudentes que votre ambition vous a
« dictées, les puissances du pays auraient d'elles-mêmes
« formé une balance entr'elles. Nous avons pris des
« mesures pour imposer aux Maharattes; nous avons
« fait partir pour Bombay des officiers supérieurs, char-
« gés de mettre sur un pied respectable l'établissement
« militaire de cette province, et si la soif du butin amène
« jamais les Maharattes dans le Karnatic, Bombay por-
« tera la guerre dans leur pays. Quand ils sauront que
« tel est le plan que nous sommes décidés à exécuter

« avec vigueur, ils craindront de faire des incursions
« dans notre propre territoire. »

Le conseil de Madras ne pouvait se dissimuler, d'après
ces dépêches, combien le second article du traité conclu
avec Haïder déplairait aux directeurs. Pour l'excuser, il
plaida la nécessité où il s'était trouvé de subir la loi du
vainqueur; il fit valoir l'adresse avec laquelle il était ré-
digé, et qui permettait d'en éluder l'exécution, en déclarant Haïder-Aly l'aggresseur dans toutes les guerres
qu'il entreprendrait. Les directeurs ne pouvaient se dissimuler cependant que les succès de Haïder avaient
porté un coup dangereux à la réputation des armes Anglaises dans l'Inde. L'issue malheureuse de cette guerre,
aussi mal conduite que témérairement entreprise, avait
fait tomber de beaucoup les actions de la compagnie.
C'est alors que les directeurs firent partir de Londres
pour Madras, un comité de surveillance composé de
MM. Vansittart et Scrafton et du colonel Ford. Mais le
vaisseau qui les portait, se perdit dans le voyage, et la
réforme fut ainsi différée.

La dévastation complète du Karnatic, province sur
les revenus de laquelle étaient hypothéquées les créances
des Anglais, était d'ailleurs un grave échec pour la compagnie. Dans cet état de choses, les directeurs ne pouvaient plus se procurer sur la côte de Coromandel les
ressources qu'exigeait alors leur position en Europe,
telle que nous allons la retracer dans le chapitre suivant.

Nous allons voir d'ailleurs que les affaires du Bengale n'étaient pas dans un état plus satisfaisant. Au point de vue politique comme au point de vue financier, la compagnie avait à traverser un moment de crise, pendant lequel son existence même aurait été compromise, si un ennemi extérieur l'avait attaquée avec habileté et persévérance.

CHAPITRE VIII.

AFFAIRES DU BENGALE

Jusqu'à la mort de Suja-Doula, Soubah d'Aoudh.
Crise financière de la Compagnie. — Réforme
de Lord North.

1766-1775.

Des embarras de toute nature se multipliaient en ce
moment dans les affaires de la compagnie, et le Bengale,
objet de tant d'espérances, devenait le principal théâtre
de ces désastres politiques et commerciaux. Quand parvint à Londres la nouvelle de l'acquisition du Bengale,
accompagnée des fastueuses promesses de Clive, les
actions de la compagnie dont la valeur réelle n'était que
de 100 livres sterling (2474 fr. 68 cent.), s'élevèrent

brusquement à 280 livres (6929 fr. 10 cent.), et les actionnaires se flattaient de toucher à l'avenir 25 p. 0/0 de dividende. Le gouvernement voulut avoir part à une si belle proie; en 1776, il manifesta l'intention de prendre en considération les affaires de l'Inde; on commençait déjà à mettre en question le droit de propriété de la compagnie sur les territoires qu'elle avait acquis. Le ministère toutefois ne jugea pas opportun de soulever encore cette discussion irritante, et se montra disposé à accepter un accommodement. Par une transaction conclue en 1767, la compagnie promit de payer au gouvernement une redevance annuelle de neuf millions six cent mille francs, à titre de taxe sur ses propriétés territoriales dans l'Inde, et d'acquitter un nouveau droit sur le thé, rapportant environ deux millions deux cent mille francs. Le dividende des actionnaires, jadis de 6 p. 0/0, fut, pour l'année 1767, réglé à 10 p. 0/0, et sur le capital total de la compagnie, nécessita un nouveau déboursé de 7,665,792 fr. Malgré ces dépenses extraordinaires, aucun directeur ne conçut le moindre doute sur la facilité de remplir tous les engagements de la compagnie. On s'attendait même à un excédant de recettes qu'on destinait à l'amortissement des dettes. Ces brillantes chimères s'évanouirent brusquement.

Lord Clive quitta le Bengale en mai 1767, et aussitôt fut abandonné le système administratif qu'il avait adopté; le désordre et la concussion régnèrent de nouveau à

Calcuta. Il avait été remplacé par Verelts, homme bien
intentionné, mais trop faible pour dominer les intérêts
et les passions qui l'entouraient. En interdisant aux
employés de la compagnie le commerce intérieur et la
réception des présents, en les réduisant aux appoin-
tements de leurs grades, Clive avait tari la source de leur
fortune. Pour y suppléer, Verelts préleva en leur faveur
une taxe sur le revenu des douanes, et la leur distribua
suivant une échelle déterminée. Cette mesure avait
excité un grand mécontentement dans la cour des directeurs à Londres et dans l'assemblée des actionnaires. Ce
fut une des causes déterminantes de la mission donnée
à Vansittart, Scrafton et Ford, et dont nous avons raconté l'issue malheureuse dans le chapitre précédent.
En 1770, Cartier succéda à Verelts dans le gouvernement du Bengale. Sous son administration, le désordre
ne fit que croître, et il se manifesta bientôt par une
crise financière assez forte pour menacer l'existence
même de la compagnie. Le conseil de Calcuta fut obligé
de tirer pour vingt-quatre millions de lettres de change
sur les directeurs de Londres, sans compter une dette
de vingt-deux millions qui lui restait dans le Bengale.
L'établissement militaire et civil qui, dans les prévisions
de Clive, ne devait jamais excéder dix-huit millions,
absorbait déjà une somme double. Dans le Bengale, l'entretien de trente mille hommes, dont trois mille six
cents Européens, coûtait à la compagnie vingt-quatre

millions, tandis qu'à Madras vingt-trois mille hommes, dont quatre mille Européens, ne coûtaient que sept millions deux cent mille francs. Dans le Bengale, cent soixante-dix employés civils coûtaient à la compagnie sept millions deux cent mille francs, tandis qu'à Madras cent quatorze employés ne coûtaient que douze cent mille francs. Une disette de numéraire se fit en même temps sentir d'une manière alarmante. Depuis longtemps les Français, les Hollandais et les Danois avaient cessé d'importer de l'argent dans le Bengale ; ils payaient leurs achats en lettres de change sur les diverses places d'Europe. Les employés de la compagnie saisissaient avec empressement ce moyen de transporter en lieu sûr leurs fortunes scandaleusement acquises. Les produits de la Duannie se percevaient principalement en nature, et servaient d'ailleurs à solder les achats de la compagnie dans le Bengale pour son commerce d'exportation ; il fallait encore en tirer de quoi solder en numéraire les achats de la Chine. Les troubles qui déchiraient la Perse avaient privé l'Indostan de l'influx de numéraire qui lui venait de ces contrées. Le tribut annuel qu'on payait à l'Empereur et l'entretien du tiers de l'armée Anglaise, stationné près de sa personne dans la province d'Allahabâd, faisaient encore sortir du Bengale une quantité de numéraire considérable. Pour faire face aux besoins pressants, on multipliait les impôts les plus durs ; mais avant d'arriver dans les coffres de la compagnie, la moi-

tié de leur produit s'arrêtait aux mains des employés, et
cette déception nécessitait de nouvelles exigences. L'état
du Bengale était devenu pour la compagnie une inces-
sante menace de ruine.

Pour mettre le comble aux infortunes qui, depuis
douze ans, s'accumulaient sur la tête des malheureux
Bengalis, une affreuse famine se déclara vers la fin
de 1770. Le tiers des habitants de la plus fertile contrée
du monde périt dans les angoisses de la faim. Telles
étaient cependant la douceur et la timidité des Indiens,
qu'il n'y eut pas dans toute la province une seule émeute,
une seule goutte de sang répandue. Le peuple expirait
en foule aux portes des magasins, où la prudence des
uns et la cupidité des autres avaient entassé d'énormes
quantités de grains, sans commettre la moindre violence, sans se permettre le moindre murmure. Une diminution considérable dans les revenus du Bengale
semblait la conséquence inévitable d'une si grande cala-
mité; mais par des moyens dont les détails font frémir,
le conseil de Calcuta porta la collection du revenu
en 1771, au-delà de ce qu'elle était en 1768. Il sut toutefois faire valoir ce prétexte, pour retenir neuf millions
sur la redevance annuelle qu'il payait à l'Empereur et au
Soubah. Malgré ces exactions, le revenu du Bengale
ne suffisait plus aux dépenses. En 1772, la dette sur
contrat se montait à plus de trente millions; l'établissement militaire, en y comprenant les fortifications et les

bâtiments, absorbait annuellement près de quarante millions.

Les affaires politiques n'étaient pas dans un état plus satisfaisant. Suja-Doula souffrait avec une extrême impatience, la suprématie que le conseil de Calcuta s'arrogeait dans la Soubahbie d'Aoudh. Il avait cru trouver des alliés, et il s'était donné des maîtres. Tout le commerce était entre les mains des employés de la compagnie, qui ne payaient aucun droit et violaient ouvertement les réglements promulgués par le Soubah. Pour s'épargner toute concurrence, ils faisaient chasser de la Soubahbie tous les négociants, même Anglais, qui n'étaient pas liés d'intérêts avec eux, et sans respecter, au moins dans la forme, l'autorité de Suja-Doula, le gouverneur de Calcuta adressait directement ses ordres aux fonctionnaires subalternes de la Soubahbie. C'est ainsi qu'au mois de février 1768, Verelts écrivait au Nabab de Bénarès: « Je suis informé que M. Canonge, négo- « ciant Français, réside actuellement à Mirzapour. Je « vous charge de le renvoyer immédiatement à Patna, « et de faire percevoir les droits établis. » Le Nabab répondit aussitôt: « J'avais arrêté depuis deux mois « quatre bateaux Français, lorsque je reçus une lettre « du Soubah-Vizir qui me défendait de mettre aucune « entrave à ce commerce. Il est vrai qu'alors je les laissai « passer, mais à présent j'exécuterai *vos ordres.* » Voilà où en était, en 1768, l'indépendance du Soubah d'Aoudh.

Animé d'un sourd mécontement, Suja-Doula augmentait
ses troupes et les disciplinait avec un soin extrême. Le
conseil de Calcuta en prit de l'ombrage et le força aussitôt à signer un traité sur cet objet. Suja-Doula s'engageait à ne conserver à sa solde que trente-cinq mille
hommes, dont dix mille de cavalerie, dix mille de Sipahis et quinze mille de troupes irrégulières; il promettait
en outre de ne jamais les habiller ou les discipliner à la
manière Européenne. La crainte des Maharattes qui me-
naçaient alors ses états, fit seule accepter par le Soubah
d'Aoudh ces humiliantes conditions.

Sigf-al-Doula, prétendu Soubah du Bengale, mourut
vers la même époque. Son frère, Moubarek-Doula fut
proclamé par les Anglais; mais sa pension fut réglée à
quatre millions au lieu de douze.

La conduite de la France excitait aussi l'inquiétude
des directeurs. Ils craignaient une tentative sur le Bengale. Quelques troupes envoyées en 1769 à l'île de
France, les déterminèrent à faire mettre Calcuta en
complet état de défense. Leurs dépêches fournirent ainsi
un prétexte plausible à leurs employés pour porter l'établissement militaire de la province à une importance
exagérée. Les directeurs s'alarmèrent encore des projets
d'établissement que la France semblait avoir sur Madagascar. De toutes leurs craintes celle-là seule était peut-être
fondée, et elle les entraîna dans de nouvelles dépenses
de troupes et de munitions.

Telle était la situation du Bengale, lorsqu'en février 1772, Hastings y prit les rênes du gouvernement. Cet administrateur auquel l'Angleterre doit la conservation de ses possessions Asiatiques, s'attaqua sur le champ aux abus existants et changea complétement la ligne politique adoptée avant lui. Depuis plus de vingt ans Warren Hastings était au service de la compagnie. Employé alternativement au Bengale et dans la présidence de Madras, il s'était partout fait remarquer par une intelligence peu commune, une appréciation juste et vive des affaires, une grande dextérité à manier les hommes. Il avait étudié à fond l'histoire du pays, ses mœurs, sa langue, et avait joué un rôle important dans tous les événements politiques du Bengale. Ce fut lui qui, de concert avec Vansittart, prépara le traité de 1762 avec Mir-Cossim pour le commerce des articles prohibés, et depuis lors il avait conservé une grande prépondérance dans le conseil de Calcuta. Le trait le plus saillant de son mérite politique était l'esprit d'organisation. Peu scrupuleux dans le choix de ses moyens, indulgent pour les abus dont il espérait tirer quelque avantage, il poursuivait sans pitié ni relâche ceux qui lui paraissaient menaçants pour les intérêts de la compagnie. C'était à tous égards le choix le plus heureux qu'il fût possible de faire dans l'état actuel des affaires du Bengale.

Depuis 1765, Châh-Allûm vivait, dans la province d'Allahabâd, de la pension que lui faisaient les Anglais,

se berçant du chimérique espoir d'être par eux reconduit
à Dehly. Rien n'était plus éloigné cependant de la pensée
des directeurs, hors d'état d'entreprendre en ce moment
une guerre si lointaine. Ils donnèrent même ordre , en
1768, au conseil de Calcuta, de rappeler la brigade de
dix mille Sipahis qu'en vertu du traité de 1765, ils entre-
tenaient près de la personne de l'Empereur. Ce rappel
devait diminuer l'exportation du numéraire; « il aura
« encore un autre effet », ajoutaient les directeurs.
« Convaincu que nous n'entrerons jamais dans ses vues,
« Châh-Allûm s'adressera à quelqu'autre puissance pour
« le conduire à Dehly, et nous pourrons nous faire un
« prétexte de cette démarche, pour cesser de lui payer
« le tribut stipulé en 1765. » Ce plan machiavélique
réussit parfaitement. Dans le courant de 1771, Châh-
Allûm découragé se jeta dans les bras des Maharattes,
ces Condottieri de l'Inde, toujours prêts à la guerre, et
avant la fin de l'année, il entra avec eux dans la capitale
d'où ses ancêtres avaient, pendant trois siècles, donné
des lois à ce vaste empire. Il fut reconnu souverain par
toute la province de Dehly, et s'y fit aussitôt couronner.
Cette puérile satisfaction lui coûta bien cher; le conseil
de Calcuta cessa de lui payer le tribut au prix duquel
il avait acheté la Duannie du Bengale, et pour pallier
cette infraction à l'engagement le plus formel, s'excusa
vaguement sur la situation critique de la compagnie. Si
la justice désarmée avait jamais quelque force, l'Empe-

reur n'aurait-il pu, à bien meilleur titre, retirer aux Anglais ses propres concessions?

Les Maharattes cependant lui arrachaient chaque jour de nouveaux lambeaux de pouvoir. Vers la fin de 1772, ils se firent donner les provinces d'Allahabâd et de Karrâ. Dès que les Anglais l'apprirent, ils les occupèrent eux-mêmes pour en défendre l'entrée aux Maharattes, déclarant que « cette cession forcée de l'Empereur ne « les déliait pas de l'engagement qu'ils avaient pris en « 1765 de lui en garantir la possession. » En octobre 1773, Hastings cependant jugea à propos de vendre au Soubah d'Aoudh ces deux mêmes provinces. Il est assez curieux de rapprocher de la précédente déclaration l'argument qu'il employa pour justifier cet arrangement. « Nous n'enlevons pas, disait-il, ces deux provinces à « l'Empereur, dont les droits sont annullés par la ces- « sion qu'il a faite aux Maharattes; mais nous les ôtons « aux Maharattes, les propriétaires actuels. » Suja-Doula payait quinze millions, dont six comptant, et il élevait de soixante-douze à six cent trente mille francs le subside mensuel qu'il devait payer à la compagnie, quand il lui demanderait des troupes auxiliaires.

Par cette salutaire violation du traité de 1765, la compagnie gagnait quinze millions une fois payés, se débarrassait d'un tribut de sept millions huit cent mille francs dont une année et demie était arriérée, et se ménageait l'éventualité d'un subside militaire énorme dont la plus

forte partie rentrerait dans ses coffres. Un seul membre
du conseil eut quelque scrupule, et s'opposa à des
mesures qu'il jugeait dangereuses; il craignait que l'Empereur, délié de ses engagements par le manque de foi
des Anglais, n'accordât de nouveaux firmans à quelque
puissance qui aurait alors un titre légitime pour les
expulser du Bengale. « Qu'importent, s'écria aussitôt
Hastings, « qu'importent les firmans de Châh-Allûm.
« Ce ne sont pas eux qui ont fait échouer les projets
« qu'a si long-temps nourris le duc de Choiseuil, ce ne
« sont pas eux qui hâteront les desseins des Maharattes
« contre nous. Il faut que l'épée qui nous a donné le
« Bengale, soit l'instrument de sa conservation, et si
« jamais cet empire nous échappe, le nouveau proprié-
« taire tiendra ses droits du même titre. » Voilà, sans
doute, des sentiments peu conformes aux règles ordinaires
de l'équité; mais c'était du moins un langage très-franc,
et on ne saurait nier que le traité de 1773 ne fût parfaitement favorable aux intérêts de la compagnie. Hastings
cédait deux provinces dont le revenu était de sept à huit
millions; mais ces provinces étaient en pleine révolte,
séparées du Bengale par la Soubahbie d'Aoudh, et par-
tant d'un accès difficile aux Anglais. Pour les réduire,
Suja-Doula aurait d'ailleurs besoin des troupes auxiliaires qu'on lui faisait payer si cher. Bien loin de chercher, comme son prédécesseur, à affaiblir Suja-Doula,
Hastings voyait en lui une utile barrière contre les

Maharattes et voulait ajouter à sa puissance. C'est dans ce but qu'il lui offrit l'assistance de la compagnie pour réduire les Rohillas.

Nous avons dit dans un précédent chapitre, qu'après la retraite de Nâdir-Châh, une tribu d'Afghans s'était violemment établie sur les confins de la Soubahbie d'Aoudh. Depuis long-temps Suja-Doula désirait ardemment soumettre ces voisins incommodes. La présence menaçante d'une armée Maharatte avait toujours suspendu cette expédition. Les troubles qui éclatèrent en 1774 dans le Dekkan, forcèrent les Maharattes à y rappeler toutes leurs forces, et Suja-Doula s'élança aussitôt contre les Rohillas. En lui envoyant un corps de troupes Anglaises, Hastings exigea de lui un don extraordinaire de douze millions, indépendamment du subside mensuel stipulé dans le traité de Benarès. Suja-Doula accorda tout, s'empara en peu de mois de tout le pays des Rohillas, y fit un énorme butin, les battit complétement non loin de Bareily, et assujétit Fyz-Allah-Khan, leur principal chef, à un tribut régulier. Pendant cette expédition, l'administration politique et financière de la compagnie subit une révolution complète.

Depuis la convention de 1767 entre le gouvernement Anglais et la compagnie, celle-ci n'avait pas été inquiétée dans la souveraineté de ses possessions Indiennes; mais les vices de son organisation lui en faisaient perdre tous les avantages, et chaque année le Parlement était obligé

de régler par un nouveau bill sa balance financière pour
assurer le paiement des sommes dues à l'état. En 1772,
le président des directeurs présenta à la chambre des
Communes un bill tendant à donner au comité directeur
une plus grande autorité sur ses employés, dont les
crimes et les malversations restaient forcément impu-
nis. Les premières révélations qu'amena la discussion
de ce bill, excitèrent contre la compagnie une indigna-
tion générale, et un comité secret de trente et un membres fut aussitôt formé au sein de la chambre, avec
mission d'étudier à fond les affaires de l'Inde, d'établir
le compte général de la compagnie, de reconnaître enfin
la nature et l'étendue de ses possessions territoriales et
les moyens par lesquels elle les avait acquises. Les rapports de ce comité, présentés par le colonel Burgoyne
dont le nom devait devenir célèbre dans la guerre de
l'indépendance Américaine, mirent au jour le tableau
compliqué des fraudes, perfidies, parjures et cruautés,
dont les détails étaient ensevelis dans l'hôtel des Indes,
et que nous avons retracés dans les pages qui précèdent,
en nous appuyant sur ces documents précieux. Le ministère crut le moment favorable pour substituer l'état à
la compagnie dans la souveraineté de l'Inde, et la ramener
à sa première organisation purement commerciale. Le
parlement prorogé en avril 1772, fut convoqué de nouveau au mois de novembre, et invité par le discours de
la couronne à s'occuper de cette importante matière.

Un nouveau comité secret fut aussitôt organisé, et dans son premier rapport, proposa de défendre par un bill le départ d'une commission extraordinaire que les directeurs voulaient alors envoyer au Bengale. Il se fondait sur ce que cette commission instituée pour trois ans, coûterait annuellement 2,880,000 fr. à la compagnie, et ajouterait encore à ses embarras, dans un moment où elle devait déjà vingt-huit millions de lettres de change tirées sur elle du Bengale, douze millions à la banque pour prêt extraordinaire, dix-huit millions au gouvernement pour droit d'entrée, et n'avait même pas dans ses coffres le quartier échu de la redevance stipulée en 1767. La compagnie s'éleva vivement contre le bill de défense; elle argua du droit que lui donnaient ses chartes d'envoyer dans l'Inde tout fonctionnaire qu'elle jugeait à propos, s'efforça surtout de démontrer que les réformes à opérer par cette commission produiraient un bénéfice net de plus de quinze millions par an. Malgré cette protestation, le bill passa dans les deux chambres à une grande majorité, et le gouvernement, distrait par d'autres soins, laissa de côté, pour quelques mois, les affaires de la compagnie.

La balance générale arrêtée au 1er janvier 1773, offrit au public un résultat assez inattendu. La totalité de ce que la compagnie possédait en Europe, recouvrements à faire, marchandises en magasin et immeubles, ne s'élevait qu'à 175,156,000 fr.; ses engagements étaient de

207,430,000 fr., d'où résultait un déficit de 32,274,000 fr. en Europe. Dans l'Inde au contraire, son actif, en y comprenant tout le matériel de ses possessions, formait un capital de 143,939,000 fr. et ses dettes liquides ne montaient qu'à la somme de 45,726,000 fr., ce qui donnait un résultat favorable de 98,213,000 fr. En en défalquant la dette d'Europe, il restait, pour avoir définitif de la compagnie, 65,939,000 fr., et comme le fonds social était de 76,657,920 fr., il en résultait pour les actionnaires une perte définitive de 10,718,920 fr., soit environ 14 p. 0/0, sur leur première mise de fonds. Cette situation nécessitait l'emploi de moyens extraordinaires, et le conseil des directeurs se résolut à un emprunt de 37,120,305 fr. (1,500,000 livres sterling), pour quatre ans; mais il ne pouvait le réaliser sans l'intervention du parlement, car la charte de la compagnie ne l'autorisait à emprunter de sa propre autorité, que jusqu'à concurrence d'une somme depuis long-temps dépassée. Les directeurs présentèrent donc à la chambre des communes une demande en autorisation d'emprunt; voici les conditions qu'ils proposaient. La compagnie s'engageait à ne former qu'un dividende de 6 p. 0/0 jusqu'au paiement de la première moitié de l'emprunt, et de 8 p. 0/0 jusqu'au paiement intégral. Le surplus des bénéfices devait être appliqué, pendant ce temps, à l'amortissement de la dette sur contrat, jusqu'à sa réduction à trente-six millions, et, à partir de cette limite, il serait également partagé entre la compagnie et le gouvernement; la compagnie devait en outre être déchargée de l'impôt annuel de 9,500,000 fr. qu'elle payait au gouvernement sur ses propriétés Indiennes. Ces conditions ne parurent pas assez avantageuses à Lord North, alors premier ministre. En les discutant, il s'expliqua assez ouvertement sur les prétentions de la couronne à la propriété territoriale du Bengale. L'opposition, alarmée d'un semblable accroissement de la puissance royale, prit aussitôt, dans le parlement et dans le pays, le parti de la compagnie, et Lord North crut devoir se borner à présenter les trois résolutions suivantes :

1° Il était déclaré que toute acquisition faite par l'influence d'une force militaire, ou par un traité avec une puissance étrangère, appartenait de droit à l'état; que néanmoins, il était *plus utile* à la nation de conserver à la compagnie la jouissance de ses possessions territoriales pendant six ans encore (c'est-à-dire jusqu'à l'expiration de sa charte).

2° La comgagnie serait autorisée à emprunter 34,645,618 fr. (1,400,000 livres sterling) , à l'intérêt de 4 p. 0/0 par an; le dividende des actionnaires ne dépasserait pas 6 et 8 p. 0/0, jusqu'à l'acquittement de la première et de la seconde moitié de cet emprunt, et l'excédant des recettes serait consacré à réduire à trente-six millions la dette sur contrat.

3° A partir de ce moment, le dividende resterait invariablement fixé à 8 p 0/0; les trois quarts de l'excédant des recettes seraient versés dans les caisses de l'échiquier, et le dernier quart consacré à l'extinction entière de la dette et à la formation d'un fonds de réserve.

Le conseil des directeurs s'éleva avec la plus grande énergie contre les propositions de Lord North. « Fixer « un terme à la possession de nos territoires dans l'Inde, disaient-ils, « est un acte de despotisme, puisque la loi « n'a pas encore décidé que la propriété absolue ne nous « en appartient pas. Décider, sans notre consentement, « la manière dont seront employés nos profits quelcon- « ques, c'est envelopper les produits de notre commerce « et de nos spéculations, dans le dévolu qu'on jette sur « nos propriétés, et qu'aucune loi n'autorise. » Ils for- cèrent le ministre à convenir que depuis 1767, le gou- vernement avait reçu de la compagnie près de deux cent quarante millions; pendant le même temps au contraire, les actionnaires n'avaient touché que vingt-deux millions, au-delà de l'intérêt à 5 p. 0/0 de leur mise, et cependant les profits de la compagnie qui s'étaient élevés année commune à 11,136,000 fr. , auraient permis, sans les droits énormes payés au trésor, de leur servir un di- vidende de 14 1/2 p. 0/0. Ainsi, tandis que le gouver- nement à qui la conquête de l'Inde n'avait rien coûté, en retirait un bénéfice clair de quarante-huit millions par an , les actionnaires aux risques et périls de qui elle s'était opérée, allaient se voir dépouillés d'une portion

de leurs légitimes bénéfices. Il leur était bien dûr surtout de subir ces retranchements, au moment d'une
crise qui pouvait entraîner la ruine de la compagnie.
Malgré ces réclamations, malgré la protestation formelle
de quelques membres de la chambre haute, le bill fut
adopté par le parlement et sanctionné par le Roi.

Par ce bill, Lord North convertit réellement les actions
de la compagnie en rentes perpétuelles au taux de 8
p. 0/0, soumises à toutes les vicissitudes du commerce
et de la guerre. Cette compagnie qui avait déjà tant souffert des prévarications de ses employés, porta elle-même
la peine de l'impunité qu'elle leur avait forcément accordée, et fut privée des moyens de réparer ses pertes.

Pendant que le parlement frappait ainsi la compagnie
au cœur de sa puissance, le comité portait un œil inves-
tigateur sur les concussions des employés, et, pour
effrayer les coupables par un grand exemple, il s'attaqua
spécialement à Lord Clive. Un grand débat s'ouvrit à la
chambre des Communes. Le colonel Burgoyne fit ressortir avec force tous les crimes dont le Bengale avait été le
théâtre, et tout en évitant de prononcer encore aucun
nom propre, il concluait à la restitution de toutes les
sommes extorquées par des fonctionnaires civils ou militaires, ou reçues en présent par eux. Il fit adopter par la
chambre trois résolutions. Les deux premières déclaraient que toutes les acquisitions ou bénéfices résultant
de la force des armes ou de négociations, appartenaient

à l'état, et que les profits qu'en avaient retirés les fonctionnaires, étaient illégitimes; la troisième constatait le fait que les employés de la compagnie avaient détourné à leur profit de grandes sommes d'argent et des propriétés importantes. Clive fut alors réduit à venir défendre lui-même sa fortune et son honneur menacés; il était nominativement désigné dans une motion par laquelle Burgoyne proposait à la chambre de déclarer que Lord Clive avait abusé de son pouvoir dans l'Inde, pour s'approprier induement 234,000 livres sterling (environ 5,790,767 fr. 58 c.), et que, par ce mauvais exemple, il avait manqué à la dignité du commandement. L'accusé plaida avec énergie les services qu'il avait rendus à l'Angleterre, sut faire valoir l'influence que les circonstances locales et les mœurs de l'Inde avaient dû exercer sur sa conduite, et parvint à faire naître des doutes dans les esprits. Le parlement ne voulut pas accabler un homme qui avait jeté tant d'éclat sur les armes Anglaises, et la motion, amendée par la suppression des mots injurieux pour Clive, fut réduite à la constatation du fait matériel; on chercha même à adoucir encore l'affront, en ajoutant « qu'en même temps, Lord Clive avait rendu de grands « et importants services à son pays. »

Faible consolation pour les souffrances d'un pareil débat! Le désespoir de cette censure implicite devait bientôt conduire Lord Clive au suicide. Le vainqueur de l'Inde, depuis long-temps malade et affaibli par l'usage

de l'opium, périt d'un coup de canif. L'Inde était fatale
à tous ceux qui y jouaient un rôle éclatant. Labourdonnais, Dupleix et Lally Tollendal avaient déjà subi une
mort désolée; Clive les suivait; douze ans plus tard
Warren Hastings devait être soumis comme lui à une
terrible expiation.

Lord North, encouragé par l'adhésion du parlement,
continua dès lors avec vigueur la réforme qu'il avait entreprise. Par son célèbre *bill régulateur*, il changea tout
le régime intérieur de la compagnie. Il modifia le mode
d'élection des directeurs, donna à la couronne une
grande influence dans la décision des principales affaires,
et lui attribua la nomination du gouverneur-général des
possessions Anglaises et du commandant en chef des
troupes de la compagnie. Au nombre des réformes
les plus utiles, nous citerons celle qui établit à Calcuta
un conseil suprême, chargé de diriger et de centraliser
les affaires de toute l'Inde Anglaise. Les trois présidences
avaient été jusqu'à ce jour complétement indépendantes
l'une de l'autre, et ce manque d'unité s'était fait sentir
d'une manière fâcheuse, depuis que la compagnie était
devenue, pour ainsi dire, l'arbitre de toutes les puissances Indiennes. Les membres de ce conseil, étaient au
nombre de cinq, choisis par le ministre. Hastings
nommé président, prit aussitôt le titre de gouverneur-
général; on lui adjoignit un membre de l'ancien conseil
de Calcuta; les trois autres vinrent d'Angleterre.

Le nouveau gouvernement venait d'entrer en fonctions, en octobre 1774, quand Suja-Doula revint de son expédition contre les Rohillas. Hastings pressa avec une extrême rigueur le recouvrement des sommes que le Soubah devait à la compagnie; il les destinait à liquider une portion de la dette sur contrat, et à fortifier quelques points du Bengale contre une attaque éventuelle des Français. Lord Rochefort, alors ministre, lui avait fait passer, par l'intermédiaire de Sir Edward Hughes, commandant l'escadre royale dans l'Inde, copie d'un plan formé par le gouverneur Français de Chandernagor, Chevalier. En vertu d'un firman de Châh-Allûm, avec l'aide des troupes de ce prince, et un corps de quinze cents Européens, cet officier espérait arracher le Bengale aux Anglais. « Quoique nous ne doutions pas de la réalité du « projet de M. Chevalier, écrivait aux directeurs d'Europe le conseil de Calcuta, « nous ne pouvons le regarder que « comme le rêve chimérique d'un homme ambitieux; et « dont l'exécution n'offre aucune apparence de succès. » On prit néanmoins des précautions.

Hastings aurait voulu profiter des pouvoirs étendus qui lui avaient été accordés, pour continuer ses réformes administratives. Depuis deux ans, il avait tenté de remettre l'ordre dans les finances. Il avait révoqué les fonctionnaires Mogols qui exerçaient la Duannie pour le compte de la compagnie, et décidé qu'à l'avenir la perception des revenus serait faite par les employés Anglais.

C'était s'emparer en même temps de l'autorité judiciaire qui, dans l'Indostan, avait toujours été jointe à celle du collecteur. Les droits héréditaires des Zemindars sur la location des terres furent abolis, et les baux accordés sur des enchères auxquelles les natifs seuls pouvaient prendre part. Une révolution aussi complète dans la constitution territoriale devait soulever bien des difficultés, et exigeait des efforts persévérants. Il en était de même des mesures que Hastings avait déjà prises pour abolir l'esclavage, et pour réprimer sévèrement les castes vouées au brigandage. Un obstacle imprévu vint paralyser sa volonté. Une scission profonde s'était manifestée dans le conseil; trois de ses membres formaient une opposition systématique à Hastings, réduit à l'appui d'un seul de ses collègues. La majorité, exclue par le gouverneur de la connaissance des affaires, voulut alors en usurper la direction, et transmit directement des ordres à tous les fonctionnaires civils et militaires. Le Bengale offrait donc le scandaleux spectacle de deux gouvernements Anglais, donnant à l'envi l'un de l'autre des ordres contradictoires, et cherchant à se paralyser mutuellement. Au milieu d'une pareille anarchie, toute espérance de progrès, de réforme administrative, devait être abandonnée. Les efforts de Hastings ne pouvaient tendre qu'à la conservation des résultats acquis, jusqu'au moment où l'ordre aurait été rétabli par la cour des directeurs à Londres, avec laquelle les deux partis étaient en correspondance directe.

En décembre 1774, Suja-Doula mourut, désignant pour son successeur, son fils Asaf-al-Doula. A la première nouvelle de sa maladie, le conseil de Calcuta avait fait occuper par ses troupes les frontières de la Soubahbie, et dirigé une brigade sur la capitale; par une délibération formelle, il déclara ensuite annulés et détruits tous les traités conclus avec le Soubah, bien que le préambule de celui d'août 1765 fît une mention expresse *des héritiers et successeurs* de ce prince. Asaf-al-Doula qui n'avait aucun compétiteur à craindre, résista long-temps aux nouvelles et plus dures conditions qu'on voulait lui imposer. Le 20 mai 1775 seulement, il consentit à signer un traité. Nous y voyons pour la première fois la compagnie parler en son propre nom; elle avait traité jusqu'alors sous le nom du Soubah du Bengale, dont elle était, par ses titres, le *Duam* ou premier officier. Les circonstances actuelles rendaient cette formalité désormais inutile.

Par le premier article, on stipulait paix et union perpétuelles; les ennemis de l'une des parties contractantes étaient déclarés ennemis de l'autre; on promettait de rendre réciproquement les fugitifs et les déserteurs; chaque puissance s'engageait à punir ses propres sujets pour les désordres commis sur le territoire de l'autre.

Par le 2e article, Asaf-al-Doula s'engageait à ne jamais

donner asile à Cossim et à Sombre; à ne jamais entretenir à son service un seul Européen sans le consentement de la compagnie; à chasser même de ses états tous ceux qui s'y trouvaient alors, ou s'y présenteraient à l'avenir sans le passe-port de la compagnie.

Par le 3ᵉ article, les Anglais promettaient de n'avoir aucun égard à l'intervention de l'Empereur Châh-Allûm, dans le cas où il voudrait se mêler des affaires de la Soubahbie d'Aoudh et s'adresserait à eux pour cet objet.

Par le 4ᵉ article, les Anglais renouvelaient en faveur d'Asaf la cession faite en 1773 à son père, des deux provinces d'Allahabâd et de Karrâ; ils s'engageaient à défendre en tout temps, contre tout ennemi extérieur, les états héréditaires d'Aoudh et les provinces d'Allahabâd et de Karrâ, jusqu'à ce que la compagnie en ordonnât autrement.

Par le 5ᵉ, le Soubah donnait à jamais à la compagnie la souveraineté de la province de Benarès et des districts adjacents.

Par le 6ᵉ, il promettait de payer à la compagnie un subside mensuel de sept cent cinquante mille francs, toutes les fois qu'il emploierait des troupes Anglaises à son service.

Enfin, par le 7ᵉ article, on stipulait que si jamais Asaf-al-Doula réclamait l'assistance des Anglais dans d'autres circonstances que celles plus haut spécifiées, il accorderait à la compagnie une récompense proportionnée à la nature du service. Les Anglais s'engageaient de leur côté à ne rien changer à ce traité *pendant la vie d'Asaf-al-Doula,* et à ne jamais lui faire d'autres demandes. La fidèle exécution du traité fut solennellement jurée de part et d'autre.

Les nouvelles concessions que le conseil arrachait ainsi au Soubah d'Aoudh, étaient extrêmement avantageuses à la compagnie. Le produit net de la province de Benarès était, à cette époque, de sept millions deux cent mille francs, et paraissait susceptible d'une augmentation considérable. Cette acquisition n'imposait d'ailleurs aucune charge nouvelle aux Anglais qui, par les précédents traités, étaient déjà tenus de défendre cette province pour le compte du Soubah. Élever au chiffre énorme de sept cent cinquante mille francs par mois le subside militaire, c'était mettre à la charge d'Asaf-al-Doula l'entretien du tiers de l'armée Anglaise, et comme le conseil de Calcuta était entièrement maître de rendre la présence de ces troupes auxiliaires indispensable à la sûreté du Soubah, c'était en réalité lui imposer, sous une forme déguisée, un tribut fort onéreux. L'expulsion de tous les Européens hors de la Soubahbie d'Aoudh, enlevait toute inquiétude aux Anglais sur la perpétuité de leur suprématie. En limitant à la vie d'Asaf la durée du traité, la compagnie se réservait enfin les chances plus favorables qui pouvaient survenir, sans être obligée de commettre un nouveau parjure. Ce traité toutefois renversait complétement l'ancien système d'Hastings, qui voulait faire du Soubah d'Aoudh une barrière puissante contre les Maharattes. Mais, comme nous l'avons vu, le gouverneur-général était alors en minorité dans son conseil, et lorsqu'il reprit l'ascendant, il jugea bientôt Asaf-al-Doula incapable de soutenir le rôle qu'il destinait à son père, et acheva d'anéantir sa puissance. Les Maharattes d'ailleurs, divisés entr'eux, étaient devenus moins redoutables.

Pendant que le conseil de Calcuta augmentait ainsi la puissance de la compagnie dans le Bengale, celui de Bombay travaillait au même but sur la côte de Malabar. Pour l'intelligence de ses opérations, nous devons jeter un coup-d'œil rétrospectif sur les progrès de l'empire Maharatte, depuis la mort d'Avrengzeb jusqu'au moment où il se trouva, pour la première fois, en hostilité directe avec la compagnie Anglaise.

CHAPITRE IX.

LUTTES AVEC LES MAHARATTES,

Jusqu'à la Coalition générale contre les Anglais.

1771-1780.

Sous le règne orageux des faibles successeurs d'Avrengzeb, les Maharattes avaient pénétré jusqu'au cœur de
l'empire. Leur force consistait en une innombrable cavalerie, et leur politique constante était de ne faire la paix
qu'en obtenant en *Châtai* le quart du revenu de toutes
les provinces qu'ils avaient ravagées. A la mort de Sahodji, en 1740, l'état des Maharattes s'étendait depuis la
mer occidentale jusqu'à Orissa, et depuis Agra jusqu'au

Karnatic. Ils avaient même porté leurs armes dans le Bengale, et les Anglais n'avaient jamais ouvertement contesté leur droit au Châtai de cette province. Nous savons qu'ils l'avaient d'ailleurs, en 1768, formellement reconnu pour le Karnatic et le Maïssour.

Pendant les dernières années du règne de Sahodji, ses ministres, tous de la caste des Brahmes, réputée supérieure à celle des Radjpouts dont le Roi faisait partie, s'étaient emparés de toute l'autorité, et lorsqu'il mourut, un changement de gouvernement s'opéra sans troubles. Badji-Rao qui avait le titre de Peichwa ou Vizir, relégua Ram-Radjah, fils de Sahodji, dans le fort de Satârah, conquis en 1651 par Sevadji, ne lui laissant que la prérogative héréditaire de revêtir les Peichwas du Caftan, attribut de leur dignité. Tant qu'a duré la confédération Maharatte, cet usage s'est conservé entre les successeurs de Ram-Radjah, et ceux de Badji-Rao. Cette investiture était regardée comme indispensable par les Indiens, de même que dans l'empire Mogol, les Soubahs étaient obligés d'obtenir la confirmation d'un Empereur bien moins puissant qu'eux-mêmes. Ce respect exagéré pour les cérémonies ostensibles dans la transmission du pouvoir, joint à une profonde insouciance de la légitimité dans son exercice réel, ce culte des fictions politiques, est un trait caractéristique dans l'histoire de la race Indoue.

L'usurpateur ne put maintenir toutefois l'unité de

l'empire Maharatte; Moudhâjdi, l'ancien trésorier, prit
pour sa part les pays du Nord-Est , tandis que Badji-Rao
s'établit à Pounah, et conserva les provinces occidentales. Quelques généraux de la caste des Radjpouts ou de
celle des Brahmes, suivirent bientôt cet exemple, et se
rendirent à peu près indépendants dans les gouvernements qui leur avaient été confiés. Quelques noms doivent seuls surnager sur le chaos confus de cette oligar-
chie militaire. Les Bouncelao, établis à Bérar, y tenaient
le premier rang par leur parenté avec le Radjah enfermé
à Satârah ; ils avaient des prétentions avouées à l'empire
universel des possessions Maharattes. La famille des
Guikowâr s'était emparée du Guzerate, et payait tribut au
Peichwa de Pounah. Enfin Mâdhâdji-Sindiah et Touk-
hâdji-Holkar, dont les successeurs luttèrent si long-temps
contre les Anglais, régnaient depuis les frontières d'Aoudh
jusqu'à celles du Guzerate.

L'administration de Badji-Rao fut brillante. Il arracha
aux portugais l'île de Salsette, le district de Basseïn et
ses dépendances, s'occupa de créer une marine, et conclut avec les Anglais un traité relatif à la navigation et
au commerce. Il y parlait en son propre nom, et sans
faire aucune mention du Radjah de Satârah, esclave couronné dont ne s'occupaient nullement les Anglais. Par
un second traité conclu en 1756, avec le président du
conseil de Bombay, Badji-Rao s'engagea à interdire aux
Hollandais tout établissement dans ses états, et céda aux

Anglais quelques forts sur la côte de Malabar. Son frère, Baladji-Rao, lui succéda en 1759. C'est lui qui, en 1762, à la tête de deux cent mille Maharattes, tenta de renverser la domination Mahométane des Empereurs Mogols, et perdit contre Abdallâh et Suja-Doula la fameuse bataille de Paniput. Il mourut peu après, laissant deux fils dont l'aîné Madu-Rao, fut aussitôt proclamé Peichwa sous la régence de son oncle le célèbre Ragoba. L'administration vigoureuse de ce dernier, déconcerta les espérances qu'avaient fondées sur la minorité du Peichwa, des ministres prévaricateurs. Ils s'attachèrent à rendre l'oncle suspect au neveu, et lorsqu'à 17 ans, Madu-Rao fut déclaré majeur, il exila Ragoba, et le fit bientôt après emprisonner. L'anarchie qui régna dès lors à Pounah fournit aux Anglais l'occasion impatiemment attendue de s'agrandir de ce côté.

L'île de Bombay, donnée à la compagnie par Charles II, resta long-temps un établissement purement commercial. Le facile accès et la sûreté à son port, le voisinage d'une des principales gorges des Gâtes occidentales, par laquelle la compagnie versait annuellement douze à quinze cent mille francs de marchandises dans l'empire Maharatte, rendirent bientôt Bombay l'entrepôt du Guzerate et de tout le golfe de Cambaye. Cette prospérité s'accrut encore par la conquête de Surate en 1759; le revenu des douanes du port s'élevait seul à un million. Cette présidence rapportait donc à la compagnie un bénéfice considérable. Quand elle abandonna le système purement mercantile pour celui des conquêtes, Bombay acquit une très-grande importance militaire. Il devint l'arsenal de l'Inde Anglaise; on y établit des chantiers pour la construction des vaisseaux, on creusa des bassins pour leur réparation, et les dépenses de l'établissement se trouvèrent dépasser de beaucoup ses revenus. En 1768, les directeurs firent augmenter à grands frais les fortifications de la place et le nombre des troupes de la présidence, et pour rétablir la balance entre les charges et les produits, dans cette partie de leurs possessions, ils conçurent la pensée de s'approprier l'île de Salsette et le district de Basseïn, et de s'affranchir du tribut payé aux Maharattes pour la province de Surate. Les négociations qu'ils ouvrirent à cet effet, en 1769, n'eurent aucun succès. Un envoyé spécial se rendit en 1772 à Pounah dans le même but, mais échoua pareillement. Les Anglais désappointés tournèrent leurs vues d'un autre côté.

Sous la domination des Empereurs Mogols, le Nabab de Barotch était assujéti à un tribut annuel de deux cent mille francs envers celui de Surate, mais cet usage était tombé en désuétude environ quarante ans avant l'occupation de cette dernière ville par les Anglais. En 1771, ceux-ci réclamèrent, au nom du Nabab de Surate, les arrérages du tribut, et en leur propre nom, ils formaient une demande en indemnité, relative à des droits injustement perçus. Leurs prétentions pour ces deux objets s'élevaient à neuf millions, et sur le refus du Nabab de Barotch de les acquitter, ils firent marcher des troupes contre lui. Après plusieurs jours de tranchée ouverte, le commandant Anglais fut forcé de lever le siége de Barotch; mais le Nabab, craignant une seconde attaque, se rendit peu après à Bombay, pour conclure un arrangement amiable. Pour éteindre toute prétention d'arrérages et d'indemnité, il payait douze cent mille francs, s'engageait à n'autoriser dans ses états aucune nouvelle factorie européenne, et abandonnait à la compagnie le produit des droits d'octroi de sa capitale. Mais l'année suivante, sous prétexte que le Nabab éludait l'exécution du traité, un nouveau corps de troupes marcha contre Barotch, et la place fut emportée d'assaut en novembre 1772. Le conseil de Bombay y mit aussitôt une garnison Anglaise, et promit à Fattih-Singh-Guikowâr, chef Maharatte limitrophe, d'acquitter le tribut que lui payait auparavant le Nabab dépossédé. Le conseil espérait échanger le territoire de Barotch contre l'île de Salsette et les autres districts qu'il convoitait. Nous verrons bientôt comment ce vœu fut réalisé.

Le Peichwa Madu-Rao développa, en avançant en âge, des talents et une fermeté qui l'auraient bientôt remis en possession de tous ses droits. Ce n'était pas là ce qu'espéraient les ministres de Pounah, quand ils avaient éloigné Ragoba. La révolution qui, en 1740, avait ren-

versé l'autocratie des rois Radjpouts, avait dépassé le
but des Brahmes en créant l'autocratie des Peichwas; ils
voulaient constituer à leur profit un pouvoir oligarchique.
Le moment leur parut favorable pour tenter un nouvel
effort. En 1772, Madu-Rao tomba dans une maladie de
langueur qu'on attribua au poison, et mourut avant
d'avoir atteint sa vingt-cinquième année. Son frère et son
héritier Narain-Rao était bien jeune encore, d'un caractère faible et léger, peu propre à déjouer les vues ambi-
tieuses des Brahmes, dans un état où l'hérédité du pouvoir semblait encore si incertaine. Pressentant à son lit
de mort le destin qui attendait son frère, Madu-Rao
rappela Ragoba, seul capable de défendre la famille ré-
gnante, et lorsque Narain-Rao reçut du Radjah de Satârah le caftan de Peichwa, Ragoba reçut en même temps
celui de Naïb ou Vice-Peichwa. La tranquillité de l'état
ne fut cependant pas de longue durée. Les moyens qui
avaient réussi une première fois, furent de nouveau mis
en œuvre : Ragoba, rendu suspect à son neveu, fut emprisonné en avril 1773. La division se mit aussitôt parmi
les vainqueurs : Siccaram-Babou qui, sous le dernier
règne, avait été premier ministre, se vit supplanté par
les deux frères Maraba et Nana-Furnavèse, et résolut de
se venger. Il gagna les six commandants de la garde du
palais qui, le 11 août 1773, massacrèrent Narain-Rao.
Ragoba qui restait seul de la famille de Badji-Rao, le
premier Peichwa souverain, fut aussitôt proclamé. Il

reçut le caftan ; les officiers de l'empire et les grands de la capitale lui rendirent les devoirs d'usage, le résident Anglais à Pounah le reconnut solennellement, tous les anciens ministres furent conservés dans leurs charges, et le calme semblait encore une fois prêt à renaître.

Il fallait avant tout que Ragoba relevât ses finances dilapidées par les Brahmes, et qu'il se créât une armée pour échapper à leur joug. Dans un état plus régulièrement constitué la paix seule aurait conduit à ce but ; chez les Maharattes la guerre au contraire était indispensable. C'était par le pillage des états voisins que Ragoba pouvait seulement se créer des ressources, et comme les Maharattes n'avaient point d'armée permanente, la guerre seule et l'espoir du butin pouvaient réunir sous la main d'un chef leurs bandes indiciplinées. Ce fut à Nidzam-Aly, Soubah du Dekkan, que Ragoba s'attaqua d'abord. Malgré le secours d'un corps considérable que lui avait envoyé le Radjah Maharatte de Bérar, Ragoba fut vaincu et obligé de faire la paix. Il se porta alors sur le Maïssour, mais Haïder-Aly détourna l'orage, et moyennant une somme de 6,500,000 fr. payée comptant, il se fit céder par les Maharattes les trois provinces de Malat-chery, Gandikotta et Gadjantarghâr. Le Peichwa résolut aussitôt d'attaquer le Nabab d'Arkot, Mohamed-Aly, pour lui faire payer les arrérages du *Châtai,* mais une guerre civile le rappela dans ses propres états. Les ministres, certains de la haîne secrète qu'il leur portait, essayèrent

d'en prévenir les effets. Après avoir publié que la veuve
du dernier Peichwa était enceinte, et que son fils, si elle
en avait un, serait le légitime successeur de Narain-Rao,
ils levèrent une armée pour s'opposer au retour de Ragoba. La veuve de Narain-Rao en effet, accoucha, en
avril 1774, d'un fils dont la légitimité fut contestée par
Ragoba, mais qui fut néanmoins proclamé Peichwa sous
le nom de Madu-Rao-Narain, et revêtu du caftan par le
Radjah de Satarâh. Ragoba battit d'abord et fit prisonnier le général de l'armée ministérielle, mais il ne put
empêcher la défection d'anéantir sa propre armée, et il
fut forcé de fuir vers le Nord, pour gagner à sa cause
quelqu'un des autres princes Maharattes.

Nous avons vu que le Bérar était devenu le patrimoine
de la famille Radjpoute des Bouncelao. Cette province
était, depuis 1772, déchirée par une guerre intestine; les
deux frères Sabadji et Moudhâdji se disputaient le pouvoir. Le premier prit parti pour les ministres de Pounah,
et le second pour Ragoba, mais sans pouvoir lui fournir
aucun secours utile. Il en était de même de Guzerate :
Fattih-Singh-Guikowâr, fils du dernier Radjah, avait,
pendant le règne de Narain-Rao, obtenu des Brahmes de
Pounah l'investiture du Guzerate ; mais à son avènement, Ragoba la lui avait retirée, pour la conférer à son
frère Gowind-Rao, et les deux prétendants soutenaient
leurs droits les armes à la main. Holkar et Sindiah, les
plus puissants de tous ces feudataires, avaient seuls

maintenu le calme et la prospérité dans leurs états. C'est à eux que s'adressa le Peichwa fugitif, et ils promirent de joindre leurs forces aux siennes. Mais les ministres rompirent cette intelligence menaçante pour eux; ils firent insinuer à Ragoba que ses nouveaux alliés cherchaient à le livrer. Le Peichwa, épouvanté par cette fausse nouvelle, quitta pendant la nuit le camp de Sindiah, et vint, vers la fin de 1774, joindre Gowind-Rao-Guikowâr qui assiégeait Fattih-Singh dans sa capitale Baroda. Immédiatement après, Holkar et Sindiah se joignirent aux Brahmes de Pounah, et Ragoba n'eût presque plus de partisans.

Depuis plusieurs mois, il était entré en négociations avec les Anglais, et sa vie errante avait seule retardé la conclusion d'un traité. Le conseil de Bombay fixait toujours un œil avide sur l'île de Salsette, et la crainte d'être prévenu par une nation rivale le détermina à brusquer le dénoûment. Le gouverneur Portugais de Goa voulait mettre à profit les dissentions intestines de l'empire Maharatte, pour reconquérir les districts que lui avait enlevés Badji-Rao, et faisait de grands préparatifs pour attaquer Salsette. L'armée Anglaise gagna de vitesse la flotte Portugaise qui longeait la côte. L'amiral, reconnaissant trop tard les projets de la compagnie, adressa aussitôt au président du conseil de Bombay la protestation la plus formelle; il déclarait que malgré l'occupation momentanée des Maharattes, Salsette était toujours

considérée comme une dépendance immédiate de la
couronne Portugaise, et rendait la compagnie responsable des conséquences de cette agression. Les Anglais
néanmoins, donnèrent, le 8 décembre, l'assaut au fort
de Tanna, capitale de l'île, et l'emportèrent sans résistance. Le résident Anglais à Pounah reçut en même
temps l'ordre de déclarer qu'en s'emparant de Salsette,
la compagnie avait voulu seulement empêcher les Portugais de l'enlever aux Maharattes, et d'insinuer aux ministres que si le pouvoir leur restait, le conseil de Bombay rendrait un équivalent pour Salsette; la même promesse fut secrètement faite à Ragoba, dans l'éventualité
de son rétablissement à Pounah.

Les Anglais n'osèrent attaquer Basseïn, parce que les
Maharattes en avaient renforcé la garnison, mais ils
s'emparèrent encore de la petite île de Karandja, et reprirent leurs négociations avec Ragoba. Le traité allait
être signé en février 1775, lorsque le Peichwa fut complétement battu par l'armée ministérielle, et forcé de
se réfugier à Surate, sous la protection immédiate des
Anglais. Ce revers ne découragea pas le conseil de Bombay, et le 6 mars, il conclut avec Ragoba un traité qui
assurait à la compagnie Salsette, Basseïn et les districts
environnants, évalués à six millions de revenu annuel;
le Peichwa s'engageait à obtenir des Guikowâr la cession
entière du territoire de Barotch, dont la compagnie
possédait déjà la moitié, et il promettait de ne jamais

inquiéter pour le paiement du *Châtai*, les alliés des Anglais. Le conseil de Bombay devait en retour fournir à Ragoba un corps auxiliaire de deux mille cinq cents hommes, dont sept cents Européens; l'entretien de ces troupes était mis à la charge du Peichwa, et réglé à quatre cent cinquante mille francs par mois. C'est avec de pareilles ressources que les Anglais espéraient renverser le parti ministériel, dont l'armée s'élevait alors à quatre-vingt mille hommes. La guerre que Haïder-Aly venait de déclarer aux Maharattes, déterminait, il est vrai, une diversion importante en faveur de Ragoba.

Les troupes Anglaises se rassemblèrent à Surate, au mois de mars 1775, et au commencement d'avril, opérèrent, à Barotch, leur jonction avec les débris de l'armée de Ragoba; le 21, Gowind-Rao arriva à la tête de dix mille hommes, et le 23, l'armée confédérée, grossie par les troupes de quelques autres chefs, se trouva forte de cinquante mille hommes. Fattih-Singh fit alors sa soumission à Ragoba, et ratifia la cession de Barotch, faite en son nom aux Anglais. Le Peichwa dirigea d'abord sa marche vers le Nord, s'éloignant ainsi de Pounah, mais poussé par l'espoir de rallier à sa cause quelques auxiliaires encore indécis. Les troupes ministérielles avaient été battues dans quelques rencontres partielles, quand le manque d'argent détermina une mutinerie dans l'armée confédérée, et la saison des pluies vint fort à propos interrompre la campagne ; les deux armées prirent leurs quartiers le 19 juin 1775.

Le conseil suprême de Calcuta avait, dans cet intervalle, eu connaissance des événements qui précèdent. Aussitôt il déclara nul le traité de Surate conclu avec Ragoba, réprimanda le conseil de Bombay pour l'usurpation de pouvoir qu'il avait commise en commençant les hostilités sans y être autorisé, et lui ordonna de suspendre immédiatement ses opérations. Hastings écrivit en même temps à Siccaram Babou, premier ministre du jeune Peichwa Madu-Rao-Narain ; il le prévenait de ces dispositions, le priait de faire cesser les hostilités du côté des Maharattes, et demandait un sauf-conduit pour le colonel Upton, chargé par le conseil suprême de Calcuta d'aller à Pounah négocier la paix.

Dans sa délibération du 31 mai 1775, le conseil de Calcuta avait unaniment reconnu l'iniquité de la conduite du conseil de Bombay, notamment en ce qui touchait l'attaque de Salsette, mais il voulait en recueillir le fruit, et ordonnait dans la même séance de conserver soigneusement, au moins jusqu'à la conclusion du traité définitif, Salsette et Basseïn qu'on croyait pris en même temps. Les instructions en cinq articles données le 21 juin au colonel Upton, étaient rédigées dans le même sens.

Il devait premièrement témoigner aux ministres le regret avec lequel le conseil de Calcuta avait appris les procédés hostiles de celui de Bombay, et renouveler le désaveu absolu du traité conclu avec Ragoba.

Secondement, il devait formellement demander aux ministres Maharattes la cession de Salsette et Basseïn, en insistant sur ce point, qu'au moment où les Anglais attaquèrent Salsette, une flotte Portugaise était en marche pour s'en emparer, et qu'en cas de restitution par les Anglais, les Maharattes seraient obligés d'y entretenir à grands frais une nombreuse garnison, pour déjouer les projets du gouverneur de Goa.

Troisièmement, Upton devait profiter de toutes les chances favorables pour obtenir des concessions plus avantageuses encore, s'il en prévoyait la possibilité.

Quatrièmement, il était défendu à Upton de consentir à la restitution de Salsette et de Basseïn; il devait desclarer que le conseil de Calcuta ayant annoncé ces conquêtes aux directeurs d'Europe, ne pouvait plus s'en désaisir que de leur aveu.

Cinquièmement enfin, il devait obtenir pour Ragoba les meilleures conditions possibles, en subordonnant toutefois cet objet au but principal de la négociation.

Le colonel Upton n'arriva que le 30 décembre à Perraïnda, près de Pounah. D'après les lettres de Hastings, les ministres Maharattes étaient convaincus que le conseil de Calcuta, considérant comme non avenu tout ce qui avait suivi l'agression de la présidence de Bombay, ne ferait nulle difficulté de remettre les choses sur l'an-

cien pied. Ce fut donc avec un profond étonnement
qu'ils entendirent les propositions du négociateur Anglais; ils ne cessaient de lui demander pourquoi le conseil de Calcuta faisait des protestations pleines de loyauté
et d'honneur, et désavouait la guerre commencée par
celui de Bombay, tandis que son intention était d'en
conserver tous les bénéfices. « Vous avez été envoyé, »
disaient-ils au colonel, « pour négocier à des conditions
« honorables aux deux états, et cependant vous voulez.
« que tout l'avantage soit de votre côté. » Les pourparlers se prolongèrent jusqu'au 1er mars 1776; et dans cet
intervalle, Upton fut autorisé à se relâcher sur la cession
de Basseïn, qu'on savait à Calcuta n'avoir pas été pris
par les Anglais. Les ministres Maharattes, craignant que
Nidzam-Aly, ou Haïder ne se joignit à Ragoba, et n'aug-
mentât aussi leurs embarras intérieurs, consentirent à
traiter sur les bases indiquées. Le jeune Peichwa était
reconnu par les Anglais; il leur cédait à jamais l'île de
Salsette, le territoire Maharatte de Barotch et un district
voisin d'un revenu de neuf cent mille francs; il payait
enfin trois millions six cent mille francs, pour les frais
de la guerre. Les Anglais de leur côté, déclaraient nuls
les traités conclus avec Ragoba et Fattih-Singh-Guikowâr, et promettaient de rendre les places qu'ils occupaient dans le Guzerate. Quant à Ragoba, il était convenu qu'il licencierait ses troupes dans l'espace d'un
mois, sous peine de perdre tout droit à la protection des

Anglais; le jeune Peichwa lui accordait un Jaghuîr de neuf cent mille francs par an, promettait de lui entretenir une maison domestique de deux cents personnes, et une maison militaire de mille chevaux et trois cents hommes d'infanterie; Ragoba s'obligerait toutefois à fixer sa résidence dans une ville désignée, et à ne pas en changer sans l'aveu des ministres.

Ainsi se termina, tout à l'avantage des Anglais, leur première guerre contre les Maharattes, qu'ils avaient si long-temps respectés. Le traité de Perraïnda contenait les germes de bien des dissentions nouvelles, et devait fournir aux Anglais de nombreux prétextes pour continuer leur intervention. Là comme dans le Bengale, comme dans le Karnatic, le premier pas accompli devait bientôt les conduire à l'envahissement définitif du pays.

Le traité de 1776 fut presqu'aussitôt violé que conclu. Ragoba le premier, refusa de le reconnaître; il prétendit qu'on avait traité sans son aveu, et qu'il exposerait sa vie en acceptant les conditions stipulées pour lui. Il s'enfuit à Surate et de là à Bombay, où le conseil l'accueillit avec honneur. Les ministres de Pounah se plaignirent aussitôt de la signification hostile de ce fait, et l'accusation était bien fondée. Le conseil de Bombay, humilié de l'improbation dont Hastings avait flétri sa conduite politique, désespéré de voir s'évanouir les résultats qu'il s'en était promis, cherchait avec impatience les moyens de se compromettre et de rendre la guerre inévitable. Il espérait d'ailleurs recevoir des directeurs d'Europe, qui avaient approuvé le premier traité avec Ragoba, la permission d'en conclure un second.

L'anarchie régnait pendant ce temps dans les conseils de Pounah. Les ministres, divisés entr'eux, ne se soutenaient que par l'influence de Sindiah et de Holkar, qui, au gré de leurs caprices ou de leurs intérêts mobiles, modifiaient sans relâche le gouvernement. Pendant ces intrigues, les ministres n'osant recommencer les hostilités, multipliaient auprès du conseil suprême de Calcuta leurs plaintes contre la mauvaise foi de celui de Bombay. Hastings toutefois se montrait d'autant moins disposé à les accueillir, qu'il songeait à changer son système politique. Il avait désavoué le conseil de Bombay parce qu'il croyait ses ressources trop peu considérables alors pour mener à fin le rétablissement de Ragoba. L'instabilité des ministres Maharattes et les revirements continuels de leur prépondérance déjouaient d'ailleurs ses calculs. Le Colonel Upton avait été spécialement chargé d'étudier les ressources des divers partis qui divisaient la cour. Deux officiers de génie l'avaient accompagné, pour étudier sous un point de vue militaire la route du Bengale à Pounah, et leur rapport démontrait la possibilité de faire marcher un corps de troupes à travers cette partie de l'Indostan. Une dernière circonstance accéléra l'exécution des projets de Hastings. Il reçut avis qu'un M. de St-Lubin, se disant envoyé du Roi de France, avait été accueilli à Pounah par les ministres, et en avait obtenu la cession du port de Chaûl dans le Koukan; il promettait aux Maharattes l'appui d'un corps de troupes Françaises. Le caractère personnel de M. de St-Lubin, ses aventures antérieures et la manière dont il était arrivé dans l'Inde, prouvaient suffisamment qu'il y était envoyé comme *explorateur*, bien plus que comme négociateur. Hastings, néanmoins, crut nécessaire de renverser par une prompte attaque le parti favorable à la France. Il autorisa donc le conseil de Bombay à entrer en relations avec les partisans de Ragoba, et à saisir les occasions de le replacer au pouvoir. Il préparait en même temps d'autres ressorts qui devaient concourir au même but.

Nous avons dit que Moudhâdji Bouncelao, Radjah de Bérar, conservait des prétentions au trône de l'empire Maharatte, comme proche parent du Radjah enfermé à Satarâh. Il entretenait à Calcuta un Vakil ou résident, auquel Hastings s'ouvrit sur ses desseins. Il engageait Moudhâdji à profiter de la minorité du Peichwa et de la mésintelligence des ministres pour faire valoir ses droits, et lui promettait le secours de toutes les forces Anglaises dans l'Inde. Afin de prouver la sincérité de ses offres, il rassembla sur la frontière du Bengale, au mois de février 1778, un corps de troupes considérable, avec ordre de marcher sur Bombay, en s'arrêtant d'abord aux frontières du Bérar. Il prévint le Radjah de ces dispositions, lui demanda d'accorder le passage à ces troupes, de leur fournir des vivres et *de se concerter avec l'officier qui les commandait, sur la destination de l'expédition.* Il écrivit en même temps aux ministres de Pounah, leur demandant également le libre passage pour ce corps *que la crainte d'une guerre avec la France l'obligeait à diriger sur Bombay;* il protestait d'ailleurs de son respect pour le traité de Perraïnda et proposait, pour le faire exécuter, divers moyens peu acceptables. Hastings prévint aussi le conseil de Bombay qu'il lui envoyait un corps de troupes *destiné à appuyer ses efforts en faveur de Ragoba,* et lui donna pouvoir d'en diriger la marche sur tel point qu'il jugerait préférable. C'était assigner, en trois lettres, trois destinations différentes aux mêmes troupes, et aucune n'était la véritable, car le rétablissement même de Ragoba, n'était qu'un prétexte pour s'agrandir aux dépens des Maharattes. Le corps d'armée ne passa la Djamnâ, frontière occidentale du Bengale, que vers la fin de mai; il se composait alors de 6727 soldats, dont environ 1000 Européens; il était suivi de 19,729 valets, porteurs ou goujats; et il fut, au bout de peu de temps, renforcé de plus de 5,000 hommes.

Hastings voulut alors tenter un nouvel effort auprès du Radjah de Bérar qui, tout en promettant des vivres et des secours au corps expéditionnaire, semblait plus disposé à se rendre médiateur entre les Anglais et les Maharattes, qu'à joindre ses forces à celles des premiers. M. Elliot fut chargé d'aller combattre les irrésolutions de cet auxiliaire important. Sindiah, le plus puissant des confédérés Maharattes et dont il fallait traverser les états sur une grande longueur, avait envoyé son consentement particulier. Hastings dédaigna donc les plaintes et les menaces des ministres de Pounah, qui refusaient absolument le passage aux troupes du Bengale, et donna l'ordre de marcher en avant.

Un double échec dérangea d'abord ses calculs. Elliot mourut avant d'atteindre la capitale du Bérar, et on apprit en même temps que l'armée avait à peine fait quarante lieues en quatre mois. Au lieu d'avancer avec rapidité, le colonel Leslie qui la commandait, s'était arrêté à régler de sa propre autorité, les différends des chefs dont il traversait les états. Hastings le révoqua en octobre, et nomma pour le remplacer le colonel Goddard, auquel il confia aussi la mission donnée à Elliot. Le nouveau commandant déploya une activité et des talents remarquables, mais il reconnut bientôt l'impossibilité de réussir auprès du Radjah de Bérar. Moudhâdji soupçonnait les desseins du conseil de Bombay en faveur de Ragoba, et les jugeant entièrement opposés à ses propres intérêts, refusait de s'engager dans une guerre qui pouvait compromettre ses états. Il fournit cependant au colonel Goddard tous les secours qu'il désirait pour ses troupes, et celui-ci continua sans obstacle sa marche sur Pounah, où les ministres ne pouvaient même s'accorder sur les préparatifs de défense. Il en était encorc à cent trente lieues quand il apprit l'échec honteux que venait d'éprouver le conseil de Bombay.

Maraba, l'un des ministres et partisan de Ragoba, avait un instant dominé dans le conseil de Pounah. Les ouvertures qu'il fit au président de Bombay, le décidèrent à commencer les hostilités sans attendre les secours du Bengale. Il perdit néanmoins en préparatifs un temps précieux, pendant lequel Maraba, renversé du pouvoir, fut emprisonné avec tous ses partisans. Son frère Nana-Furnavèse, ennemi des Anglais et dévoué à Sindiah, prit la direction des affaires. Cette circonstance contraire n'arrêta pas le conseil de Bombay. Le 23 novembre, un corps de quatre mille hommes, dont huit cents Européens, partit de Bombay, débarqua sous la conduite d'un comité du conseil, et opéra sa jonction avec les faibles troupes de Ragoba. L'armée combinée marcha sur Pounah, sans obstacle, mais avec une lenteur extrême qui donna aux ministres le temps d'appeler à leur défense Holkar et Sindiah. Les Maharattes reculaient devant l'armée Anglaise, la harcelant sans accepter le combat, lui coupant les vivres et brûlant derrière eux tout le pays qu'ils abandonnaient. Le 22 décembre, les deux armées se suivaient d'assez près pour engager une canonnade qui se répéta journellement jusqu'au 4 janvier 1779, et ne coûta que deux hommes aux Anglais. Le 10, ils arrivèrent à Talligaon que les Maharattes venaient de brûler. L'armée combinée n'était plus qu'à cinq lieues de Pou-

nah, elle avait des vivres pour dix-huit jours, et Ragoba
promettait d'en faire rassembler par sa cavalerie. Le
comité cependant, effrayé de ne pas voir les populations
se lever en faveur de Ragoba, prit la honteuse résolution
de battre en retraite, et il la commença le 11 à l'entrée
de la nuit. Le lendemain au point du jour, les Maharattes
attaquèrent l'armée Anglaise, la mirent en désordre,
enlevèrent ses bagages et la poursuivirent rigoureuse-
ment jusqu'à Worgaüm. Le 13, le comité toujours aveuglé par la peur, s'imagina que l'armée démoralisée ne
pouvait plus résister aux Maharattes, et ouvrit les négociations. Un de ses membres fut député vers les ministres; « les Anglais, disait-il, trompés par de faux rap-
« ports, avaient cru seconder le vœu national en accom-
« pagnant Ragoba; reconnaissant maintenant leur er-
« reur, ils ne demandaient qu'à rentrer à Bombay sans
« être inquiétés. » Avant d'écouter aucune proposition,
le Durbar ou conseil des ministres, exigea que Ragoba
lui fut livré. Cette première concession fut accueillie
avec une indifférence affectée, présage certain de plus
dures demandes. Le Durbar, en effet, déclara que pas un
Anglais ne retournerait à Bombay, avant la signature
d'un nouveau traité. En vain l'agent Anglais protesta que
le comité n'avait pas le pouvoir de lier la compagnie.
« Si vous n'avez pas le droit de conclure un nouveau
« traité, lui dit Sindiah, de quel droit alors avez-vous
« rompu celui qui existait? » L'armée Anglaise, entou-

rée de toute part, ne pouvait faire un mouvement; le 15 janvier 1779, le comité donna plein pouvoir à son agent, et le 17 furent conclus les deux conventions suivantes.

Par la première, les Anglais promettaient de rendre aux Maharattes tout ce qu'ils leur avaient enlevé depuis 1756, et donnaient deux ôtages pour l'accomplissement de cette clause. Le comité s'engageait en outre à faire rentrer dans le Bengale l'armée du colonel Goddard, et remit immédiatement une lettre dans ce sens à un agent Maharatte. Nana-Furnavèse avait long-temps insisté pour qu'on gardât l'armée Anglaise tout entière en ôtage. Sindiah fit triompher le système de la générosité; la deuxième convention explique ses motifs.

Le comité y reconnaissait humblement que l'armée Anglaise, battue et cernée, n'avait pu s'échapper que par la protection de Sindiah. En reconnaissance d'un si grand service, les Anglais lui donnaient la ville et le territoire de Barotch qu'ils avaient enlevés à un Nabab Mogol.

Après avoir livré Ragoba et les deux ôtages, après avoir ainsi passé sous les fourches Caudines, l'armée Anglaise se mit en marche le 20 janvier, et repassa les Gâtes occidentales sous la surveillance de la cavalerie Maharatte.

Dès qu'elle fut en sûreté, le conseil de Bombay, sans égard pour les ôtages, annula les conventions de Worgaüm, et écrivit au colonel Goddard de se diriger rapi-

dement vers Surate, sans s'inquiéter du contre-ordre
forcé qu'il avait reçu. Il avait de lui-même commencé
ce mouvement; Sindiah seul pouvait lui disputer le passage, mais nous savons qu'il voulait ménager les Anglais.
Par des marches forcées, Goddard gagna Surate le 27 février et s'y renferma pour attendre des ordres.

A la première nouvelle de ces événements, Hastings
déclara nulle la convention de Worgaüm, nomma Goddard plénipotentiaire pour conclure un nouveau traité
sur les bases de celui de 1776, et fit nettement déclarer
aux ministres Maharattes sa ferme volonté de n'abandonner aucun territoire. Prenant à son tour le ton de commandement, il exigeait même d'eux la promesse de ne
prendre aucun Français à leur service, et de n'entretenir
avec cette nation aucune relation commerciale. Il fit déclarer sous-main à Sindiah qu'il appréciait l'importance
du service rendu par lui aux Anglais, et que, forcé
d'envelopper dans la même annulation les deux conventions de Worgaüm, il saurait trouver un équivalent en
sa faveur. Pour appuyer enfin par un acte significatif la
fermeté de ses paroles, il porta sur la Djamnâ la moitié
des troupes du Bengale.

Ragoba fut encore le premier à ouvrir les hostilités.
Malgré les efforts hostiles de Nana-Furnavèse, on lui
avait accordé un Jaghuîr de 3,600,000 fr., et permis de
conserver dix-huit cents hommes à sa solde. Pendant
qu'il gagnait sa résidence sous l'escorte de deux mille

hommes des troupes de Sindiah, il apprit que deux de ses principaux officiers avaient été mis à mort par ordre de ce chef. Feignant de croire sa propre vie menacée, il attaqua brusquement les troupes qui l'escortaient, les extermina, et prit aussitôt avec sa petite armée la route de Surate. Il y arriva le 8 juillet avec son fils Badji-Rao, qui fut depuis Peichwa, et Amrut-Rao qu'il avait adopté avant la naissance du premier. Goddard convaincu qu'après cette violation sauvage de la foi jurée, les ministres de Pounah consentiraient aux plus grands sacrifices pour se faire de nouveau livrer Ragoba, le reçut à Surate, hôte honoré des Anglais en apparence, mais en réalité retenu comme ôtage. Goddard écrivit aussitôt au premier ministre Nana, demandant à commencer les négociations.

Le Vakil des ministres se fit attendre pendant un mois, et n'arriva à Surate que le 14 août. Dès la première conférence qui eut lieu le 15, il insista vivement sur la restitution de Salsette, adopta sur les autres points un langage évasif, et, au grand désappointement du plénipotentiaire Anglais, ne prononça même pas le nom de Ragoba. Il fut bientôt évident que Nana ne cherchait qu'à gagner du temps. A chaque nouvelle conférence, son Vakil soulevait une nouvelle difficulté qui exigeait l'envoi d'un courrier à Pounah, et les réponses se faisaient toujours longuement attendre. Goddard chercha vainement à faire donner de pleins pouvoirs pour traiter au Vakil de Surate; après des négociations qui se prolongèrent plusieurs semaines encore, Nana finit par déclarer qu'il ne renoncerait jamais aux bénéfices de la convention de Worgaüm. Il avait employé cet intervalle à resserrer ses alliances politiques. Il se croyait assuré de l'appui de Sindiah; il avait traité avec Haïder-Aly, ennemi des Anglais plus encore que des Maharattes; Nidzam-Aly, Soubah du Dekkan, justement irrité contre Hastings, et d'ailleurs ennemi déclaré de Ragoba, s'était ouvertement prononcé pour le parti ministériel; enfin Moudhâdji Bouncelao, Radjah de Bérar, dont les prétentions étaient en opposition avec celles de Ragoba, et qu'avaient humilié les Anglais en dédaignant sa médiation, semblait prêt à se déclarer contr'eux.

Goddard connaissait la coalition qui se préparait contre la compagnie; Hastings espérait encore la dissoudre, mais il jugeait inévitable une guerre contre les Maharattes. De Madras et de Bombay, il envoya des renforts considérables à l'armée de Surate, et prescrivit à Goddard de combattre et de traiter uniquement au nom de la compagnie, sans faire mention de Ragoba, qu'on excluait ainsi du partage des conquêtes. En combinant son plan d'opérations, Goddard voulut d'abord pourvoir à l'entretien de son armée. Il se dirigea vers le Guzerate, traita avec Fattih-Singh-Guikowâr, souverain de Baroda, et le décida à payer aux Anglais le tribut qu'il versait annuellement à Pounah. Il s'avança ensuite contre

Ahmedâbâd, capitale du Guzerate, où les ministres tenaient garnison, et, après cinq jours de siége, emporta d'assaut le 10 février 1780, cette ville importante. Sindiah et Holkar venaient à sa rencontre à la tête de quarante mille cavaliers; Goddard leur présenta plusieurs fois la bataille qu'ils évitèrent avec adresse; mais le 5 avril, il les força à combattre, les défit complétement et changea bientôt leur retraite en une fuite. L'approche des pluies força Goddard à prendre des cantonnements, et Sindiah se retira dans ses propres états.

Hastings se préparait cependant à y transporter le théâtre de la guerre, espérant ainsi dégoûter Madhâdji Sindiah d'une lutte où il avait tout à perdre et peu à gagner. Il s'était mis en relation avec le Radjah de Gohad, chef tributaire que Sindiah avait en partie dépouillé de ses états, et l'avait déterminé à se joindre aux Anglais. Les nouveaux alliés remportèrent d'abord plusieurs avantages dans le Gohad; le 4 août 1780, le capitaine Popham prit d'assaut la forteresse de Gouâlior, l'une des plus importantes de l'Inde, et força les Maharattes à évacuer toute la contrée. Malgré ces succès, Hastings ne pouvait dissoudre la coalition qui se formait. Le Radjah de Bérar le faisait assurer sous main, qu'il n'y entrait qu'à regret, et qu'il ne rassemblerait pas ses troupes en temps opportun pour ouvrir la campagne, mais il refusait d'abandonner ouvertement ses alliés. Nidzam-Aly, se disait rassuré par les promesses qu'on lui prodiguait, mais il continuait néanmoins ses préparatifs. Enfin le gouverneur cherchait à entrer en négociations avec Haïder-Aly, quand il apprit que ce prince, à la tête de cent mille hommes, venait d'envahir le Karnatic.

Pour reconnaître quelles causes avaient déterminé la réunion de quatre puissances aussi divisées d'intérêts, pour apprécier quel danger menaçait alors les possessions Anglaises, il faut remonter quelque peu dans le passé, et reprendre l'histoire du Dekkan et du Maïssour où nous l'avons laissée dans le septième chapitre.

CHAPITRE X.

AFFAIRES DU KARNATIC,

Jusqu'à la dernière guerre avec la France.

1770-1778.

Nous avons vu qu'en 1769, Haïder-Aly, maître de dicter les conditions de la paix, avait sacrifié tous les avantages de sa victoire au désir d'imposer une alliance défensive aux Anglais. Il chercha aussitôt à recueillir les bénéfices de sa générosité, et le 23 mai, un mois après la signature du traité, il demanda au gouverneur de Madras deux bataillons de Sipahis, pour l'aider à reprendre quelques forts sur les Maharattes. Cette faible

troupe était bien moins un secours utile, qu'une con-
sécration solennelle de l'alliance conclue. Le gouverneur
qui s'était toujours promis d'éluder l'exécution du traité,
répondit que *les Maharattes n'étant pas les agresseurs*,
la compagnie ne pouvait souscrire à la demande du Roi
de Maïssour. Celui-ci changea alors son plan de campagne, et résolut de rester sur la défensive; il écrivit à
Madras que les Maharattes se disposaient à l'attaquer, et
demanda qu'on tînt prêts à marcher, dans cette éventualité, les secours que lui promettait un traité si récent.
Le gouverneur répondit qu'il devait d'abord consulter les
conseils de Bombay et de Calcuta, plus exposés aux représailles des Maharattes. Attaqué en 1770, Haïder-Aly
renouvela sa demande ; le gouverneur répondit qu'il
attendait des ordres d'Europe. En novembre 1771, le
Roi qui avait beaucoup souffert pendant la campagne,
devint extrêmement pressant, et après quelques nouvelles lenteurs, le gouverneur finit par lui déclarer, en
janvier 1772, qu'il ne devait compter sur aucun secours
de la compagnie. Exaspéré par tant de duplicité, Haïder-
Aly résolut d'en punir les Anglais; il fit.la paix avec les
Maharattes, et entra en pourparlers avec le gouverneur
de Pondichéry qu'il espérait entraîner dans son parti.

Le conseil de Madras, pendant ce temps, employait ses
troupes dans le Karnatic d'une manière plus conforme à
sa politique envahissante. Il avait, en 1762, forcé Mohamed-Aly, Nabab d'Arkot, de transiger avec le Radjah de

Tandjaore, son tributaire. Enorgueilli de l'appui des Anglais, ce vassal n'avait dès lors que très-inexactement payé le léger tribut auquel il était assujéti. Les plaintes réitérées du Nabab étaient restées sans réponses, et le conseil de Madras ne lui avait jamais permis de réduire par les armes le Radjah réfractaire qui, en 1771, devait deux années entières de son tribut. Mohamed-Aly, dans sa détresse, recourut directement au Roi d'Angleterre qui, par le traité de 1763, l'avait reconnu pour son allié. Déjà une première fois, un commissaire royal avait été nommé pour surveiller l'exécution du traité, et représenter la couronne dans l'Inde. Sir John Lindsay, investi de cette mission, avait vainement tenté de faire reconnaître ses pouvoirs par la compagnie, et son intervention n'avait eu pour résultats que de puériles satisfactions données à la vanité du Nabab. Celui-ci qui sentait sa dépendance à l'égard du moindre employé de la compagnie, correspondait sur le pied d'égalité avec le Roi d'Angleterre, et fut même admis à représenter ce Souverain pour conférer l'ordre du Bain aux deux principaux fonctionnaires de la couronne, le ministre Sir John Lindsay et le général en chef Sir Eyre Coote. Le conseil de Madras supportait impatiemment ces honneurs accordés au Nabab qu'il avait créé, et qu'il voulait maintenir en tutelle. Il se posa dès ce moment en hostilité avec la couronne. Sir Eyre Coote retourna en Europe sans avoir pu prendre le commandement des

troupes, et Sir John Lindsay fut remplacé par l'amiral
sir Robert Harland. Ce nouveau ministre mit une
grande solennité dans les débuts de sa mission, et partagea bientôt les idées de Mohamed-Aly sur la conve-
nance d'une alliance intime avec les Maharattes pour
attaquer Haïder-Aly. Il fit des ouvertures en ce sens au
conseil de Madras, dont la position était devenue plus
difficile. La compagnie, en effet, ne voulait pas obéir à
un commissaire royal, mais elle avait tout intérêt à ne
pas se brouiller avec l'amiral, dont elle pouvait attendre
des secours efficaces. Après avoir vainement tenté, dans
sa correspondance avec sir Robert Harland, de séparer
les deux qualités réunies en sa personne, le conseil de
Madras fit quelques réponses évasives sur l'alliance pro-
jetée avec les Maharattes, et s'enhardissant peu à peu,
il finit par contester au Roi lui-même le droit d'intervenir dans les affaires de la compagnie, droit réservé,
disait-il, au seul parlement d'Angleterre. Une rupture
était inévitable; l'amiral proposa et fit accepter par les
Maharattes une cessation d'hostilités, mais il ne put obtenir du conseil de Madras la remise de quelques déserteurs de la marine royale, embarqués sur les navires de
la compagnie. Des procédés offensants furent échangés
entre lui et le président du conseil, et enfin sir Robert
Harland quitta, en octobre 1772, la côte de Coromandel
pour se rendre à Bombay. Cette tentative d'intervention
du gouvernement dans les affaires de l'Inde, fut la der-

nière ; toutes avaient été repoussées avec ombrage par la compagnie, qui voulait demeurer seule arbitre du sort des princes indigènes.

Inquiet cependant des suites de cette affaire, et irrité contre le Radjah de Tandjaore, qui, en ce moment même, redoublait d'insolence envers son suzerain, le gouverneur de Madras s'était décidé, en septembre 1771, à prêter ses troupes à Mohamed-Aly. Mais il en exigea d'abord la promesse d'un don de neuf millions six cent mille francs pour la compagnie, et d'un autre don considérable à l'armée, pour remplacer le pillage de la ville ; il insistait encore pour mettre une garnison Anglaise à Tandjaore, mais le Nabab repoussa formellement cette prétention. En octobre 1771, l'armée Anglaise opéra sa jonction avec les troupes du Nabab, que commandait son fils aîné, et après avoir emporté Vellore sans coup férir, elle mit le siége devant Tandjaore. En peu de jours, la brèche fut rendue praticable, et l'assaut allait être donné, quand le Nabab, redoutant toujours les desseins secrets de ses alliés, consentit à la paix. Le Radjah promit d'acquitter immédiatement les arrérages de son tribut, de payer en deux années dix millions pour les frais de la guerre, et d'abandonner au Nabab d'Arkot quelques districts contestés sur la frontière des deux états. Ce traité fut aussitôt désapprouvé par le conseil de Madras, sans l'intervention duquel il avait été conclu. De la part du Radjah de Tandjaore, il n'était d'ailleurs qu'une manœuvre dila-

toire. A peine l'armée combinée eut-elle évacué le Tandjaore, que le Radjah refusa ouvertement d'exécuter le
traité, et on dût se préparer à une nouvelle lutte.

L'année suivante fut cependant entièrement consacrée
à combattre quelques autres vassaux révoltés. L'issue
de cette expédition ne pouvait être douteuse, mais les
cruautés commises par Mohamed-Aly et les Anglais,
soulevèrent contr'eux toutes les populations. On en vint
bientôt à une véritable guerre d'extermination; de part
et d'autre, les prisonniers étaient égorgés, les habitations
brûlées, les moissons détruites, et le triomphe de Mohamed ne fit qu'ajouter un désert à ses états depuis si
long-temps ruinés.

La fertilité du Tandjaore, les richesses supposées de
son Souverain, devenaient donc chaque jour un appât plus
puissant pour le Nabab, et les Anglais sentant qu'ils
s'étaient créé dans le Radjah un ennemi irréconciliable,
semblaient maintenant disposés à l'accabler sans retour.
Une nouvelle expédition fut donc résolue. Le 27 août
1773, la ville de Tandjaore fut emportée d'assaut; elle
fut aussitôt remise au Nabab qui donna au Radjah son
ancien palais pour prison, avec une pension considérable, et occupa militairement tout le pays. Ce succès
ne satisfaisait qu'incomplétement les Anglais, qui résolurent d'emporter le fort de Nagore appartenant aux
Hollandais, sur la côte du Tandjaore. Ils prirent pour
prétexte un secours d'argent fourni par les Hollandais

au Radjah dans la dernière guerre, et surtout l'usurpation de pouvoir commise par le Radjah, disaient-ils,
en cédant aux Hollandais une portion de territoire sans
l'aveu du Nabab, son Souverain. Il n'était pas difficile
de répondre à de pareils arguments, mais à défaut
d'autre droit, les Anglais avaient celui *du plus fort*. Les
Hollandais, attaqués à l'improviste, évacuèrent la ville
après une inutile protestation.

Maître des revenus du Tandjaore, Mohamed-Aly espérait acquitter peu à peu l'énorme dette que la compagnie
lui avait fait contracter envers elle-même et envers ses
employés. Mais il fut bientôt puni de ses velléités d'indépendance et de sa crédule confiance dans la protection du Roi d'Angleterre. A force d'intrigues, les directeurs de la compagnie à Londres, obtinrent le rappel
officiel du plénipotentiaire royal, dont la mission avait
déjà cessé en fait depuis un an, et se livrèrent sans frein
au ressentiment que leur avait inspiré le Nabab d'Arkot.
Il avait osé un instant se croire Prince souverain en
vertu du traité de 1763, et l'allié du Roi, et il avait
essayé de résister aux volontés de la compagnie et créé
quelques embarras à sa politique. C'étaient là autant de
crimes impardonnables. La compagnie se sentait d'ailleurs assez puissante dans le Karnatic, pour dédaigner
de s'abriter désormais derrière l'autorité légitime du
Nabab; elle pouvait parler en son propre nom et songer à se faire de nouveaux alliés plus utiles, dût-elle,

pour cela, sacrifier celui dont elle avait si long-temps exploité la faiblesse.

Ce fut en 1774, qu'on apprit à Londres la conquête du Tandjaore faite au nom du Nabab. Une opposition assez vive attaqua aussitôt cette mesure au sein de la compagnie. Le gouverneur de Madras qui, en 1762, avait si violemment imposé à Mohamed-Aly un traité favorable au Radjah de Tandjaore, avait été créé baronnet, pair d'Irlande, et exerçait une grande influence sur l'opinion publique. Lord Pigot fut de nouveau nommé président du conseil de Madras, avec mission de rétablir le Radjah dans ses anciens états, et d'organiser définitivement les établissements Anglais sur la côte de Coromandel, sous le rapport administratif et financier. Des pouvoirs étendus lui avaient été donnés, et on se flattait d'avoir enfin fermé pour le Karnatic la période des révolutions. A dater de ce moment, la compagnie espérait y asseoir sa puissance sur les mêmes bases qu'au Bengale; Lord Pigot s'engageait à compléter l'œuvre de Lord Clive.

Le nouveau gouverneur fut installé en décembre 1775, et fit aussitôt connaître ses intentions à Mohamed. Le malheureux prince essaya vainement de le fléchir, en rappelant tous les sacrifices qu'il avait déjà faits pour s'assurer l'amitié de la compagnie, l'injustice de l'intervention qu'elle voulait exercer entre lui et son vassal, et l'ingratitude qu'elle commettrait en opprimant son plus

ancien allié au profit d'un prince mal intentionné. Ces
prières ne pouvaient prévaloir contre l'avide ambition
des Anglais. Le but de Lord Pigot, en effet, était moins
d'enlever le Tandjaore à Mohamed que de l'acquérir à la
compagnie. Le Radjah, réintégré dans l'exercice apparent de son autorité, en avril 1776, céda aux Anglais, à
perpétuité et sans redevance, plusieurs districts importants, leur assura le monopole du commerce dans ses
états, reçut garnison Anglaise dans sa capitale, et consentit un tribut annuel de quatre millions pour l'entretien d'un autre corps de troupes destiné à la défense de
son royaume. C'était en transporter réellement la souveraineté à la compagnie. Après ces sacrifices, il restait
encore au Radjah un revenu d'environ douze millions
qui devint bientôt, sous toutes les formes, la proie des
employés de la compagnie. Mohamed, dépouillé de ses
dernières espérances, perdant même le tribut annuel
de douze cent mille francs que lui assurait le traité de
1762, resta accablé sous le fardeau de ses dettes. Nous
le verrons dans le chapitre suivant, réduit à échanger
contre une pension de la compagnie les dernières apparences de son pouvoir.

La révolution accomplie par Lord Pigot dans le Tandjaore, fut loin de réunir l'unanimité des opinions dans
le conseil de Madras. L'ancienne majorité, restée aux
affaires, voyait avec aigreur le renversement du système
qu'elle avait suivi, et saisissait toutes les occasions de

manifester son opposition au nouveau président, et de nuire à son protégé, le Radjah de Tandjaore. C'est ainsi que, malgré la résistance de Lord Pigot, le conseil dénia au Radjah tout droit de propriété sur la récolte semée pendant son emprisonnement et coupée depuis sa restauration ; c'est ainsi qu'il prit en considération une réclamation de près de six millions de francs, formée par un employé subalterne de la compagnie, pour argent prêté, disait-il, au Nabab d'Arkot et au Radjah de Tandjaore, mais dont ce dernier seul devait être responsable. Cette somme ne fut jamais payée, mais le seul fait qu'un obscur employé ait osé présenter une pareille créance, montre à quel point les Anglais avaient poussé l'exploitation du pays conquis.

Ces dissentiments en arrivèrent bientôt à rendre l'administration impossible. Lord Pigot ne voulait point céder, et remettant en avant une doctrine déjà professée par Hastings dans des circonstances analogues, il prétendait que le président, chef actif du gouvernement, n'était pas tenu d'obéir à la majorité du conseil, et que cette majorité ne pouvait prendre aucune décision légale sans le concours du président. En même temps, il fit suspendre deux membres du conseil, et mit aux arrêts Sir Robert Flechter, commandant militaire. La majorité crut dès lors n'avoir aucun ménagement à garder ; le 24 août 1776, elle fit arrêter Lord Pigot, et s'empara de la direction des affaires. Le conseil suprême de Cal-

cuta approuva cette conduite, et neutralisa l'appui que
le conseil de Bombay semblait vouloir donner à Lord
Pigot. Celui-ci mourut dans la prison de Madras, le
4 mai 1777.

La cour des directeurs à Londres s'était profondément
émue aux nouvelles reçues de la présidence de Madras.
En mars 1777, il fut décidé que Lord Pigot serait réintégré dans ses fonctions; mais en même temps un successeur lui était désigné, et il devait lui-même revenir
en Angleterre avec tous les membres de l'ancienne administration, pour rendre compte de leur conduite. Sa
mort ne permit pas l'exécution complète de ce plan ;
cependant, en février 1778, Sir Thomas Rumbold vint
prendre la présidence du conseil de Madras.

Son administration fut désastreuse pour la compagnie.
Il entreprit une réforme dans la collection des revenus,
mais dans le seul but d'y favoriser la fraude et les exactions; il en profitait largement pour son propre compte,
puisque dans l'espace de deux années, il put faire passer
en Angleterre plus de quatre millions de francs. Ses
fautes politiques ne furent pas moins grandes. Il acheva
de décider la coalition générale qui se préparait contre
les Anglais, par l'inhabileté de sa conduite envers Haïder-
Aly et Nidzam-Aly. Nous avons vu que depuis long-temps
déjà, Haïder était hostile aux Anglais et n'attendait
qu'une occasion favorable pour les attaquer. Nidzam, au
contraire, était jusqu'à ce jour en apparence resté leur

allié; mais sa fidélité douteuse ne devait pas résister aux procédés impolitiques dont usa envers lui le nouveau gouverneur.

Après s'être emparé du Tandjaore au Sud, le conseil de Madras cherchait à s'agrandir vers le Nord. Par les deux traités conclus en 1766 et 1768 avec Nidzam-Aly, Soubah du Dekkan, la compagnie avait garanti à Bassalet-Singh son frère, la possession viagère du Circar de Gantour, et en raison même de cette clause, les redevances annuelles à payer au Soubah avaient été considérablement diminuées. Nous avons déjà dit combien cette obligation était désavantageuse à la compagnie, en isolant quelques-unes de ses provinces, et en permettant à ses ennemis Européens de s'introduire, par le port de Modapollam, au centre même des possessions Anglaises. Le conseil de Madras fit, à diverses reprises, sonder les dispositions de Nidzam-Aly, pour en obtenir la cession immédiate de ce Circar. Mais le Soubah qui suivait d'un œil inquiet les progrès des Anglais dans le Dekkan, refusa nettement de les rapprocher encore de ses frontières, et de se laisser couper la communication avec la mer. En juillet 1778, le conseil voulut tenter une négociation directe avec Bassalet-Singh, qui outre le Gantour, possédait encore les deux provinces de Râdjâpour et d'Adoni. Les circonstances, en effet, donnaient pour les Anglais une importance nouvelle à l'acquisition du Circar de Gantour. Il était facile de prévoir une nouvelle rupture

entre la France et l'Angleterre. Louis XV était mort
le 10 mai 1774, et son successeur semblait vouloir mettre un terme à la longue série des concessions à l'Angleterre faites pendant le règne précédent. La guerre
était imminente entre cette puissance et ses colonies de
l'Amérique du Nord, et le parti pris par la France dans
cette lutte, avait profondément irrité l'Angleterre. L'Inde
devait donc être sous peu le théâtre de nouveaux combats entre ces infatigables rivaux. La supériorité des
Anglais était sans doute immense dans cette partie du
monde, mais ils n'en sentaient pas moins la nécessité de
se précautionner, et surtout de rendre impossible toute
alliance des Français avec des puissances Indiennes mal
intentionnées. Bassalet-Singh les inquiétait à cet égard,
car depuis quatre ans, il persistait, malgré leurs réclamations, à entretenir à sa solde un corps de troupes
Françaises commandées par le capitaine Lally, neveu
de l'ancien gouverneur. Ils voulaient donc à tout prix
lui faire abandonner le Circar de Gantour, et Nidzam-
Aly ayant refusé de se prêter à cette combinaison, le
conseil de Madras fit intervenir le Nabab d'Arkot auprès
de Bassalet-Singh, pour lui proposer un arrangement.
Le moment était bien choisi pour cette négociation directe. Haïder-Aly venait à cette époque de conquérir sur
les Maharattes les deux provinces de Kaddâpâh et de
Karnoul, qui le rendaient limitrophe de Bassalet-Singh.
Effrayé de ce voisinage, désirant vivement se rendre

indépendant du Soubah, Bassalet-Singh était tout disposé à traiter avec les Anglais. Déjà son Vakil était arrivé dans ce but à Madras, et l'on fut bientôt d'accord.
Bassalet-Singh promit d'évacuer le Circar de Gantour et
de l'abandonner aux troupes Anglaises; il promit encore
de renvoyer immédiatement le corps de troupes Françaises qu'il entretenait à son service. Les Anglais mettaient en retour à sa disposition un corps de troupes
pour défendre la province d'Adoni. Ce traité aussitôt
exécuté que conclu, irrita au plus haut degré Nidzam-
Aly, qui prit à son service les Français licenciés par son
frère. La négociation l'avait offensé pour la forme autant
que pour le fond. Après avoir refusé de céder lui-même
le Circar, il le perdait et perdait aussi les compensations
qu'il aurait pu s'assurer en traitant personnellement avec
les Anglais. L'intervention dans cette affaire de Mohamed-Aly qu'il haïssait, était une nouvelle cause d'irritation. Enfin la conduite des Anglais avec les Maharattes
lui semblait également contraire à ses intérêts; il était
lié par un traité d'alliance avec le jeune Peichwa Madu-
Rao-Narain, et il redoutait Ragoba que le conseil de Calcuta semblait prêt à faire remonter sur le trône. L'envahissement du Circar de Gantour vint combler la mesure
de ces griefs et détermina le Soubah à rompre ouvertement avec les Anglais. Il les somma de lui restituer le
Circar de Gantour, que son frère n'avait pas le droit
d'aliéner; leur défendit d'entrer dans la province d'Ado-

ni, partie intégrante de la Soubahbie, et qu'il avait bénévolement concédée en apanage à son frère, menaçant en cas de refus d'attaquer lui-même les possessions Anglaises. Le conseil de Madras ne répondit à ces justes plaintes qu'en renforçant le corps d'expédition, et en lui donnant l'ordre de marcher sur Adoni.

Les troupes Anglaises étaient obligées de traverser, pendant six jours de marche, les provinces nouvellement conquises par Haïder, et ne pouvaient y pénétrer que par une gorge étroite. Lorsqu'elles s'en approchèrent, en août 1779, elles trouvèrent ce défilé obstrué par un abattis d'arbres, garni de retranchements, et défendu par un corps de troupes, dont le commandant paraissait résolu à résister. Intimidé par ces obstacles imprévus, le colonel Harper, rétrograda quelque peu, et demanda au conseil de Madras de nouveaux ordres et des renforts. En même temps, Bassalet-Singh qu'avaient effrayé les menaces de Nidzam et de Haïder-Aly, demanda au colonel Harper de suspendre sa marche, et au conseil de Madras d'annuler le traité, et de restituer le Circar de Gantour. Le gouverneur répondit aussitôt que le Circar de Gantour appartenait légitimement aux Anglais qui s'y maintiendraient envers et contre tous. Croyant imposer au Soubah par un langage hautain, il feignit de croire que les prières de Bassalet-Singh avaient seules déterminé le temps d'arrêt du colonel Harper, et protesta qu'à la première demande du prince Indien, les

Anglais poursuivraient leur marche en dépit de Nidzam-Aly et du Roi de Maïssour. En même temps, et comme s'il était impatient de jeter le Soubah dans les bras des Maharattes, le conseil de Madras lui proposa de renoncer au tribut stipulé en 1768, et dont quelques termes étaient arriérés. Exaspéré par cette dernière proposition qui, dans les circonstances présentes, pouvait passer pour un outrage, Nidzam-Aly se lia sur le champ avec les ministres de Pounah, et promit à Haïder-Aly d'envahir les cinq Circars du Nord, pendant que lui-même attaquerait le centre du Karnatic.

Le conseil suprême de Calcuta avait tenté toutefois de retarder la lutte avec Nidzam. A la première nouvelle du traité conclu avec Bassalet-Singh, Hastings écrivit au Soubah pour lui exprimer des intentions conciliantes, et chercha à faire comprendre au gouverneur de Madras combien sa conduite était contraire à la politique générale des Anglais dans l'Inde, et combien elle était dangereuse, en donnant une nouvelle force à la coalition qui se préparait contr'eux. Sir Thomas Rumbold rejeta avec hauteur l'intervention de Hastings, se permit à son égard les récriminations les plus insultantes, et comme s'il voulait rendre toute réconciliation impossible avec le Soubah poussé à bout, il concéda pour dix ans à Mohamed-Aly, son ennemi personnel, la jouissance du Circar de Gantour qu'il venait d'arracher à Bassalet-Singh.

Le conseil de Madras ne s'était montré ni plus conciliant, ni plus adroit dans ses relations avec Haïder-Aly. Depuis la déception qu'il avait éprouvée en 1772, ce prince avait cherché à se lier plus intimement avec la France; mais il n'avait pas tardé à reconnaître que l'Inde n'entrait plus pour rien dans le système politique de la cour de Versailles, et il interrompit des négociations inutiles. Quelques années s'écoulèrent ainsi dans un calme apparent; mais quand, en 1778, il vit les Anglais reprendre la défense de Ragoba, il proposa au conseil de Madras de s'unir avec lui pour rétablir le chef Maharatte dans la dignité de Peichwa. Hastings, consulté sur cette alliance avec Haïder, l'approuva complétement. « cependant, ajouta-t-il, « elle ne doit pas avoir pour « objet le rétablissement de Ragoba, qui n'est pas le but « de nos efforts dans la partie occidentale de l'Inde, « mais seulement un moyen d'exécution. »

Hastings en ceci avait un double but ; en s'unissant de nouveau avec Haïder, il l'empêchait de s'allier aux Français, et en refusant de prendre pour base de cette alliance la restauration de Ragoba, il évitait de mécontenter le Radjah de Bérar qu'il espérait encore décider à faire valoir ses droits équivoques au trône de Pounah.

Une conflagration générale semblait donc inévitable dans l'Inde, au moment où une nouvelle guerre allait y éclater entre la France et l'Angleterre. Nous avons longuement raconté la situation des puissances belligérantes, pour montrer les ressources qu'aurait pu conserver la France, si sa cause y avait encore été défendue par un Dupleix ou par un Bussy. Nous allons voir maintenant comment l'absence de direction politique la conduisit à une ruine définitive et complète dans cet hémisphère. Les brillants faits d'armes qui illustrèrent cette dernière lutte, peuvent consoler l'amour-propre national; mais la gloire recueillie par les armes Françaises, de 1778 à 1783, fut stérile; c'était le dernier éclair d'un feu prêt à s'éteindre.

CHAPITRE XI.

DERNIÈRE LUTTE DE LA FRANCE,

Et Affaires générales de la compagnie Anglaise, jusqu'au Traité de Versailles.

1778-1783.

Nous avons vu, dans le chapitre précédent, que depuis l'avènement de Louis XVI au trône de France en 1774, une rupture se préparait avec l'Angleterre. Le 6 février 1778, un traité d'alliance offensive et défensive entre la France et les États-Unis d'Amérique, avait été signé à Paris. Un pareil acte équivalait à une déclaration de guerre. Les hostilités commencèrent en Europe, dès le 28 mars, par le combat d'Ouessant; dans le mois de juin, elles étaient engagées en Afrique et sur tous les points de l'Amérique du Nord. Il ne pouvait donc tarder à en être de même dans l'Inde.

Le 1er juillet, Hastings avait reçu à Calcuta, par la voie du Caire, des nouvelles qui, sans lui faire connaître officiellement la rupture de la paix entre les deux puissances, la lui firent regarder comme très-probable. Il résolut de mettre à profit cette communication pour s'emparer à la fois de tous les établissements Français. Suivant l'usage constant des Anglais en pareil cas, il jugea que toute déclaration de guerre préalable était une formalité superflue, et dès le 3 juillet, Chandernagor était emporté, avant qu'on y eut soupçonné la possibilité d'une attaque. Des ordres circulant avec une célérité inouïe avaient fait commencer la lutte presque aussitôt sur les côtes d'Orissa et de Coromandel; Mazulipatam et Karikal furent emportés le même jour, et le conseil de Madras fit à la hâte les préparatifs du siége de Pondichéry. Bellecombe avait succédé à Law de Lauriston dans le gouvernement de cette place, et par une sage administration, avait réparé les désastres des années précédentes. L'établissement de Pondichéry, si déchu de son importance politique, entrait dans une voie de prospérité commerciale, quand Sir Hector Munroe vint l'assiéger à la tête de vingt-quatre mille hommes. Bellecombe, dans cette situation critique, ne faillit point à sa réputation; son génie créateur multiplia les ressources de la défense, et renouvela les efforts héroïques qui avaient, en 1748, élevé si haut la gloire de Dupleix. Une victoire navale remportée en vue de la place par M. de Tronjoly sur l'amiral Anglais Sir Edward Vernon, semblait d'abord présager le succès aux armes Françaises ; mais bientôt la flotte Anglaise reçut des renforts considérables ; l'escadre Française, trop inférieure en nombre, dût se réfugier à l'île de France, et Bellecombe, abandonné à ses seules ressources, perdit l'espoir de prolonger la défense. Après deux mois de tranchée ouverte, après avoir tué cinq mille hommes aux assiégeants, il rendit enfin la place, le 17 octobre 1778, avec tous les honneurs de la guerre, et en conservant ses drapeaux. Les Français furent de nouveau complétement expulsés de la côte de Coromandel, comme ils l'étaient déjà du Bengale. C'était désormais la flotte qui allait porter tout le poids de la lutte avec l'Angleterre. Cependant quelques corps de Français, et notamment celui commandé par le capitaine Lally, combattaient encore comme auxiliaires des princes Indiens.

Le 30 octobre, le gouverneur de Madras fit part de ce succès au roi de Maïssour et lui demanda une entrevue. Mais Haïder-Aly qui avait pénétré les secrètes pensées de Hastings, se montrait moins empressé déjà à cultiver l'alliance Anglaise. Il complimenta froidement le gouverneur sur la prise de Pondichéry, et répondit d'une manière évasive au sujet de l'entrevue. Il résolut en

17

même temps d'empêcher la conquête de Mahé, dernier établissement des Français dans l'Inde, et qui était situé dans ses états, sur la côte de Malabar. Le gouverneur de Madras méprisa d'abord les avis qu'on lui en donna; il ne pouvait se persuader qu'après avoir laissé prendre Pondichéry, le Roi de Maïssour voulût protéger Mahé. Il continuait donc ses préparatifs, quand Haïder lui fit officiellement signifier sa résolution par son Vakil à Madras, menaçant de ravager immédiatement le Karnatic, si les Anglais troublaient la paix de ses états en attaquant Mahé. Les négociations depuis long-temps pendantes entre Haïder et les Maharattes donnaient un grand poids à son intervention; la place néanmoins fut emportée le 29 mars 1779. Le Roi, dès lors, ne garda plus aucun ménagement; il se lia étroitement aux ministres de Pounah qu'il avait combattus toute sa vie, et précipita, par son adhésion à la coalition, l'ouverture des hostilités.

Le gouverneur de Madras qui bravait avec tant d'imprudence le ressentiment des puissances Indiennes, n'avait pris cependant aucune précaution pour sa défense. La perception des revenus ne s'opérait qu'avec difficulté; des dilapidations de toute espèce avaient épuisé les finances de la compagnie; Mohamed-Aly, ruiné par les plus odieuses exactions, était hors d'état de fournir le moindre secours; toutes les troupes de la présidence enfin étaient éparpillées par petits détachements, depuis Mahé jusqu'au fond des cinq Circars. C'est dans cette situation si dangereuse pour la compagnie, que Haïder-Aly vint, avec la rapidité d'un torrent, se précipiter sur le Karnatic, l'inonda de son irrésistible cavalerie, et mit le 21 août le siége devant Arkot, capitale de la Nababie. Tippou-Saheb son fils, envahissait en même temps les cinq Circars, tandis que du côté opposé, d'autres divisions s'approchaient du Madoura et du district de Tivenelly. Sir Hector Munroe, commandant en chef les troupes de Madras, chercha d'abord à les rassembler, rappela en toute hâte les corps détachés dans le Tandjaore et les provinces du Nord, et fit lui-même un mouvement en avant sur Kondjeveram. Inquiet de cette manœuvre, Haïder-Aly leva alors le siége d'Arkot, et vint présenter la bataille à Munroe qu'il espérait anéantir en détail. Le commandant Anglais l'évita long-temps avec adresse; il n'était plus qu'à une journée de marche des renforts que le colonel Baillie lui amenait du Circar de Gantour, quand Haïder-Aly résolut de frapper un coup décisif. Pendant toute une journée, il trompa Munroe par de fausses attaques sur son front, et le retint dans l'inaction, tandis qu'avec ses meilleures troupes, il se précipitait au devant du colonel Baillie, qu'avait rejoint le colonel Flechter. Le succès de cette marche habile ne pouvait être douteux. Le 10 septembre 1780, les Anglais surpris furent taillés en pièces; le colonel Baillie fut pris avec 2,000 Européens; 5,000 Sipahis et 700 Européens restèrent sur le champ de bataille. Pas un homme n'aurait échappé au désastre de l'armée Anglaise, sans l'intervention du capitaine Lally qui ne put voir de sang froid massacrer des ennemis vaincus, et menaça Haïder de l'abandonner s'il n'arrêtait l'effusion d'un sang inutile. C'était le plus grand désastre que les Anglais eussent jamais éprouvé dans l'Inde, et l'épouvante s'empara aussitôt de Madras. Dès le lendemain de sa victoire, Haïder revint sur ses pas pour attaquer Sir Hector Munroe; mais celui-ci, à la nouvelle du malheur de Baillie, avait déjà pris la fuite, en abandonnant son artillerie et ses bagages; il ne s'arrêta que sous le canon de Madras. Le Roi de Maïssour ne chercha pas à le poursuivre, et vint reprendre le siége d'Arkot qui se rendit peu après.

Si à cette époque un corps de troupes Françaises avait débarqué sur la côte de Coromandel, Madras eut succombé sans aucun doute; Haïder-Aly, devenu tout puissant par la conquête du Dekkan, aurait pu fermer à jamais cette province aux Anglais. Ceux-ci, obligés de se défendre en même temps dans le Bengale contre l'effort des Maharattes, auraient bientôt perdu les moyens et l'espoir d'anéantir sur le continent de l'Inde la puissance Française. Les deux nations rivales semblaient prêtes à faire leurs parts; l'une pouvait reprendre avec succès l'ancien plan de Dupleix; l'autre serait obligée de se renfermer dans le système de Clive : aux Anglais le Bengale et le Haut-Indostan; aux Français le Karnatic et le Dekkan. Cette ligne de conduite était, on peut le dire, toute tracée par les événements; mais depuis le commencement de sa lutte avec l'Angleterre, la cour de Versailles, par une erreur qui tenait aux préoccupations de la politique intérieure et aux préjugés de l'opinion publique en France, réservait toutes ses forces pour secourir les États-Unis, et abandonnait tout projet d'agrandissement dans l'Inde. Cette intervention puissante accéléra sans doute la reconnaissance de l'indépendance Américaine, mais la cause de la liberté n'en eut pas moins triomphé, si la France avait, par une importante diversion, forcé les Anglais à se défendre péniblement en Asie. La France ne pouvait que gagner à ce système, et la perte de l'Inde eut été bien plus funeste à l'Angleterre que la séparation de ses colonies Américaines. Il y a tout lieu de croire que, même sans l'intervention de troupes Françaises, les Anglais auraient difficilement résisté à la crise violente qui les menaçait, si Nidzam-Aly et le Radjah de Bérar eussent rempli de bonne foi les engagements qu'ils avaient contractés envers Haïder-Aly et les Maharattes.

Hastings eut l'art de les enchaîner l'un et l'autre. Instruit des motifs du ressentiment de Nidzam-Aly contre le conseil de Madras, il avait essayé d'abord de ramener cette assemblée à des mesures plus justes et surtout plus prudentes; il promit en même temps au Soubah de lui faire restituer le Circar de Gantour, et de lui continuer fidèlement le tribut stipulé en 1768. L'invasion menaçante de Haïder-Aly, confirma Hastings dans cette ligne de conduite, et le détermina à la suivre sans retard. Il destitua le gouverneur de Madras, et ordonna impérieusement au conseil de restituer le Circar usurpé; cette mesure fut exécutée à la fin de septembre 1780. Les succès prodigieux que remportait Haïder-Aly, contribuèrent plus encore, peut-être, que les mesures pleines de sagesse du gouverneur du Bengale, à détacher Nidzam-Aly de la coalition. Le Soubah du Dekkan craignait et haïssait le Roi de Maïssour plus encore que les Anglais; il croyait que si ces derniers étaient chassés de la côte de Coromandel, Haïder-Aly, devenu tout puissant, le subjuguerait lui-même. Hastings lui avait fait secrètement affirmer qu'en ce moment même, le Roi de Maïssour sollicitait de l'Empereur Châh-Allûm un firman qui lui concédât la Soubahbie du Dekkan. Content d'avoir mis aux prises les deux puissances qu'il redoutait le plus, et dont l'affaiblissement mutuel tournait à son avantage, Nidzam-Aly se détermina donc à rester spectateur tranquille des sanglants démêlés qu'il avait provoqués.

Le Radjah de Bérar fit encore moins de difficultés à entrer dans les vues de Hastings. En renonçant officiellement à soutenir les prétentions de Ragoba au titre de Peichwa, le gouverneur-général avait persuadé Moudhâdji Bouncelao que ses propres prétentions au trône de l'empire Maharatte seraient, dans l'occasion, appuyées par toutes les forces de la compagnie. Dans cette conviction, loin de se joindre aux ministres de Pounah et d'entrer avec cinquante mille chevaux dans le Bengale, comme il s'y était engagé, le Radjah de Bérar se serait peut-être déclaré lui-même en faveur des Anglais, s'il n'eut craint de s'attirer le ressentiment des autres grands feudataires Maharattes, et de s'aliéner ses propres sujets. Il se détermina d'abord à rassembler ses troupes trop tard pour agir dans la campagne de 1780, et fit ensuite une convention particulière avec Hastings.

Celui-ci paya une somme de six millions qui furent distribués aux troupes de Moudhâdji, en échange du butin qu'elles espéraient faire dans le Bengale. Pendant le peu de temps que ces troupes demeurèrent sur les frontières des possessions Anglaises, Hastings leur fournit des vivres et des secours, en échange, disait-il, de ceux que le Radjah avait, l'année précédente, fournis au colonel Goddard. Avant la fin de 1780, le Radjah de Bérar permit à dix bataillons de Sipahis du Bengale de traverser la province d'Orissa pour se rendre sur la côte de Coromandel, et pendant le reste de la guerre, Moudhâdji ne cessa de donner les marques les plus positives de sa bienveillance pour Hastings et de sa partialité pour les Anglais.

Ainsi rassuré sur les dispositions de Nidzam-Aly et du Radjah de Bérar, Hastings se hâta de diriger contre Haïder-Aly et les Maharattes toutes les forces de la compagnie. Il envoya sur la côte de Coromandel Sir Eyre

Coote, commandant en chef des troupes Anglaises dans l'Inde, avec neuf cents Européens, de l'artillerie, des munitions, des vivres, de l'argent, et fit en même temps renforcer le corps d'armée qui agissait contre Sindiah dans la province de Malwâ. Sir Eyre Coote arriva à Madras en novembre 1780, réorganisa aussitôt l'armée de cette présidence, rendit la confiance aux troupes démoralisées, et se remit en campagne au mois de janvier 1781. Il n'entre pas dans notre plan de retracer en détail les événements militaires de cette guerre; ses résultats politiques doivent seuls nous occuper, et il nous suffira de dire que pendant l'année 1781, Sir Eyre Coote, renforcé par de nouvelles troupes du Bengale et par des secours arrivés d'Europe, vainquit trois fois, en bataille rangée, Haïder-Aly et les Français du capitaine Lally, et reprit la plupart des places qu'ils avaient conquises dans le Karnatic. En novembre et décembre, l'armée Anglaise enleva les deux villes de Negapatam et de Trinomaly aux Hollandais, alliés de la France. Ce fut le premier acte important de l'administration de Lord Macartney, nommé gouverneur de Madras après la destitution de Sir Thomas Rumbold, et qui avait pris possession de la présidence en juin 1781. D'accord avec le général Coote et l'amiral Hughes, il fit ensuite des ouvertures de paix à Haïder-Aly et aux Maharattes, mais sans pouvoir conclure pour le moment.

C'est dans cette même année 1781, que se place un

fait très-important dans l'histoire du Karnatic. Mohamed-Aly était depuis long-temps en pourparlers avec le conseil suprême de Calcuta, pour le réglement définitif de sa dette avec la compagnie; mais il ne devait rencontrer ni justice ni pitié, car son alliance cessait d'être nécessaire aux Anglais. La transaction conclue fut une véritable confiscation de la Nababie dont les revenus durent désormais appartenir à la compagnie: il était seulement convenu qu'on en réserverait un sixième, pour subvenir aux dépenses personnelles du Nabab. Cet ancien et fidèle allié de la compagnie ne fut plus dès lors, comme le Soubah du Bengale, qu'un esclave pensionné, un instrument d'oppression pour ses anciens sujets.

Les succès du général Goddard dans le Nord n'étaient pas moins importans que ceux de Sir Eyre Coote; après avoir défait plusieurs fois les généraux Maharattes qui lui étaient opposés, il s'empara, en novembre 1781, de Basseïn que convoitaient depuis si long-temps les Anglais. Le colonel Carnac, pendant ce temps, battait complétement Madhâdji Sindiah qui, à la tête de quarante mille hommes, était revenu défendre ses propres états. Les progrès des Anglais dans la province de Malwâ, et la défection successive d'un grand nombre de ses tributaires, déterminèrent, en novembre 1781, ce chef Maharatte à conclure avec Hastings une paix particulière.

Par ce traité, Hastings cédait en toute propriété à Sindiah le territoire de Barotch, sans faire aucune mention cependant de la convention de Worgaüm ; il restituait toutes les conquêtes des Anglais dans le Malwâ ; il abandonnait à la vengeance du Maharatte tous les petits tributaires qui l'avaient trahi, et notamment le Radjah de Gohad qui le premier s'était joint aux Anglais, au commencement de 1780. Sindiah promettait, de son côté, de se rendre médiateur entre les Anglais et les Maharattes, et de favoriser la conclusion d'un traité analogue à celui de Perraïnda, conclu en 1776 par le colonel Upton.

Les avantages énormes que Hastings vainqueur accordait à Sindiah, trahissaient toute l'inquiétude que lui inspiraient les affaires du Karnatic. Il ne croyait pas pouvoir trop cher acheter des Maharattes une paix qui lui permît de diriger toutes ses forces contre Haïder-Aly. Il ne comprenait pas comment le cabinet de Versailles avait négligé l'occasion de porter un coup décisif à la puissance Anglaise dans l'Inde, et sachant qu'on rassemblait peu à peu des troupes à l'île de France, il s'attendait toujours à voir un armement formidable débarquer sur la côte de Coromandel. Le succès avec lequel le Bailli de Suffren soutenait, sur les mers de l'Inde, l'honneur du pavillon Français, redoublait son inquiétude et lui démontrait la nécessité d'écraser sans retard le dernier espoir de la coalition.

Les Anglais avaient, en effet, éprouvé de nombreux revers. Le Bailli de Suffren ayant, vers le commencement de 1782, opéré sa jonction avec l'escadre de l'amiral d'Orves, se trouva à la tête de 18 vaisseaux, et battit l'amiral Hughes, le 18 février, en vue de Madras. Il débarqua alors à Porto-Novo un corps de trois mille Français et deux mille Sipahis, qui mirent le siége devant Kuddalore. En même temps, Tippou-Saheb, aidé de quatre cents Français sous les ordres de Lally, attaqua, sur les bords du Cavery, une armée de quatre mille Anglais partis de Tritchinapali pour renforcer la garnison de Madras, et la défit complétement le 19 février, après deux jours de combat. Cet avantage détermina le 8 avril la capitulation de Kuddalore. Les vainqueurs marchèrent alors sur Permacoil, qu'ils prirent également. Suffren, pendant ce temps, avait poursuivi l'amiral Hughes jusque sur les côtes de Ceylan, et le 12 avril, il remporta une nouvelle victoire en vue de Trinkomali. Tout l'avantage de la campagne restait donc aux ennemis des Anglais, et ceux-ci avaient besoin de concentrer toutes leurs forces dans le Karnatic.

La confiance de Hastings dans la médiation de Sindiah ne fut pas trompée. Ce chef avait conservé la plus grande influence sur Nana-Furnavèse, qui dirigeait alors les affaires de Pounah. Les bases d'un traité de paix entre les Anglais et les Maharattes furent arrétées en mai 1782.

Hastings désirait vivement que les Maharattes se joignissent à lui pour combattre Haïder-Aly, et s'engageassent à ne poser les armes qu'après l'anéantissement complet de sa puissance; mais c'était trop demander. Les ministres de Pounah redoutaient sans doute l'agrandissement menaçant du Roi de Maïssour, mais ils ne pouvaient laisser renverser la dernière barrière qui séparât leurs états des possessions Anglaises. Ils promirent de ne plus lui donner de secours, de le forcer même à évacuer le Karnatic, mais exigèrent qu'on lui conservât les provinces qu'il possédait avant la guerre. Ils s'engageaient en outre à ne contracter jamais de liaison avec aucune nation Européenne, et à rendre aux Anglais, dans leurs états, leurs anciens priviléges commerciaux. Les Anglais, de leur côté, s'engageaient à restituer Basseïn et toutes les conquêtes faites depuis le commencement des hostilités sur les Maharattes, excepté l'île de Salsette qui demeurait à la compagnie; à ne jamais fournir de secours aux ennemis des Maharattes; et enfin à remettre Ragoba entre les mains de Sindiah.

Ce traité ne fut ratifié à Pounah qu'au mois de décembre suivant. Néanmoins Hastings, plein de confiance dans la bonne volonté et le crédit de Sindiah, fit sur le champ ses dispositions pour attaquer Haïder-Aly dans ses propres états, en portant sur la côte du Malabar les troupes jusqu'alors opposées aux Maharattes. Le Roi de Maïssour ne fut pas intimidé; il se préparait à faire tête à ce nouvel orage, se flattant d'empêcher encore les ministres de Pounah de ratifier un traité qui sacrifiait tous ses intérêts, au moment où il venait de faire de si grands efforts en faveur de la cause commune. Il espérait aussi que les secours de la France tant de fois annoncés arriveraient enfin, et le mettraient en état de résister à la fois aux Anglais et aux Maharattes, si ces derniers avaient la perfidie de l'attaquer. Cet espoir ne semblait pas chimérique, car Suffren multipliait ses efforts héroïques ; le 5 juillet, il revint attaquer l'amiral Hughes devant Negapatam ; l'avantage resta indécis, mais Suffren s'étant plus promptement réparé, se dirigea sur Ceylan, et s'empara de Trinkomali. Le 4 septembre, Hughes vint pour l'en chasser, mais après un long combat, il fut forcé de retourner à Madras. Les confédérés toutefois étaient moins heureux sur terre ; le 2 juillet, Sir Eyre Coote défit complétement l'armée de Haïder, et le força partout à battre en retraite. Le colonel Humberstone, pendant ce temps, s'emparait de Calicut et Ponany, sur la côte du Malabar, et résistait à toutes les forces de Tippou Saheb et de Lally. Le colonel Mac-Leod qui lui succéda, s'apprêta aussitôt à attaquer le cœur des états de Haïder. Mais le Roi de Maïssour allait mourir.

Ainsi, la fortune qui avait tant fait pour cet homme étonnant pendant sa longue et orageuse carrière, l'abandonna dans ses derniers moments. Le désespoir de ses défaites le tua, et il descendit au tombeau, en décembre 1782, avec la douloureuse certitude que les Maharattes allaient ratifier le traité et exiger qu'il l'exécutât lui-même, en ce qui le concernait, et que les secours de la France ne suffiraient pas pour le défendre. Ces secours en effet, commandés par le général de Bussy, n'arrivèrent qu'après la mort de Haïder-Aly, et n'eurent que peu d'influence sur le reste de la guerre.

Les Anglais en avaient dirigé tout l'effort vers la côte de Malabar, et Tippou-Saheb, fils de Haïder, en apprenant la mort de son père, accourut pour défendre le Konara et le Maïssour attaqués et presque subjugués à la fois. En février 1783, le général Mathews, après avoir pris et pillé plusieurs villes considérables où il déploya la plus infâme cruauté, força Bednore, l'une des plus fortes places du Maïssour, à se rendre. Malgré ces premiers succès, il ne put empêcher Tippou-Saheb de reprendre la campagne dans le Karnatic, et de revenir ensuite dans le Konara, où il opéra sa jonction avec les Français. Tippou-Saheb marcha aussitôt sur Bednore, repoussa une sortie de Mathews, et s'empara de cette place le 25 avril. Tous les Anglais trouvés dans la ville furent jetés dans une prison dont aucun ne sortit jamais, et cette représaille cruelle vengea les atrocités qu'avait commises Mathews au temps de ses succès. Tippou reprit ensuite toutes les places qui lui avaient été enlevées, et mit enfin le siége devant Mangalore que Mathews avait occupée en mars. Avec l'aide des Français il l'aurait sans doute reprise, mais la paix conclue à Versailles, le 20 janvier 1783, entre la France et l'Angleterre, priva bientôt après Tippou-Saheb de ces auxi-

liaires sans lesquels il ne pouvait rien faire. Il chercha
cependant à prolonger la lutte , mais sans espoir
de succès, et l'on peut dire que son empire eut été dès
lors détruit, si l'épuisement des finances n'avait engagé
Hastings à conclure la paix avec lui, l'année suivante,
à Bangalore.

La dernière guerre avait, en somme, été très-favo-
rable à la France en Amérique et en Europe. On pouvait
donc s'attendre à une paix avantageuse. Elle fut signée
à Versailles, le 20 janvier 1783, à des conditions qui,
pour l'Asie du moins, étaient désastreuses. Le traité stipulait dans l'Inde la restitution mutuelle des conquêtes,
replaçait par conséquent les Français au même état de
faiblesse où ils se trouvaient avant la guerre, et laissait
les Anglais à un degré de puissance bien supérieure et
toujours croissante. Par l'article 13 du traité , l'Angleterre rendait à la France ses anciens établissements du
Bengale et de la côte d'Orissa, mais toujours sous l'in-
terdiction d'y élever des fortifications. Telle était, à cet
égard, la prudence méticuleuse des Anglais, qu'ils jugè-
rent nécessaire d'insérer dans le traité l'autorisation
d'entourer Chandernagor d'un fossé *pour l'écoulement
des eaux.* Par l'article 14, l'Angleterre rendait à la France
Pondichéry et Karikal, avec promesse d'un arrondisse-
ment de territoire spécifié; par l'article 15, elle restituait
Mahé et la loge de Surate, mais nous n'avions le droit d'y
entretenir que les troupes nécessaires pour la police.

Par l'article 16 enfin, les puissances contractantes s'interdisaient tout aide ou secours à ceux de leurs alliés qui n'entreraient pas dans le présent accommodement. C'était ruiner notre influence morale, en nous forçant à abandonner Tippou-Saheb, notre fidèle et dernier allié. On ne pouvait certes signer de plus déplorables conditions.

La lutte était désormais finie et la rivalité devenait impossible. La conduite de la France, dans la dernière guerre, devait être considérée comme une abdication formelle de toute influence en Asie. Elle n'avait commencé à intervenir activement, qu'au moment où déjà la sagesse de Hastings et les succès des troupes Anglaises avaient anéanti la coalition des puissances Indiennes. Après une pareille faute, il fallait abandonner toute vue politique, et se contenter de faire, sous le bon plaisir des Anglais, un commerce chétif et précaire. C'est en effet la position où nous avons été, depuis lors, réduits, et si quelque danger peut maintenant menacer le puissant empire des Anglais dans l'Inde, ce n'est certes plus de la France qu'il viendra.

CHAPITRE XII.

CONCLUSION.

Tableau de la puissance Anglaise en 1783. — Ses progrès. — Son état actuel. — Son avenir.

Il nous reste à esquisser, au moment où se termine cette histoire, la situation politique, financière et administrative de la compagnie. Les Anglais étaient, en 1783, maîtres absolus du Bengale, du Béhar et d'une partie de la province d'Orissa, qui leur avaient été cédés par les firmans de 1765, et ils y avaient joint, en même temps, les trois provinces de Bardwan, Midnapour et Tchittagong; le traité conclu en 1775 avec Asaf-al-Doula, leur assurait encore la riche province de Bénarès, et enfin la Soubahbie d'Aoudh démembrée, désarmée, soumise à un énorme tribut, était entièrement à leur discrétion. Sur la côte de Coromandel, ils possédaient, en vertu des traités de 1766 et 1768, les quatre Circars de Radja-Mandrî, Mazulipatam, Vizagapatam et Cicacolle, et n'attendaient que la mort de Bassalet-Singh, pour occuper celui de Gantour; par la transaction conclue en 1781 avec Mohamed-Aly, ils avaient acquis la souveraineté du Karnatic, et ils s'étaient, peu de temps auparavant, emparé du Tandjaore; on pouvait donc les considérer comme maîtres absolus des côtes, depuis les bouches du Gange jusqu'au cap Comorin. Sur la côte occidentale de l'Inde, leur empire était plus restreint, mais leur influence était également prépondérante; ils avaient fermé à toutes les nations Européennes, les ports des Maharattes, ils dominaient à Surate, dans le golfe de Cambaye et la presqu'île du Guzerate; mais leurs possessions territoriales se réduisaient aux îles de Bombay, Salsette, Elephanta et Karandja, au district de Gheriah, jadis capitale d'un état de corsaires, et à quelques forts également cédés en 1756 par les Maharattes. De cette présidence dépendait encore le district de Bancoulen, dans l'île de Sumatra; les Anglais s'y établirent en 1685, et la compagnie des Indes Orientales y construisit les deux forts d'York et de Malborough. On voit donc que la présidence de Bombay était loin, à cette époque, de présenter la même importance que celles de Madras et de Calcuta.

Voyons maintenant quels étaient les revenus de cet empire si riche en agriculture et en industrie, si puissant par les armes et le commerce. Nous donnons ici le résumé de l'état des revenus de l'Inde, en temps de paix, présenté au parlement Anglais par la cour des directeurs, en février 1784. A la désignation des sommes en livres sterling, nous avons, pour l'intelligence du lecteur Français, joint leur traduction en francs et centimes. La livre sterling a été jusqu'en 1816, une valeur fictive, une simple monnaie de compte, que M. Guérin de Thionville, dans son excellent travail sur les monnaies, évalue à 24 fr. 74687. C'est ce nombre qui a servi de base aux transpositions suivantes.

RECETTES.

	livres sterl.	francs.
Revenu territorial du Bengale, tel qu'il fut perçu en 1781	3,888,389	96,225,457 09
Revenu de la province de Bénarès. . .	499,500	12,361,061 56
Subside de la Soubahbie d'Aoudh. . .	427,000	10,566,913 49
Sel, Opium, Postes et Monnaies . . .	464,800	11,502,345 18
Revenu territorial et Douane dans la province de Madras et les Circars du Nord.	600,000	14,848,122 00
Subside du Karnatic.	200,000	4,949,374 00
Id. du Tandjaore.	160,000	3,959,499 20
Total des Recettes.	6,239,689	154,412,772 52

DÉPENSES.

DANS LE BENGALE.

	liv. sterl.	francs.
Frais de perception et Pension du Soubah	1,125,000	27,840,228 75
Dépense militaire , moyenne des onze années qui ont précédé la dernière guerre	1,115,493	27,604,960 26
Établissement civil, Marine et Fortifications	510,000	12,620,903 70

A MADRAS.

Dépenses militaires	600,000	14,848,122 00
Établissement civil , Fortifications et Tribut annuel pour les Circars du Nord	187,143	4,631,203 49
A Bombay et à Bancoulen , excès de la Dépense.	276,000	6,830,136 12
Total des Dépenses.	3,813,636	94,375,554 32

BALANCE.

Recettes.	6,239,689	154,412,772 52
Dépenses.	3,813,636	94,375,554 32
Revenu net.	2,426,053	60,037,218 20

Ainsi donc, cette pièce officielle accusait, pour l'année 1783, un excédant de recettes d'environ soixante millions. Ce chiffre cependant était beaucoup trop faible pour représenter avec exactitude les ressources de la compagnie. Les dévastations que Haïder-Aly avait exercées dans toute l'étendue du Karnatic, et les exactions que Hastings s'était permises dans le Bengale pour sub-

venir aux frais de la guerre, avaient considérablement
diminué le revenu ordinaire des possessions Anglaises.
Les deux présidences de Madras et de Bombay étaient
même tellement épuisées, que pendant le cours des
hostilités, Hastings avait dû envoyer en numéraire
soixante-trois millions dans la première, et quatre-vingt-
dix-neuf millions dans la seconde. Ce ne fut guère
qu'en 1786, que le niveau se rétablit; les recettes avaient
augmenté, les dépenses surtout avaient considérablement diminué, et en établissant la balance à cette époque, on trouve une différence favorable de cent ou peut-
être même de cent sept millions. C'est donc cette somme
qui doit être prise pour base des revenus de la compagnie au moment où nous l'abandonnons. Remarquons
cependant qu'en vertu de la réforme de Lord North,
un dividende de 8 p. 0/0, représentant une somme
de 6,132,633 fr. 60 cent., était seul versé entre les mains
des actionnaires. Le reste des revenus servait à l'extinction des dettes sur contrat, ou entrait dans les coffres de
l'état, sous forme de droits divers ou de redevances stipulées. Bien qu'une chance de prospérité très-grande
fut ouverte à la compagnie pour l'époque où, débarrassée
de ses dettes, elle jouirait de la totalité de ses revenus,
elle n'en était pas moins alors dans une position assez
gênée. Immédiatement après la paix de 1784, elle recourut de nouveau au parlement, sollicitant l'autorisation d'ouvrir un emprunt, et de faire quelques arrange-

ments intérieurs de finance. Pitt qui venait de succéder à Fox dans le ministère Anglais, crut l'occasion favorable pour assurer définitivement à l'état les possessions de la compagnie dans l'Inde. Il commença par enlever entièrement aux directeurs l'administration des affaires politiques et militaires. Par un bill qui a fait époque en Angleterre, il forma un bureau de contrôle, composé de sept membres nommés par le Roi. Il lui conféra le droit de nommer les principaux employés de la compagnie, et de leur donner des ordres sans en avertir même les directeurs qui, au contraire, n'eurent plus le droit d'expédier une seule dépêche dans l'Inde, sans la soumettre à l'approbation du bureau de contrôle. Déjà depuis 1773, le gouverneur-général des possessions Anglaises dans l'Inde et le conseil suprême de Calcuta étaient à la nomination du Roi. L'existence politique de la compagnie était donc complétement terminée. Les actionnaires n'étaient plus que des rentiers à huit pour cent d'un capital prêté au gouvernement, et les directeurs que des commis du bureau de contrôle. La compagnie n'a été, depuis lors, en politique, qu'un être de raison, dont le gouvernement empruntait le nom pour augmenter ses possessions et ses revenus. Les diverses chartes qui lui furent accordées depuis cette époque, lui ont toujours continué, sans doute, la possession de ses territoires et le privilége d'un commerce exclusif; mais ces renouvellements périodiques établissaient eux-mêmes le caractère précaire et provisoire de ces droits. Toute indépendance était à jamais perdue, puisqu'à diverses reprises le gouvernement s'arrogea le droit de régler les dividendes des actionnaires, et de fixer le nombre des troupes que devait entretenir la compagnie. L'existence commerciale de la compagnie n'a point eu à souffrir cependant de cette modification. Le gouvernement n'aurait pu tirer de l'Inde, *en espèces*, un revenu aussi considérable sans bientôt en tarir la source ; il ne pouvait le percevoir que par la voie d'approvisionnements de ses marchés, sous forme de produits manufacturés ou naturels, et il avait besoin d'une compagnie pour monopoliser ce commerce, transporter les revenus de l'Inde en Europe, et les y transformer en numéraire, avant de les verser dans les coffres de l'État. Cette révolution profonde dans la constitution de la compagnie est, dans l'histoire de l'Inde, un fait capital qui clôt, au point de vue commercial, la période dont nous avons entrepris l'étude.

Si nous résumons maintenant, au point de vue politique, l'histoire que nous venons de tracer, nous en trouverons les résultats encore plus remarquables. En effet, la seconde moitié du dix-huitième siècle a présenté un spectacle inouï dans le monde politique, et qui passa presqu'inaperçu aux yeux des contemporains. Une compagnie de négociants, dont l'association n'a jamais eu d'autre but apparent que le commerce, a fait la conquête d'un territoire plus étendu que la France, l'Allemagne,

les états héréditaires d'Autriche, la Suisse, l'Italie, l'Espagne, le Portugal, les îles Britanniques et la Turquie
d'Europe réunis. Depuis l'embouchure du Gange jusqu'à
celle de l'Indus, depuis Dehly jusqu'au cap Comorin,
elle n'a laissé subsister aucun état indépendant, et du
fond d'une maison obscure de Leaden-Hall-Street, les
directeurs de cette compagnie ont donné des lois à plus
de cent millions d'hommes, soit en leur propre nom,
soit au nom des princes devenus leurs esclaves. Les
pays dont s'empara cette compagnie jouissent du plus
beau climat du monde; ils sont habités par des hommes
qui exercent tous les arts et excellent dans plusieurs,
qui se livrent à tous les genres de culture et d'industrie,
et ne sont étrangers à aucune des jouissances que peuvent procurer la civilisation et les richesses. Pendant
ce demi siècle, la compagnie a versé dans le trésor public
de la Grande-Bretagne plus de quinze cent millions de
francs; et sans même compter les dividendes payés aux
actionnaires, les richesses que les employés civils ou
militaires ont rapporté dans leur patrie, doivent avoir
ajouté quinze cent millions de plus à la fortune nationale de l'Angleterre. Ces gigantesques résultats avaient
été obtenus avec moins de troupes et d'argent que n'en
coûte souvent le siége d'une place forte en Europe.

Cet accroissement menaçant de la puissance Anglaise
n'inspira ni curiosité ni crainte à la génération en-
thousiaste et imprévoyante qui ferma le dix-huitième

siècle. Agités par la fièvre des innovations politiques, les peuples Européens n'avaient pas le loisir de contempler ces spectacles lointains; dans les conseils mêmes des Rois, la complication de ces questions nouvelles, la rudesse de ces noms inusités, refroidit le zèle des plus studieux politiques. On ridiculisa les études qu'on n'osait entreprendre, et l'histoire de l'Asie Anglaise, frappée d'un sobriquet dédaigneux, fut, dans la diplomatie Européenne, long-temps appelée *le Roman de l'Inde.*

Aucun peuple cependant n'a, moins que les Français, le droit de rester indifférent à des succès qu'ils auraient pu recueillir eux-mêmes. On l'a vu en lisant cette histoire, la France a long-temps possédé dans l'Inde une puissance bien supérieure à celle de l'Angleterre. Nous en trouvons l'aveu maintes fois répété dans les historiens Anglais qui ont parlé de l'Inde. « Tout ce que l'Angleterre a exécuté, disent-ils, Dupleix l'avait pressenti et préparé; nous n'avons fait que suivre les « traces de ce Français, envers qui la France a été ingrate. » Il est triste de lire les réflexions qu'inspire au contraire aux voyageurs modernes, et notamment à Jacquemont, l'état précaire et infime de notre puissance Asiatique. « Nos microscopiques établissements dans « l'Inde, écrit-il dans une de ses lettres, ne sont qu'une « anomalie ridicule en temps de paix et humiliante en « temps de guerre. » Il considérerait comme une bonne affaire de les vendre à l'Angleterre au prix de vingt-cinq millions. Ce serait une négociation semblable à celle qui a déjà livré à l'Angleterre les possessions Hollandaises sur le continent Indien, et à celle qui vient, dit-on, de lui faire acquérir les derniers établissements du Portugal sur ces côtes. Nous ne pouvons plus même faire à l'Angleterre cette rivalité morale en quelque sorte, qui, long-temps après l'extinction de notre puissance matérielle, entravait sa marche et mettait un frein à son ambition dévorante. Nous n'avons d'ailleurs pas la consolation d'attribuer à des circonstances adverses l'humiliation de la défaite; la fortune nous souriait, et ce sont les hommes qui ont fait défaut à la fortune de la France. Il semble que le gouvernement Français ait toujours eu le parti pris d'abandonner l'Inde à des influences rivales. Après avoir rappelé Dupleix, seul représentant que nous puissions citer avec orgueil sur ces rivages lointains, après avoir détruit son ouvrage, il confia constamment la direction de nos affaires Asiatiques à des hommes inférieurs à cette haute mission.

Le hasard au contraire, servit admirablement l'Angleterre, en ne lui donnant pour soutenir sa cause que des hommes d'une haute valeur administrative et guerrière, et dont les vices mêmes devinrent des causes de succès. Clive, Hastings, Cornwallis, personnifient les trois phases premières que doit traverser un empire naissant. Clive est le général qui promène l'épée de la conquête à travers des populations timides, qui les

écrase et les soumet au droit du plus fort. Hastings est
le politique habile, perfide au besoin, qui désarme un
ennemi endormi par de fallacieuses négociations, accou-
tume sans secousse les populations à un joug plus dur,
et les pressure jusqu'à la sève. Après le passage de ces
deux hommes, après le règne de la Force et celui de la
Ruse, l'empire Anglo-Indien était fondé ; leurs successeurs n'avaient plus qu'à conserver et améliorer. Le
règne de l'Ordre allait commencer avec le gouvernement de Lord Cornwallis, administrateur habile qui
réorganisa les sources de la richesse Anglaise. La lutte
entre le vieux génie Asiatique et la civilisation Européenne était désormais finie. Le malheureux peuple
qu'on voulait asservir, n'y avait été représenté que par
des princes imbéciles ou perfides qui, pour s'arracher
les vains insignes d'un pouvoir éphémère, vendaient à
la compagnie les destinées de leurs sujets et l'avenir
même de la race Indoue. La conquête de l'Inde présente
le triste spectacle d'une nation qui se suicide. Les Anglais
ont fourni le poison que des princes avilis ont eux-mêmes
versé dans les veines du vaste corps Indien.

Tant que les Français purent conserver dans l'Inde
une position honorable, ils se présentaient comme les
alliés, les protecteurs naturels des peuples qu'aurait trop
cruellement tyrannisés la compagnie. Les Anglais dûrent
opérer avec plus de prudence, avancer avec plus de
lenteur, affecter plus de modération. Pendant les qua-

rante ans dont nous avons spécialement étudié l'histoire, la compagnie avait acquis un revenu d'environ cent millions de francs. Dans la période des vingt années suivantes, les conquêtes de Lord Wellesley portèrent ce revenu à près de trois cent millions, et aujourd'hui, en moins de quarante ans, nous le voyons s'élever au chiffre énorme de six cent cinquante millions. Tout ce qui restait de princes indépendants fut successivement écrasé; la mort de Tippou-Saheb et la destruction de la confédération Maharatte, asservirent définitivement à la compagnie toute la presqu'île au Sud de la Nerbuddâh. Les Anglais ne furent pas moins heureux dans le Nord; ils franchirent bientôt la Djamnâ, frontière du Bengale, envahirent peu à peu toutes les provinces de l'empire, s'établirent à Dehly, à quatre cents lieues de Calcuta, touchèrent à l'Hymalaya, barrière infranchissable qui les sépare de l'empire Chinois, et s'appuyèrent sur le Sutledje, l'un des affluents de l'Indus. Bientôt après, ils reconnurent la faiblesse de cette frontière, comme position militaire, et résolurent d'asservir le cours même de l'Indus. C'est ainsi qu'ils portèrent pour la première fois leurs armes dans le Sindhy, province jusqu'alors indépendante, se firent céder plusieurs positions importantes, notamment l'île de Bakker sur l'Indus, et réduisirent de fait le Delta de l'Indus en province Anglaise. Franchissant l'Indus à Bakker, ils envahirent ensuite l'Afghanistan qui les rend limitrophes de la Perse. Un

seul état indépendant leur restait encore à soumettre
dans ce vaste empire qui s'étend sur vingt-neuf degrès
de latitude et sur vingt-sept degrès de longitude. Runjet-Singh, l'un des princes de la confédération des Seikhs,
avait, pendant ces dernières années, réuni sous son
joug tout le Pendjab, pays des cinq fleuves. Le royaume
de Lahore, borné par l'Indus et le Sutledje, pénétrait
comme un coin dans les nouvelles acquisitions des Anglais. Ils vécurent d'abord en bonne intelligence avec ce
nouveau voisin qui a même participé comme auxiliaire
à là conquête du Kaboul. Si la compagnie Anglaise
n'avait été qu'une société commerciale, elle aurait eu
peu de tendance à envahir ces contrées sauvages. Mais
l'intérêt politique des Anglais les força bientôt à renverser
un prince qui pouvait couper toute communication
entre le Kaboul et le reste des possessions Anglaises.
Remarquons d'ailleurs que Shere-Singh, troisième successeur de Runjet-Singh, possédait un revenu territorial
d'environ quatre-vingt millions, riche proie offerte à
l'ambition de la compagnie, et qu'elle vient récemment
de s'approprier.

Le commerce, en effet, ne fut pas la seule source de
prospérité des Anglais dans l'Inde. La culture et l'exploitation des districts qu'ils se sont fait céder, leur fut peut-
être également profitable. Pour apprécier les immenses
ressources pécuniaires que procura à la compagnie l'acquisition de territoires même médiocres en étendue, il

faut bien connaître sur quelles bases était constituée la propriété, sur cette terre natale du despotisme. Il n'y avait, dans chaque état Indien, qu'un seul propriétaire: le Souverain. Un sujet, quel que fut son rang, ne pouvait cultiver la terre que par délégation et au nom du prince, ne jouissait de ses produits que comme usufruitier. La plupart des gouvernements Orientaux ont conservé cet état social; il en était de même dans l'empire Romain, pour les provinces conquises dont les habitants n'avaient pas obtenu le droit de cité, et enfin au moyen-âge, la constitution féodale n'était qu'une application un peu mitigée du même principe. Un revenu territorial dans l'Inde, n'était donc pas un impôt plus ou moins lourd mis sur les produits du sol; c'était la totalité même de ces produits, dont on prélevait la portion strictement nécessaire à la vie du cultivateur. Les difficultés de perception inhérentes à un pareil ordre de choses, avaient universellement fait adopter le système des Fermes. Les Zemindars correspondaient parfaitement à nos anciens fermiers généraux, et transformaient, au profit du prince, en une redevance fixe et stipulée, les produits variables de la culture. Ils sous-louaient ensuite par portion les vastes districts qu'on leur avait concédés, et par une série de locations successives, l'exploitation de la terre arrivait en très-petits lots entre les mains des cultivateurs. Tel est le mode d'administration que les Anglais ont trouvé établi dans

l'Inde, et qu'ils ont continué. La compagnie, en se substituant par la conquête aux princes indigènes, est devenue propriétaire, au même titre, de leurs anciens
états. Long-temps elle a continué à affermer annuellement les terres. Une diminution notable dans les revenus, était la première conséquence de ce système
vicieux. Aussi, lorsqu'en 1794, Lord Cornwallis réorganisa l'administration de l'Inde, il adopta le système
de fermage à long bail. Le cultivateur s'attachant dès
lors à la terre, travaillant avec plus de confiance, a
produit davantage et supporté sans murmure de plus
lourdes charges. Un grand nombre de Zemindars sont
devenus héréditaires, et forment ainsi une sorte d'aristocratie financière. Sur beaucoup de points cependant,
et notamment dans les provinces du Haut-Indostan,
l'impôt est directement perçu par le collecteur Anglais
qui, armé en même temps des redoutables pouvoirs de
juge, exerce impunément son avidité sur le malheureux
colon. C'est là le système auquel les auteurs Anglais
donnent le nom énergique de *Ryote-War* (guerre aux
paysans), significatif des désordres qu'il entraîne. En
général, tous les gouverneurs-généraux qui se sont suc-
cédés dans l'Inde, ont donné tous leurs soins à l'organisation, non pas la plus humaine et la plus équitable,
mais la plus productive de l'impôt foncier. Cet impôt
représente dans l'Inde les deux tiers des revenus de la
compagnie; il pèse exclusivement sur les natifs, puisque

pas un Anglais n'a le droit d'acquérir et de posséder en Asie. Combien sont transparents les motifs de cette défense! Si un Anglais, si un membre du Peuple-Roi, devenait propriétaire foncier, on ne pourrait plus laisser peser sur la propriété ces charges écrasantes qui la transforment en un esclavage déguisé. En empêchant d'ailleurs aucun Anglais de former un établissement fixe, le gouvernement force la population Européenne qui exploite et dévore l'Inde, à se renouveler constamment; il empêche de naître toute solidarité d'intérêts entre les deux races, il prive de toute coopération Européenne les velléités d'indépendance que l'oppression doit quelquefois inspirer aux malheureux Indiens. C'est donc un triste spectacle que celui offert aujourd'hui par l'Inde Anglaise : cent mille Européens gouvernant, au milieu d'un luxe fabuleux, cent millions d'Asiatiques exténués par la misère. L'Inde n'est pas une colonie Anglaise ; elle présente tous les caractères d'une occupation temporaire, d'une exploitation exagérée par un tenancier avide, se hâtant d'épuiser la terre qu'il n'espère pas conserver. Un savant économiste, M. Blanqui, représente l'Inde Anglaise comme un vaste atelier agricole, autour duquel la compagnie circule en bateaux à vapeur, et sur lequel elle campe avec ses collecteurs et ses soldats, pour veiller à la rentrée de ses récoltes; comme un laboratoire immense, où l'opérateur, toujours préoccupé par la crainte d'explosions, ne fait que poser le pied, malgré le profit qu'il retire de ses expériences. Une crise intérieure est donc imminente dans cette malheureuse contrée. M. Tucker, l'historien des finances de la compagnie, la prévoit en disant : « La position des Indiens n'est plus « tenable ; ils sont comprimés par un pouvoir supérieur, « comme une balle de coton réduite au quart de son « volume sous l'action de la presse hydraulique. »

Quelques sacrifices vont cependant être imposés à l'Angleterre pour la conservation de ces établissements créés avec tant d'efforts et au prix de tant de crimes. Une rivalité commerciale va encore relâcher les liens fragiles qui réunissent l'Inde à la mère-patrie. Le peuple ingénieux qui eut, pendant tant de siècles, le monopole du tissage du coton, qui, à l'époque de la conquête Anglaise, fabriquait déjà cent quarante-quatre espèces d'étoffes diverses, se voit opprimé aujourd'hui par les progrès d'une industrie plus jeune et plus habile. Le négociant Anglais va chercher le coton à la Nouvelle-Orléans, le rapporte à Birmingham, le tisse à l'aide de ses puissantes machines, et débarque à Calcuta des étoffes moins chères que celles fabriquées sur place par des ouvriers Bengalis au salaire de vingt centimes par jour. La pétition présentée en 1840 au parlement Anglais par le commerce Indien demandant à être protégé par un droit contre l'importation des marchandises Anglaises, est donc un fait grave. C'est, on ne peut le nier, une question de vie ou de mort pour les manufactures Asiatiques, mais le gouvernement sera-t-il maître de faire droit à de justes plaintes? Les embarras toujours croissants de la politique intérieure ne le forceront-ils pas à sacrifier des intérêts lointains aux exigences d'une industrie puissante et ombrageuse? Ce système a seul été suivi jusqu'à ce jour. La métropole ne favorise la vente et l'achat des produits Indiens qu'autant qu'ils ne peuvent entrer en concurrence avec aucun intérêt Britannique; c'est ainsi que les sucres de la Péninsule sont sacrifiés à ceux de la Jamaïque et des grandes Antilles, et tous les genres de la fabrication Indienne au monopole de l'industrie Anglaise. Est-il donc bien téméraire de supposer que l'idée d'une séparation analogue à celle effectuée par les États-Unis d'Amérique, se présentera un jour aux habitants de l'Inde, comme le seul remède aux maux dont ils sont frappés? Lord Valentia qui a visité les Indes au commencement de ce siècle, avait peut-être la prévision de cet événement, quand il déplorait si amèrement pour l'avenir l'accroissement de la race Métisse, et que poussant son système jusqu'à sa dernière conséquence logique, il proposait de la déporter. Dans cette race, en effet, repose tout l'avenir de l'Inde. Chez le Métis, le sentiment de la nationalité Anglaise s'efface, l'infériorité intellectuelle de l'Indou est corrigée par la fusion de l'élément Européen, et si un jour la Péninsule a ses Washington et ses Franklin, sans doute ils seront de sang mêlé.

Des inquiétudes d'un ordre plus grave, peut-être,
viennent encore troubler la calme possession des Anglais. Une rivalité menaçante pour eux s'est lentement
formée en Asie. Les Russes, attirés par l'Inde, aban-
donnent la mer à leurs rivaux et se frayent, à travers
les steppes, une route pénible, mais sûre. Chaque pas
dont ils avancent en Asie, est acheté par une lutte énergique avec la nature, les éléments et les hommes. Peu
à peu ils bâtissent des villes, ils amènent l'Europe où
rien n'existait. Souvent forcés de reculer, ils reviennent
toujours par une série d'efforts lents et habiles au point
qu'ils veulent atteindre. La conquête des Anglais dans
l'Inde ressemble à la flamme dévorante d'un incendie
qui vole en tout sens et embrase l'empire entier du feu
d'un même éclair. Confiants dans l'avenir et dans leur
force, les Russes descendent lentement vers l'Inde,
comme une vaste mer qui ronge peu à peu ses rivages,
et dont les progrès sont inaperçus, mais irrésis-
tibles. Les Anglais le sentent bien; affectant à cet
égard une indifférence dédaigneuse, ils ne négligent
aucune occasion de lutter sourdement. L'expédition récemment dirigée par les Russes dans le Khannat de
Khiva, nous en fournit un exemple. Pendant quatorze
ans, les Russes s'étaient patiemment préparés à la lutte,
avaient rassemblé des chameaux et recueilli des prétextes pour leur agression. Mais la nature fut, là encore,
la plus forte; en un mois, hommes et chameaux péri-

rent sous la neige, et les tristes débris de l'armée furent sauvés par la pitié des pâtres qu'elle voulait asservir. Telle était l'inquiétude des Anglais néanmoins, que pour ôter aux Russes le prétexte d'une nouvelle invasion, ils décidèrent le Khan vainqueur à leur accorder tous les bénéfices de la victoire. Un Anglais se présenta d'abord à St.-Pétersbourg comme ambassadeur du Khan, mais l'Empereur refusa de le recevoir. Un second envoyé Tartare fut mieux accueilli, et accorda à l'Empereur vaincu toutes ses demandes, même celle d'une somme considérable pour les frais de la guerre, et lorsque le Khan exaspéré refusa d'approuver cette dernière et bizarre concession, ce fut encore la compagnie Anglaise des Indes qui l'y amena, en lui fournissant, sous forme de prêt, la somme exigée par la Russie.

De semblables précautions peuvent éloigner le danger et retarder le moment de la lutte ; mais elle doit éclater tôt ou tard, d'autant plus violente, que les deux peuples rivaux s'y seront plus longuement préparés. Chacun fixe un œil ardent sur Bokkara, l'entrepôt du commerce de toute la Haute-Asie, terre neutre encore aujourd'hui, province indépendante, mais qui n'est pour les Russes qu'à cent lieues de Khiva où ils retourneront bientôt, et qui n'est, pour les Anglais, qu'à deux cents lieues de Kandahar et de Kaboul, leurs dernières conquêtes dans l'Afghanistan. Celui des deux peuples qui occupera le premier ce point important, ce centre magnétique qui

les attiré également l'un et l'autre, y puiser une supériorité, au moins momentanée. Les Anglais l'ont compris et c'est ce qui leur a fait dépasser l'Indus, seule
limite naturelle de leurs possessions, limite géographique
et militaire à la fois. C'est pour multiplier les barrières
entre la Russie et l'Indostan, pour éloigner autant que
possible, le théâtre de la lutte, qu'ils ont occupé les
deux places de Kaboul et de Kandahar, que l'historien
d'Akbar, Aboul-Fazel, signalait dès 1602 comme les
boulevards de l'empire. C'est pour la même raison qu'ils
se sont astreints à relever les fortifications d'Hérat, rui-
nées par les Perses. L'Angleterre est engagée en Asie
dans une voie fatale; avancer, avancer sans relâche, est
devenu la condition de son existence. Mais au point où
elle en est arrivée, chaque conquête est l'occasion de
nouveaux combats, chaque progrès de l'industrie néces-
site de nouveaux efforts pour en assurer les débouchés.
La politique et le commerce engendrent la guerre à
l'envi l'un de l'autre. Au Nord, la lutte se prolonge dans
l'Afghanistan, au Sud, elle commence avec la Chine.
La violence perdra ce que la violence a créé. L'empire
Anglo-Indien est parvenu au plus haut point de sa puissance; il ne peut que décroître. Si habile qu'ait été la
conduite de l'Angleterre, si favorable qu'ait été son étoile
jusqu'à ce jour, cette adresse et cette fortune ne sau-
raient indéfiniment prévaloir contre les lois éternelles
qui gouvernent le monde social et politique. La puis-

sance, c'est l'ORDRE, la vie , c'est l'ÉQUILIBRE. Or, l'empire Anglo-Indien, dont le développement exagéré ne peut plus être contenu dans aucune limite, dont l'organisation, ouvrage de la force, repose sur des bases factices et précaires, cet empire ne présente plus ni ordre à l'intérieur, ni équilibre à l'extérieur. Deux maladies mortelles le rongent à la fois ; son heure approche, et comme tous les empires qui n'avaient qu'une existence artificielle, il trouvera les causes de sa ruine dans l'excès même de sa grandeur.

APPENDICE.

RÉPERTOIRE HISTORIQUE ET GÉOGRAPHIQUE

Des Noms propres cités dans cette Histoire.

A

ABDALLAH-KHAN, l'un des généraux de Nadir-Châh, qui après la mort du conquérant, en 1747, s'empara des provinces situées entre la Perse et l'Indus.

ABOUL-FAZEL, ministre d'Akbar Ier; il devint l'historien de ce règne glorieux, et a laissé d'utiles renseignements sur l'empire Mogol.

ACHMED-CHAH, Empereur Mogol, succéda, en 1749, à son père Mohamed-Châh, et fut, en 1753, déposé par Châh-al-Dien.

ADAMS (le major), commandait les troupes Anglaises employées, en 1763, à combattre Mir-Cossim.

ADJMÎR, vaste province du Haut-Indostan, sur la rive gauche de l'Indus. Elle s'étend entre les 89° et 95° de long. E., et entre les 24° et 31° de latit. N.; elle est bornée au N. par le royaume de Lahore, à l'E. par la province d'Agra, à l'O. par l'Afghanistan, au S. par le Guzerate. Elle repoussa toujours le joug Mahométan, et n'était que tributaire des Empereurs Mogols. Elle fait partie des possessions *médiates* de la compagnie.

ADONI, ville importante du Balaghât, capitale du district, cédée en apanage à Bassalet-Singh, frère du Soubah du Dekkan.

AFGHANISTAN, vaste province sur la rive droite de l'Indus, bornée au Sud par le Beloutchistan, au Nord par le Turkestan indépendant, à l'Ouest par la Perse. Elle s'étend entre les 29° et 37° de latit. N. et entre les 85° et 89° de long. E.

AGRA, grande ville sur la Djamnà; c'était la résidence habituelle de l'Empereur Châh-Jehan. Elle est devenue le chef-lieu de la quatrième présidence établie par la compagnie Anglaise.

AHMEDABAD, capitale du Guzerate, ville riche et peuplée, emportée d'assaut, le 10 février 1780, par le colonel Goddard. Latit. N. 23° 1'; long. E. 90° 42'.

AHMEDNAGAR, province du Haut-Dekkan, royaume indé-

pendant avant la conquête d'Avrengzeb. Les Français
le conquirent, en 1751, pour le compte du Soubah
Salabet-Singh.

AHNAVERDI-KHAN, l'un des généraux de Nidzam-al-Muluck,
Soubah du Dekkan, qui le nomma Nabab d'Arkot,
après la retraite des Maharattes, en 1741 ; il fut tué
en 1749, à la bataille d'Ambour.

AKBAR Ier, Empereur Mogol, qui fit la conquête du Bengale, et porta pour la première fois les armes Maho-
métanes dans le Dekkan. Il mourut en 1605, après un
règne de 49 ans.

ALBUQUERQUE, général Portugais, fonda la puissance de
sa nation dans l'Inde, et en établit le siége à Goa
en 1510 ; se fit chérir des Indiens ; mourut en 1518 à
Goa, pauvre et disgracié.

ALLAHABAD, grande ville du Haut-Indostan, sur le Gange,
capitale de la Soubahbie de ce nom, appelée par les
Indous, *la Reine des Cités saintes*, avait été désignée
d'abord comme chef-lieu de la quatrième présidence
récemment établie à Agra.

ALLAVERDY-KHAN, Soubah de Béhar et d'Orissa, s'empara du Bengale en 1741, résista prudemment aux
Anglais, et mourut en 1756, après un règne glorieux.

ALLUM-GHUÎR, arrière-petit-fils d'Avrengzeb, proclamé
Empereur en 1753, après la déposition d'Achmed-

Châh, fut assassiné en 1761, par son Vizir Châh-al-Dien, après huit ans de captivité.

ALY-GOOR, fils du précédent, plus connu sous le nom de Châh-Zadda, et, après la mort de son père, sous celui de Châh-Allûm II, céda aux Anglais, en août 1765, la souveraineté du Bengale ; fut, en 1771, rétabli par les Maharattes sur le trône de Dehly.

AMBOUR, petite ville du bas Karnatic, où se livra, en 1749, la bataille dans laquelle Anaverdhi-Khan fut tué.

AMBOYNE, l'une des Moluques, célèbre par le jugement et l'exécution de dix Anglais accusés de conspiration en 1623. Elle appartient encore à la Hollande.

AMRUT-RAO, fils adoptif de Ragoba, Peichwa Maharatte.

AMYATT, chef d'une ambassade envoyé en 1763, à Mir-Cossim par le conseil de Calcuta ; il fut tué à son retour.

ANNE (la reine), renouvela, en 1708, la charte accordée à la compagnie Anglaise des Indes.

AOUDH, sur le Gange, capitale de l'ancienne Soubahbie de ce nom, aujourd'hui démembrée, et dont une partie est directement gouvernée par la compagnie, tandis que le reste figure au nombre de ses possessions *médiates*. Latit. N. 26° 48', long. E., 99° 43' 45".

ARAKAN (côte d'), s'étend au Nord-Est du golfe du Ben-

gale depuis l'embouchure du Gange jusqu'à celle de
l'Arakan, sur une longueur de 180 lieues.

ARKOT, ville forte du Karnatick, capitale d'une Nababie
acquise définitivement par la compagnie en 1781,
située à 25 lieues de Madras. Latit. N. 12° 55', long.
E. 97° 8'.

ASAF-AL-DOULA, fils de Suja-Doula, succéda, en 1774, à
son père dans la Soubahbie d'Aoudh. Avec lui fut
conclu le premier traité où la compagnie ait parlé en
son propre nom.

ATAÏDE, gouverneur des établissements Portugais dans
l'Inde; son gouvernement de 1568 à 1572, fut une
lutte brillante contre les Indiens ligués; après lui la
puissance Portugaise tomba rapidement.

AVRENGZEB, Empereur Mogol, qui porta l'empire au plus
haut point de puissance. Il mourut en 1707, après
avoir achevé la conquête du Dekkan.

AVRANGABAD, grande ville, capitale de la Soubahbie du
Dekkan, fondée par Avrengzeb, qui en faisait sa résidence favorite. Les Français y pénétrèrent en 1751,
sous la conduite du colonel de Bussy.

B

BABER-CHAH, chef Tartare, descendant de Timour-Lenggue et de Chengiz-Khan, s'empara de Dehly en 1525,
et fonda la dynastie Mogole.

Badji-Rao, ministre Maharatte de la caste des Brahmes, qui, en 1740, usurpa l'autorité suprême sous le titre de Peichwa.

Badji-Rao II, fils de Ragoba, Peichwa Maharatte, succéda à son père dans cette dignité.

Baglana, province du Haut-Dekkan, bornée par les Gâtes, le Bérar et le Bedjapour.

Baillie (le colonel), commandait en 1780, les forces Anglaises dans le Circar de Gantour, et fut battu le 10 septembre par Haïder-Aly.

Bakker, île de l'Indus, sur laquelle est située une forteresse importante, dont les Anglais se sont récemment emparés.

Baladji-Rao, frère de Badji-Rao, premier Peichwa souverain, lui succéda en 1759, et perdit, en 1762, la fameuse bataille de Paniput.

Balaghat, district du Karnatic que Haïder-Aly enleva au Nabab d'Arkot, et incorpora au Maïssour.

Balassor, ville et port dans la province d'Orissa, à 45 lieues S.-O. de Calcuta; les Danois y ont un comptoir.

Balloli, chef Afghan, qui s'empara de Dehly en 1450, et dont la postérité fut dépossédée, en 1525, par Baber-Châh.

Bancoulen, district maritime de l'île de Sumatra, sur

lequel furent élevés les forts de York et de Malborough.
Il fut depuis cédé par échange aux Hollandais. Lat. S.
3° 49' 16"; long. E. 119° 50' 30 ".

BANDA (îles), l'un des groupes de l'archipel des Moluques, soumis en 1621 par les Hollandais; colonie importante.

BANGALORE, ville très-importante du royaume de Maïssour, et dans laquelle fut conclue la paix avec Tippou-
Saheb en 1784. Lat. N. 12° 57'; long. E. 74° 59'.

BARDWAN, grande ville, à 56 miles N.-O. de Calcuta;
chef-lieu de la province de ce nom, dont les revenus
furent cédés à la compagnie en 1760, et la propriété
en 1765.

BAREILY, grande ville de la province de Dehly, à 55 lieues
E. de cette capitale, et près de laquelle Suja-Doula
battit les Rohillas en 1774. Lat. N. 28° 22'; long E.
96° 56'.

BARODA, ancienne capitale du Guzerate, possession *médiate* de l'Angleterre, qui y laisse régner Sydji-Rao-
Guikowâr, située sur la rive gauche du Dhadôr; lat. N.
22° 21'; long. E. 88° 57'.

BAROTCH, ville du Guzerate, avec un port sur le Golfe de
Cambaye, à l'embouchure de la Nerbuddah; lat. N.
21° 45'; long. E. 88° 53'.

BASSALET-SINGH, cinquième fils de Nidzam-al-Muluck,

Soubah du Dekkan; avait pour apanage la province d'Adoni et les Circars du Nord.

Bassein, port du golfe de Cambaye, en face l'île de Salsette.

Batavia, capitale de l'île de Java, dans l'Archipel de la Sonde, métropole de toutes les colonies Hollandaises de l'Océanie. Lat. S. 6° 12'; long. E. 124° 53' 46".

Bedjapour, capitale du royaume du même nom, dans le Dekkan. Les Mogols s'en emparèrent sous le règne d'Avrengzeb. Lat. N. 16° 50'; long. E. 92° 30'.

Bednore, l'une des plus fortes places du Maïssour, prise en février 1783, par le général Mathews, située sur le Cheravotty, à 50 lieues N.-O. de Seringapatam.

Béhar, ancienne Soubahbie dont Patna était la capitale; elle fut en 1741, réunie à celles d'Orissa et du Bengale, et devint en 1765, la propriété de la compagnie, s'étend entre 22° 49' et 27° 20' de lat. N., et entre 16° 41' et 105° de long. E.

Bellecombe, gouverneur Français de Pondichéry, succéda à M. Law de Lauriston, et fit, en 1778, une défense honorable pour les armées Françaises.

Benarès, sur le Gange, très-grande ville qu'on peut regarder comme la métropole religieuse de l'Inde; à 150 lieues N.-O. de Calcuta.

Bender-Abbassi, port du royaume de Perse, était, sous

le règne d'Abbas-le-Grand, l'entrepôt général du commerce du golfe Persique.

BENGALE, ancienne Soubahbie de l'empire Mogol, conquise en 1741, par Allaverdy-Khan, Soubah du Béhar, et acquise par la compagnie Anglaise, en 1765. Cette province a 125 lieues de long, sur autant de large.

BÉRAR, ancienne province Maharatte, qui fait aujourd'hui partie du royaume du Dekkan, et figure parmi les possessions *médiates* de la compagnie; s'étend entre 19° 30' et 22° 30', de lat. N., et entre 91° et 96° de long. E.

BOKKARA, capitale d'un des Khannats du Turkestan indépendant, entrepôt de commerce et foyer de la civilisation Asiatique. Lat. N. 39° 45', long. E. 82° 35'.

BOMBAY, ville forte, située dans l'île de ce nom, cédée, en 1761, par Charles II, à la compagnie; chef-lieu d'une des quatre présidences. Lat. N. 18° 56' 40"; long. E. 89° 18'.

BOSCOWEN (l'amiral), commandait les forces navales de l'Angleterre, pendant la guerre de 1744.

BOUNCELAO, puissante famille Maharatte, qui s'empara de la province de Bérar, lors du démembrement de l'empire, en 1740.

BOURBON (île de), en Afrique, à 160 lieues E. de Madagascar; s'étend entre 20° 50' et 21° 24', lat. S., et entre 52° 56' et 53° 35' de long. E. Cette colonie fut acquise par la France en 1702.

Bouxar, petite ville de la Soubahbie d'Aoudh, à 40 lieues environ de Patna, où se donna, le 13 octobre 1764, une bataille décisive entre Suja-Doula et les Anglais.

Bulwanet - Singh, Radjah Indien de Bénarès, qui, en 1763, prit parti pour les Anglais contre Suja-Doula, Soubah d'Aoudh.

Burgoyne (le colonel), fut rapporteur des comités établis en 1772 et 1773, à la chambre des communes, pour examiner les affaires de l'Inde. Il se montra justement sévère à l'égard de la compagnie et de Lord Clive.

Bussy (de), général Français, qui joua toujours un rôle éminent dans les guerres de l'Inde. Il fut avec Dupleix le fondateur de la puissance que les Français ont perdue depuis.

<h2 style="text-align:center">C</h2>

Calcuta, très-grande ville, sur la rivière Hougly, chef-lieu de l'une des quatre présidences, et capitale de toute l'Inde Anglaise, fondée en 1662. Lat. N. 22° 34' 45"; long. E. 105° 39', 30".

Calicut, petite ville de la côte de Malabar; célèbre

comme lieu de débarquement des premiers Européens qui mirent le pied sur la Péninsule de l'Inde.

CALPI, petite ville sur les bouches du Gange, limite du territoire cédé en 1757 aux Anglais par Mir-Jaffier.

CAMBAYE, ville maritime et importante du Guzerate, sur le golfe de ce nom, possession *médiate* de la compagnie, à 25 lieues S. d'Ahmedabâd.

CANONGE, négociant Français, cité dans une lettre écrite en février 1768, par le gouverneur de Calcuta au Radjah de Bénarès.

CARNAC (le colonel), commandait une portion des forces Anglaises dans la guerre de 1780, contre les Maharattes.

CARON, chef d'une colonie tentée par la seconde compagnie Française des Indes en 1664.

CARTIER, gouverneur de Calcuta, succéda, en 1770, à Verelts. Son administration fut désastreuse pour la compagnie.

CASTRO (Jean de), gouverneur des établissements Portugais dans l'Inde. Sa courte administration fut consacrée à lutter énergiquement contre les Indiens et les Mahométans réunis. Il mourut en 1548.

CATHERINE (l'infante—de Portugal), épousa le Roi d'Angleterre Charles II, et lui apporta en dot l'île de Bombay qu'il donna à la compagnie des Indes.

20

Cavery, fleuve qui prend sa source dans les Gâtes occidentales, et se jette par plusieurs branches dans le golfe de Bengale; sur l'une d'elles est situé Karikal, établissement Français.

Ceylan (île de), la plus grande de toute l'Asie, située au Sud-Est de la Péninsule Indienne; appartient à l'Angleterre. Elle s'étend entre 97° 30' et 99° de long. E., et entre 5° 50' et 9° 51' de lat. N.

Chah-Allum Ier, Empereur Mogol, qui succéda en 1707 à son père Avrengzeb, et mourut en 1712, après un règne sans importance.

Chah-Allum II, Empereur Mogol, succéda en 1761, à son père Allûm-Ghuîr. Ce fut lui qui céda le Bengale aux Anglais. V. Aly-Goor.

Chah-al-Dien, fils de Gahzi-al-Dien, grand Vizir de l'empire, succéda à son père dans cette charge, en 1751.

Chah-Jehan, Empereur Mogol, succéda, en 1627, à son père Djihanghire, et fut, en 1658, détrôné par son fils Avrengzeb.

Chah-Zadda, nom que portait, avant son avènement, l'Empereur Châh-Allûm II. V. Aly-Goor.

Chandajir, petit fort de la province de Bénarès, qui fut emporté d'assaut, en 1765, par le major Flechter.

Chandernagor, établissement français sur la rive droite

de la rivière Hougly, à 20 miles au Nord de Calcuta. Lat. N. 22° 55' 26"; long. E. 105° 49' 15".

CHAUL, petit port du Konkan, au Sud de Bombay et à l'embouchure de la rivière du même nom.

CHARLES II, Roi d'Angleterre, renouvela en 1660 la charte de la compagnie, lui donna Bombay en 1661, et Ste.-Hélène en 1666.

CHENGIZ-KHAN, chef des tribus des Tartares Mogols, menaça l'Indostan au XIVe siècle, mais sans y pénétrer.

CHEVALIER, gouverneur français de Chandernagor, forma, en 1774, le projet d'enlever le Bengale aux Anglais.

CHINE, limitrophe de l'Inde, dont elle n'est séparée que par la chaîne des monts Himalaya, s'étend entre les 20° et 41° de lat. N., et entre les 112° et 140° de long. E.

CHINGLEPUT, ville forte du Karnatic, à peu de distance d'Arkot, fut prise par Clive, en 1751.

CHIZER, fondateur d'une dynastie Mahométane qui occupa le trône de Dehly de 1413 à 1450.

CHOISEUL (Duc de), premier ministre de Louis XV, forma long-temps le projet de détruire la puissance Anglaise dans l'Inde.

CHUNDA-SAHEB, prétendant à la Nababie d'Arkot, sou-

tenu par Dupleix, fut tué, en 1752, par les Maharattes.

CICACOLE, port de mer dans les Circars du Nord, sur la
côte d'Orissa, et capitale du Circar de ce nom.

CIRCARS (les cinq — du Nord), provinces qui faisaient
partie de l'ancienne Soubahbie du Dekkan et s'étendaient le long de la côte d'Orissa.

CLIVE (Robert), général Anglais, fondateur de la puissance Anglaise dans l'Inde, naquit le 29 septembre
1725; se tua en 1774, après avoir été deux fois gouverneur du Bengale, et y avoir acquis une immense
fortune.

COLBERT, ministre de Louis XIV, reconstitua, en 1664,
la compagnie Française des Indes.

COMORIN (Cap), extrémité méridionale de la Péninsule
Indienne. Lat. N. 7° 56'; long. E. 95° 12'.

CONFLANS (Marquis de), officier Français, qui servait
sous les ordres de Bussy, fut, en 1758, battu par le
colonel Ford.

COOTE (Sir Eyre), commandant général des forces Anglaises pendant la dernière guerre contre Haïder-Aly;
il avait, depuis 1760, joué un rôle très-important
dans les affaires de l'Inde.

CORNWALLIS (Lord), nommé gouverneur-général des
Indes Anglaises en 1786, en réorganisa l'adminis-

tration et augmenta beaucoup la puissance de la compagnie.

Coromandel (côte de), forme le rivage occidental du golfe du Bengale dans la partie la plus méridionale, sur une longueur de 150 lieues.

Cromwell, protecteur de l'Angleterre, négligea les destinées de l'Inde dans le traité conclu, en 1757, avec les Hollandais.

Cuttab, chef Afghan qui s'empara de Dehly en 1212, et dont la postérité régna jusqu'en 1397.

Cuttulick-Khan. V. Nidzam-al-Muluck.

D

Dara, fils aîné de l'Empereur Châh-Jehan, fut mis à mort par son frère Avrengzeb qui s'était emparé du trône en 1658.

Daoust-Aly, Nabab d'Arkot, tué en 1740 par les Maharattes.

Dehly, capitale de l'empire Mogol, sur la Djamnâ. Lat. N., 28° 42'; long. E., 74° 46'; c'est encore aujourd'hui la résidence d'Akbar II, Empereur nominal. Lord Lake s'en empara en 1803.

Dekkan, ancienne Soubahbie de l'empire Mogol, péninsule au Sud de la Nerbuddah et du Mâhânaddy, aujourd'hui démembrée; une partie forme la présidence de Madras, et le reste compose le royaume du Dekkan, possession *médiate* de la compagnie. Cette province à 375 lieues de long, sur 330 de large. Dekkan signifie Sud en langue Sanskrite.

DEVICATAH, ville forte du Tandjaore, à l'embouchure du Cavery, cédée aux Anglais par le Radjah, en 1749.

DIAZ (Barthélemy), marin Portugais, qui découvrit le cap de Bonne-Espérance en 1486.

DINDIGOUL, petite forteresse du Madoura, fut le premier apanage de Haïder-Aly, et le point de départ de sa puissance.

DJAMNA, affluent du Gange, sur la rive droite de ce fleuve, servit long-temps de limite occidentale aux possessions Anglaises.

DJIHANGHIRE, Empereur Mogol, succéda en 1605, à son père Akbar 1er, et laissa le trône en 1627, à son fils Châh-Jehan, après un règne sans gloire.

DUMAS, gouverneur Français de Pondichéry, auquel succéda Dupleix, acquit Karikal à la France.

DUPLEIX (Scipion), nommé gouverneur de l'Inde Française en 1742, fut rappelé, en 1754, après une glorieuse administration. Il avait élevé la puissance Française dans l'Inde à un point bien supérieur à celle des Anglais. Il mourut de misère en 1763.

E

ELEPHANTA (île d'), dans le golfe de Bombay, à 2 lieues E. de cette ville, elle a environ 2 lieues de tour.

ELIABAD, ville forte de la Soubahbie d'Aoudh, chef-lieu du district de Gorrah, fut emportée en 1765, par le major Flechter.

ELISABETH (la Reine), fonda en 1600, la première compagnie Anglaise des Indes.

ELLIOT, négociateur envoyé par Hastings au Radjah de Bérar, mourut pendant sa mission en 1778.

ELLIS, chef Anglais de la loge de Patna, commença, en 1763, les hostilités contre Mir-Cossim, fut fait prisonnier par ce Soubah et mis à mort.

ELLORE, ville du Circar de Mazulipatam, dans les terres, à 16 lieues au Nord de cette ville. Lat. N. 16° 43'; long. E. 98° 55'.

F

FATTIH-SINGH, un des membres de la famille Maharatte de Guikowâr. V. ce mot.

FLECHTER (Sir Robert), major Anglais, commandait l'armée du Bengale dans la campagne de 1765.

FRANCE (île de), en Afrique, à l'Est de Madagascar, entre le 20ᵉ et le 21ᵉ degré de lat. S., et entre le 56ᵉ et le 57e de long. E.; acquise en 1702 par la France, et cédée en 1814 à l'Angleterre. Elle porte maintenant le nom d'île Maurice.

FORD (le colonel), commandait une partie des troupes Anglaises du Bengale, pendant la première administration de Clive.

FURNAVÈSE, puissante famille Maharatte de la caste des Brahmes; les deux frères MARABA et NANA qui la représentaient dans la 2e moitié du XVIIIe siècle, faisaient partie du conseil des ministres de Pounah.

FYZ-ALLAH-KHAN, chef Afghan de la tribu des Rohillas, que Suja-Doula soumit à un tribut en 1774.

G

GADJANTARGHAR, province de Dekkan, sur les frontières du Maïssour, cédée à Haïder-Aly par les Maharattes vers 1774.

GAMA (Vasco de), navigateur Portugais, qui après des prodiges de courage, débarqua le premier dans l'Inde en 1498. Il prit terre à Calicut, sur la côte de Malabar.

GANDIKOTTA, province du Dekkan, limitrophe du Maïssour, cédée à Haïder - Aly par les Maharattes vers 1774.

GANDJAM, ville et port important dans le golfe de Bengale, capitale du Circar de ce nom, formait en 1754, la limite septentrionale de l'influence Française.

GANGE, fleuve sacré de l'Inde, prend sa source dans l'Hymalaya, et se jette par un très-grand nombre de branches, dans le golfe du Bengale.

GANTOUR, l'un des cinq Circars du Nord sur la côte d'Orissa; la ville de ce nom en est le chef-lieu, elle est à 20 lieues O. p. N. de Mazulipatam.

GATES (les), massif de montagnes, qui s'étend sur les trois quarts de la surface de l'Inde; elles se divisent en deux chaînes principales, les Gates occidentales, et orientales.

GAURIDES, dynastie mahométane, qui a occupé le trône de Dehly de 1184 à 1212.

GAHZI-AL-DIEN, fils aîné de Nidzam-al-Muluck, Soubah du Dekkan, et grand Vizir de l'empire, succéda vers 1750, à son père dans cette dernière charge.

GÉRARD (le flamand), navigateur, qui en 1616 et 1619, explora l'île de Java.

GERIAH, ville du Bengale, entre Mourchidabad et Monghîr, près de laquelle Cossim fut battu par les Anglais en 1763.

GHERIAH, ville forte du Konkan, ancienne capitale d'un état de corsaires, fut cédée aux Anglais par les Maharattes en 1765.

Ghizneh, ville et province de l'Afghanistan, qui donna son nom à la première dynastie des Empereurs Mahométans de l'Inde, au XIe siècle.

Gingi, forteresse de la côte de Coromandel, dont le Radjah céda, en 1679 à la France, le district de Pondichéry; à 14 lieues N.-O. de Pondichéry, et à 36 lieues S.-O. de Madras. Lat. N. 12° 15' 18"; long. E. 97° 4' 56".

Goa, ville jadis florissante, aujourd'hui presque déserte; ancienne métropole des colonies Portugaises en Asie. Lat. N. 15° 31'; long. E. 90° 45'.

Goddard (le colonel), joua le principal rôle dans la guerre de 1780, entre les Anglais et les Maharattes.

Godeheu, gouverneur Français de Pondichéry, succéda à Dupleix en 1754.

Gogra, affluent du Gange sur la rive gauche de ce fleuve, prend sa source dans le royaume de Népaul et traverse le royaume d'Aoudh.

Gohad, ville importante de la province d'Agra, sur la rivière Seronge, à 25 lieues S. S.-E. d'Agra.

Golconde, capitale d'un royaume puissant, avant la conquête Mogole, fait aujourd'hui partie du royaume du Dekkan, possession *médiate* de la compagnie.

Gonneville (le capitaine), navigateur Français, qui toucha, dit-on, la côte de l'Inde en 1503.

Gorhah, district de la Soubahbie d'Aoudh, qui fut conquis par les Anglais dans la guerre de 1765, contre Sujä-Doula.

Goualior, dans la province d'Agra, l'une des forteresses les plus importantes de l'Inde, fut emportée d'assaut en 1780, par le capitaine Popham.

Gowind-Rao, un des membres de la famille Maharatte des Guikow ar. V. ce mot.

Guikowar, puissante famille Maharatte, qui forma, en 1740, un état indépendant dans le Guzerate. Sydji-Rao, chef actuel de cette famille, règne encore à Baroda.

Guillaume III, Roi d'Angleterre, créa, en 1698, une seconde compagnie Anglaise des Indes.

Guinée, contrée de la côte occidentale d'Afrique, sur laquelle les Européens établirent fort anciennement des comptoirs, s'étend entre 1° de lat. S. et 11° de lat. N., et entre 12° de long. O. et 38° de long. E.

Guzerate, province du Haut-Indostan, sur le golfe d'Oman, aujourd'hui démembrée; une partie est partagée entre divers princes protégés par la compagnie; le reste est incorporé dans la présidence de Bombay. Elle s'étend entre les 21° 17' et 25° 37' de lat. N., et entre les 85° 48' et 91° 22' de long. E.

H

Haïder-Aly, usurpateur Mahométan qui, en 1760, déposséda les Rois Indous du Maïssour, et mourut en 1782, après un règne glorieux.

Harland (Sir Robert), amiral Anglais, fut nommé commissaire royal, pour surveiller en faveur de Mohamed-Aly, l'exécution du traité de 1763; la résistance de la compagnie Anglaise l'empêcha de remplir cette mission.

Harper (le colonel), commandait une partie des forces Anglaises dans la campagne de 1779, contre Haïder-Aly.

Hastings (Lord Warren), gouverneur-général de l'Inde, l'un des fondateurs de la puissance Anglaise.

Hawkins, facteur Anglais, envoyé en 1609, en ambassade auprès de l'Empereur Djihanghire, qui lui accorda quelques priviléges.

Hérat, capitale du royaume de ce nom, tributaire de la Perse et qui fait partie du Khorassan ; la compagnie Anglaise, dans le désir de s'en faire une barrière contre les Russes, fait relever ses fortifications détruites dans la dernière guerre.

Holkar (Toukhâdji), chef Maharatte qui se rendit indépendant en 1740.

Holwell, membre du conseil de Calcuta, remplit par intérim les fonctions de gouverneur après le départ de Clive, en 1760.

Hougly, rivière, bras du Gange, sur lequel sont bâtis Chandernagor et Calcuta.

Hougly ou Hâgli, ville bâtie sur la rivière de ce nom, qui appartint long-temps aux Hollandais.

Houmaioun, Empereur Mogol, succéda, en 1530, à son père Baber-Châh, et laissa, en 1556, le trône à son fils Akbar Ier.

Hughes (Sir Edward), commandait l'escadre Anglaise dans l'Inde, en 1774.

Humberstone (le colonel), commandait une partie des forces Anglaises dans la campagne de 1782, contre Haïder-Aly.

Hymalaya, vaste chaîne de montagnes qui borne l'Indostan au Nord et le sépare de la Chine et du Thibet.

I

Ibrahim-Lodi, Empereur Afghan, le dernier de la dynastie que renversa, en 1525, Baber-Châh, fondateur de la dynastie Mogole.

Indostan, vaste contrée de l'Asie, bornée par l'Hymalaya, la chaîne des monts Soliman-Brahouik, les monts Khamti, la chaîne de l'Arakan et la mer des Indes.

Longitude, entre le 85ᵉ et le 11° degré E. *Latitude*, entre le 8ᵉ et le 34° degré N.

INDUS, l'un des deux grands fleuves de l'Inde, prend sa source dans l'Hymalaya et se jette dans le golfe d'Oman par plusieurs branches.

J

JACQUEMONT (Victor), voyageur Français qui mourut dans l'Inde en 1834, après un séjour dont il a laissé des récits intéressants.

JACQUES Iᵉʳ, Roi d'Angleterre, chercha, vers 1612, à favoriser les premiers développements de la puissance Anglaise dans l'Inde.

JACQUES II, accorda à la compagnie les priviléges les plus importants.

JAPON, empire insulaire d'Asie, qui fait le commerce avec l'Inde et l'Europe.

JAVA (Ile de), la plus grande des îles de la Sonde, dans l'Océanie, colonie Hollandaise.

JATTES, tribu d'Indous qui, vers 1740, formèrent un état indépendant à Agra.

K

KABOUL, province séparée de l'empire Indien lors de la conquête de Nadir-Châh. Les Anglais y portèrent pour la première fois leurs armes, en 1838; elle a 50 lieues de long sur 25 de large.

KADDAPAH, principauté patane dans la province de Balaghât, conquise en 1778 par Haïder-Aly sur les Maharattes. Lat. N., 14° 25'; Long. E., 96° 37'.

KALPY, ville de la Soubahbie d'Aoudh, près de laquelle les Anglais battirent complétement les Maharattes, en 1765.

KANDAHAR, province limitrophe du Kaboul et réunie aujourd'hui sous la même domination, avait été distraite, en 1739, de l'empire Indien. Lat. N., 31° 30'; long. E., 84° 30'.

KANDEICH, province du Dekkan, aujourd'hui démembrée; une partie a été incorporée à la présidence de Bombay, et le reste au royaume de Sindiah.

KARANDJA, petite île du golfe de Cambaye, à 3 lieues S.-E. de Bombay, conquise par la compagnie des Indes, en 1774. Lat. N., 18° 55'; long. E., 89° 22'.

KARIKAL, district du Karnatic, au bord du Cavery, à 30 lieues S. de Pondichéry, cédé par le Radjah de Tandjaore au gouverneur Français, en 1739; appartient encore à la France.

KARNATIC, vaste province du Dekkan méridional, formait une Nababie dont la capitale était Arkot; fut définitivement acquise par la compagnie, en 1781. Cette province a environ 200 lieues de long sur 30 à 35 de large.

Karnoul, district de la province de Balaghât, conquis en 1777 par Haïder-Aly sur les Maharattes.

Karra, district de la Soubahbie d'Allahabâd, dont la possession avait été assurée, en 1765, à l'Empereur Châh-Allûm, mais que Hastings vendit, en 1773, au Soubah d'Aoudh.

Khiva, Khannat du Turkestan indépendant, contre lequel les Russes dirigèrent, il y a quelques années, une expédition malheureuse.

Kiouli-Khan, Souhah d'Allahabâd, auprès duquel se se réfugia Châh-Zadda, lorsqu'il échappa, vers 1758, à la captivité dans laquelle le retenait Châh-al-Dien.

Kistnah, fleuve qui prend sa source dans les Gâtes occidentales, et se jette dans le golfe du Bengale; c'était la frontière méridionale des états particuliers du Soubah du Dekkan.

Konara, province étroite et montueuse, sur la côte de Malabar, faisait partie des états de Haïder-Aly.

Kondavir, district et ville importante dans le Circar de Gantour, et à 6 lieues O. de cette ville.

Kondjeveram, ville importante du Karnatic, fut, en 1751, prise par Clive.

Konkan, province maritime, qui fut conquise en 1756

par les Maharattes, aidés des Anglais ; elle s'étend
entre le golfe d'Oman et les Gâtes occidentales, sur
une longueur de 82 lieues, et une largeur de 16.

Kovelong, ville forte du Karnatic, à peu de distance
d'Arkot, fut, en 1751, prise par Clive.

Kuddalore, ville forte du Karnatic, dans l'Arkot méridional, à 6 lieues S.-O. de Pondichéry, fut vainement
attaquée par Dupleix en 1747. Lat. N., 11° 33' 23";
long. E., 97° 27' 57".

Kussain-Gauri, fondateur d'une dynastie Afghane qui
régna à Dehly, de 1184 à 1212.

L

Labourdonnais (Mahé de), marin français dont la gloire
plane sur les premières guerres de l'Inde. Il avait été
nommé, en 1736, gouverneur des îles de France et
de Bourbon. Ce fut lui qui prit Madras en 1746. Il
fut rappelé peu après, mis en accusation et absous ;
il mourut de chagrin en 1750.

Lahore, capitale du royaume de ce nom, fondé par
Rundjet-Singh, prince Seikh, et conquis par la compagnie Anglaise pendant ces dernières années. Sa
population est de 8 millions d'habitants.

Lally-Tolendal (le Comte de), général Français, succéda à Godeheu dans le gouvernement de l'Inde, et

par sa conduite inhabile, décida la ruine de la domination Française.

LALLY (le capitaine), neveu du précédent, officier Français, commandait un corps de troupes qui défit, en
1782, les Anglais dans le Karnatic ; il joua un rôle
important dans la dernière guerre de la France avec
l'Angleterre.

LAURISTON (Law de), général Français; nommé, en 1765,
commissaire du Roi pour la remise en possession des
districts perdus pendant la guerre, il administra
ensuite l'Inde Française avec une grande habileté.

LAW (le capitaine), commandait un petit corps de Français qui prirent part aux guerres du Bengale en 1757,
comme auxiliaires de Châh-Zadda et de Suja-Doula.

LAWRENCE (le major), succéda à Clive dans le commandement de l'armée Anglaise du Karnatic, après la
campagne de 1752.

LENOIR, succéda à Martin, au commencement du XVIII°
siècle, dans le gouvernement de l'Inde Française.
Son nom doit tenir une place honorable dans notre
histoire Asiatique.

LESLIE (le colonel), commandait les forces Anglaises
envoyées du Bengale par Hastings, en 1778, pour
intervenir dans les luttes intestines des Maharattes.

LEYRIT (de), gouverneur Français de Pondichéry, pendant l'intervalle qui sépara les administrations de Godehen et de Lally-Tolendal.

LINDSAY (Sir John), amiral Anglais, fut le premier nommé commissaire royal dans l'Inde pour surveiller, au nom de la couronne, l'exécution des traités, et intervenir dans les affaires de la compagnie. Sa mission fut courte et stérile.

M

MAC-LEOD (le colonel), commandait une partie des forces Anglaises dans la campagne de 1782 contre Haïder-Aly.

MADAGASCAR (île de), grande île sur la côte orientale de l'Afrique, attira long-temps, et de préférence à l'Inde même, l'attention des spéculateurs. Le cardinal de Richelieu avait en vue cette colonisation, lorsqu'il institua, en 1641, la première compagnie Française des Indes. Elle est située entre les 12ᵉ et 26° de lat. S., et entre les 63ᵉ et 69° de long. E.

MADHADJI. V. Sindiah.

MADOURA, ville forte du Karnatic, chef-lieu de l'ancien district du même nom, fut prise, en 1764, par les Anglais joints à Mohamed-Aly, Nabab d'Arkot; à 45 lieues N. p. E. du cap Comorin.

MADRAS, sur la côte de Coromandel, l'un des plus anciens établissements Anglais dans l'Inde, fut, pendant long-temps, la capitale de leur empire Asiatique. Lat. N., 13° 24' 8"; long. E., 98° 5' 15".

Madu-Rao, troisième Peichwa Maharatte de la dynastie de Badji-Rao, succéda à Baladji-Rao son père, sous la régence de son oncle Ragoba, et mourut empoisonné, en 1772, à l'âge de 21 ans.

Madu-Rao-Narain, fils posthume de Narain-Rao, quatrième Peichwa souverain, succéda à son père en 1774.

Maharattes, puissante peuplade Indoue qui repoussa toujours le joug Mogol et conserva le culte de Brahma. Leurs états, d'abord resserrés entre la mer et les Gâtes occidentales, s'étendirent ensuite jusqu'à Orissa à l'Est, Agra au Nord, et le Karnatic au Sud; leur confédération ne fut détruite qu'en 1818 par les Anglais.

Mahé, établissement Français sur la côte de Malabar, dans le royaume de Maïssour, fondé en 1722, fut emporté, en 1779, par les Anglais, malgré l'intervention de Haïder-Aly, et fut restitué à la France à la paix de Versailles.

Mahmoud Ier, fondateur de la première dynastie Mahométane, dite des Ghizniens, régnait à Dehly vers l'an 1008.

Maissour, royaume indépendant au Sud du Dekkan,

élevé au plus haut degré de puissance par l'usurpateur Musulman Haïder-Aly et son fils Tippou-Saheb, fut, après la mort de ce dernier, rendu par les Anglais à ses princes légitimes, de la religion de Brahma, mais dans des limites beaucoup plus resserrées.

MALABAR (côte de), forme le rivage oriental du golfe d'Oman, dans sa partie la plus méridionale.

MALACCA, colonie Portugaise, dont les Hollandais s'emparèrent en 1640; elle appartient aujourd'hui aux Anglais.

MALATCHERY, province du Dekkan, limitrophe du Maïssour, et cédée par les Maharattes à Haïder-Aly, vers 1774.

MALDIVES (îles), cet archipel est un assemblage de plusieurs milliers d'écueils, formant 17 groupes. Parmi ces îlots, 40 à 50 sont cultivés et peuplés. Ils forment les états du sultan des Maldives.

MALWA, province du Haut-Indostan, soumise par les Maharattes et dans laquelle les Anglais portèrent leurs armes vers 1780, sous la conduite du colonel Carnac. Elle s'étend entre les 22e et 25° degrés de lat. N.

MANGALORE, port sur la côte de Malabar et ville importante du royaume de Maïssour, fut prise par le général Mathews dans la campagne de 1783, et presqu'aussitôt reprise par Tippou-Saheb. Lat. N., 12° 53'; long. E. 91° 56' 45".

Manille (île de), la principale de l'archipel des Philippines, dans l'Océanie occidentale ou Malaisie, colonie Espagnole. Lat. N. 14° 36' 8"; long. E. 138° 31' 15".

Maraba, l'un des membres de la famille Maharatte des Furnavèse. V. ce mot.

Martin, premier gouverneur Français de Pondichéry, où il vint s'établir en 1679. Son habile administration fut le fondement de la puissance Française en Asie.

Mathews, (le général), commandait les forces Anglaises dans le Maïssour pendant la campagne de 1783. Après avoir obtenu les plus brillants succès, il fut battu et fait prisonnier par Tippou-Saheb.

Mazulipatam, chef-lieu du Circar de ce nom; cette ville possède le meilleur port de la côte du Coromandel; le commerce Français y est représenté par une loge. Lat. N. 16° 20'; long. E. 98° 32' 9".

Méliapour (ou St.-Thomé), ancien comptoir Portugais, fut conquis par les Français en 1677, et reperdu par eux l'année suivante. Il est situé à une lieue au Sud de Madras. Lat. N. 13° 2'; long. E. 98° 0' 45".

Mélinde, ville maritime, capitale du royaume de ce nom, sur la côte de Zanguebar, en Afrique, florissait sous la domination des Portugais. Lat. S. 2° 58' 12"; long. E. 59° 52'.

Midnapour, grande ville, à 60 miles O. de Calcuta, chef-lieu de la province de ce nom, dont les revenus furent cédés à la compagnie en 1760, et la propriété en 1765. Lat. N. 22° 25'; long. E. 104° 44' 85".

Mir-al-Muluck, fils de Mohamed-Aly, Nabab d'Arkot, fut, en 1765, désigné comme son successeur, par un firman de Chah-Allûm.

Mir-Cossim-Aly-Khan, gendre de Mir-Jaffier, Soubah du Bengale, fut élevé à la Soubahbie par les Anglais, le 14 octobre 1760, et en fut renversé par eux le 7 juillet 1763.

Mir-Jaffier, général de la cavalerie de Suraja-Doula, Soubah du Bengale, fut élevé à la Soubahbie par les Anglais, le 28 juin 1757; fut renversé par eux, le 14 octobre 1760, et enfin rétabli, toujours par les Anglais, le 7 juillet 1763; il mourut en février 1765.

Mirzapour, ville florissante sur le Gange, à 15 lieues O. S. O. de Allahâbad, et à 4 lieues de Bénarès; son importance ne date que de l'établissement de la puissance Anglaise. Lat. N. 25° 10'; long. E. 99° 14' 45".

Modapollam, ville importante du Circar de Gantour, possède un port excellent.

Mogols, race conquérante qui fit à diverses reprises irruption sur l'Inde, sous la conduite de Chengiz-Khan d'abord, puis sous celle de Timour-Lenggue en 1597, et enfin à la suite de Baber-Châh en 1525. Cette dernière invasion fut une conquête définitive, qui naturalisa l'Islamisme dans l'Inde.

MOHAMED-ALY, fils d'Ahnaverdi-Khan, Nabab d'Arkot, tué à la bataille d'Ambour, en 1749, succéda à son père par la protection des Anglais; fut, en 1765, déclaré par Châh-Allûm indépendant du Soubah du Dekkan, et en 1781, se démit de tout son pouvoir en faveur de la compagnie.

MOHAMED-BEZA-KHAN, fut, par l'influence Anglaise, créé Naïb ou lieutenant de la Soubahbie du Bengale, en février 1765, lors de l'avènement de Nidgum-Doula, fils de Mir-Jaffier.

MOHAMED-CHAH, Empereur Mogol, arrière-petit-fils d'A-vrengzeb, monta en 1718, sur le trône de Dehly, fut, en 1739, dépouillé par Nadîr-Châh d'une partie de ses états, et mourut en 1749, après un règne sans gloire.

MOLUQUES (îles), vaste archipel de l'Océanie occidentale ou Malaisie, colonies Hollandaises.

MONGHIR, ville forte sur le Gange; Mir-Cossim en fit, vers 1762, la capitale de la Soubahbie du Bengale.

MORTAZ, chef Mogol, parent de Daoust-Aly, Nabab d'Arkot, s'était rendu indépendant à Vellore; fut, en 1761, réduit par Mohamed-Aly, aidé des Anglais.

Moubarek-Doula, frère de Sigf-al-Doula, Soubah nominal du Bengale, lui succéda en 1768.

Moudhadji, chef de la famille Maharatte des Bouncelao. V. ce mot.

Moultan, province du Haut-Indostan, sur la rive gauche de l'Indus, fut séparée de l'empire en 1759 par Nadir-Châh; faisait dans ces derniers temps partie du royaume de Lahore; elle a 40 lieues de long sur 84 de large.

Mourad, troisième fils de Châh-Jehan, fut, en 1657, pris et mis à mort par son frère Avrengzeb.

Mourchidabad, sur un des bras du Gange, ville importante, capitale des Soubahbies unies du Bengale, Béhar et Orissa, depuis 1704 jusqu'à 1761. Les Anglais y pénétrèrent pour la première fois le 28 juin 1757, sous la conduite du colonel Clive. Distance : 40 lieues N. de Calcuta.

Mozambique (côte de), au Sud-Est de la Péninsule Africaine, colonie portugaise, qui a pour capitale la ville de Mozambique, située sur l'îlot de ce nom; elle possède un port et une citadelle. Lat. S. 15° 1' 30"; long. E. 58° 20' 45".   ·

Munroe (Sir Hector), commandait une grande partie des forces Anglaises dans la campagne de 1778, contre les Français, et dans celle de 1780, contre Haïder-

Aly. Ce fut lui qui prit Pondichéry, le 17 octobre 1778.

Muzafer-Singh, un des petits-fils de Nidzam-al-Muluck, qui, après sa mort en 1749, disputa la Soubahbie à son oncle Nazer-Singh, avec l'aide des Français; il fut tué en janvier 1751.

N

Nadir-Chah, usurpateur du trône de Perse qui, en 1739, fit irruption sur l'Inde, entra à Dehly et démembra l'empire.

Nagore, ville et port du Karnatic, dans le district de Tandjaore, à 6 lieues S. de Tranquebar. Les Anglais l'enlèvent en 1773 aux Hollandais.

Nagpour (royaume de), dans le Haut-Dekkan, s'étend sur 150 lieues de long du Nord au Sud, entre les 18° 40′ et 22° 40′ de lat. N., et entre 94° et 100° 40′ de long. E.; fut, vers 1750, soumis par Bussy.

Nana, l'un des membres de la famille Maharatte de Fur-navèse. V. ce mot.

Narain-Rao, quatrième Peichwa Maharatte de la dynastie de Badji-Rao, succéda à Madu-Rao son frère, en 1772, et fut, en 1773, massacré par ses propres gardes.

Nazer-Singh, second fils de Nidzam-al-Muluck, succéda

à son père dans la Soubahbie du Dekkan en 1749, et fut assassiné en décembre 1750.

Négapatam, ville et port du Karnatic, dans le district de Tandjaore, à 8 lieues S. de Tranquebar, était jadis le principal établissement Hollandais sur la côte de Coromandel. Lat. N., 10° 45'; long. E., 97° 28' 11".

Nellore, ville importante du Karnatic, dans laquelle les Anglais fondèrent un comptoir vers 1640; c'est un de leurs plus anciens établissements.

Nerbuddah, fleuve qui prend sa source dans le Gandwânâ, traverse le Malwâ, le Kandeich et le Guzerate, et se jette, près de Barotch, dans le golfe de Cambaye. On le considère comme la limite septentrionale du Dekkan.

Nidgum-Doula, fils de Mir-Jaffier, succéda, en février 1765, à son père, dans la Soubahbie du Bengale, et mourut en 1766, dépouillé de toute autorité.

Nidzam-al-Muluck, grand Vizir de l'empire et Soubah du Dekkan, vers l'an 1715; il mourut en 1749, en laissant cinq fils qui jouèrent tous un rôle important dans le Dekkan.

Nidzam-Aly, quatrième fils de Nidzam-al-Muluck, succéda, dans la Soubahbie du Dekkan, à son frère Salabet-Singh qu'il fit assassiner en 1763.

Nigib-al-Doula, trésorier général de l'empire après la

mort d'Allum-Ghuîr, en 1761, il proclama et soutint quelque temps un des fils de Châh-Zadda.

NORTH (Lord), premier ministre Anglais, arriva au pouvoir en janvier 1770 ; en 1772 et 1773, il opéra une réforme administrative dans la compagnie des Indes.

O

ORISSA, vaste province du Dekkan, qui s'étend entre 22° et 23° de lat. N.; elle est bornée au Nord par le Bengale, au Sud par le Godavery, à l'Est par le golfe du Bengale, et à l'Ouest par le Gandwânâ. Elle fut, en 1741, réunie aux Soubahbies de Behâr et du Bengale.

ORVES (l'amiral d'), commandait, en 1781, une escadre Française dans les mers de l'Inde. Après sa jonction avec la flotte du bailli de Suffren, il participa aux succès qui illustrèrent le pavillon Français.

P

PANIPUT, ville de la province de Dehly, à 7 lieues N.-O. de cette capitale, et près de laquelle furent livrées, en 1525 et 1762, les deux batailles les plus importantes dans l'histoire de l'Inde. Lat. N., 29° 22'; long. E., 94° 30' 45".

PATNA, ville importante, sur le Gange, capitale de l'an-

cienne Soubahbie du Béhâr, à 60 lieues E. de Bénarès, et à 115 lieues O. N. O. de Mourchidabâd.

PEICHAOUER, province de l'Afghanistan, bornée par
l'Hymalaya, le Kaboul et l'Indus, fut arrachée en 1739,
par Nâdir-Châh à l'empire Mogol; faisait, dans ces
derniers temps, partie du royaume de Lahore.

PERMACOIL, ville forte du Karnatic, fut emportée par les
Français en 1782.

PERRAÏNDA, ville de la province d'Avrangabad, à quelques lieues O. de Pounah, et dans laquelle fut conclu,
en 1776, le premier traité entre les Anglais et les Maharattes.

PIGOT (Lord), gouverneur de Madras en 1762; il y retourna, en la même qualité, en 1775, et après avoir
déterminé une révolte ouverte du conseil de cette présidence contre lui, mourut en 1777, dans la prison du
fort St.-Georges.

PITT (William), premier ministre Anglais, monta au
pouvoir en 1783, à l'âge de 24 ans; il fit rendre,
en 1784, un bill fameux relatif à l'Inde.

PLASSEY, ville du Bengale, à 10 lieues S. de Mourchidabâd, près de laquelle se donna, en 1757, une bataille
qui décida du sort de l'Indostan. Lat. N. 23° 45´;
long. E. 104° 54´ 45".

Ponany, ville forte sur la côte du Malabar, qui fut prise par le colonel Humberstone en 1782.

Pondichéry, ville et port du Karnatic, métropole des établissements Français dans l'Inde, à 35 lieues S. de Madras. Cette ville fut fondée en 1674. Elle fut prise par les Anglais en 1761 et 1778 ; puis en 1793 et 1803. — La France s'est engagée à ne pas la fortifier, et à n'y avoir qu'une garnison de police. Lat. N. 11° 55' 41" ; long. E. 97° 31' 30".

Popham (le capitaine), s'empara, en 1780, à la tête d'un petit corps d'Anglais, de la forteresse de Gouâlior, jusqu'alors réputée imprenable.

Porto-Novo, ville et port du Karnatic, fut occupé par les Français en 1782 et 1783.

Pounah, grande ville au confluent de la Monta et de la Moula, ancienne capitale de la confédération Maharatte, à 35 lieues S.-E. de Bombay. Lat. N. 18° 50' ; long. E. 90° 41' 45".

Pyrard, navigateur, parti de France en 1601, échoua aux Maldives, où il fit un long séjour.

R

Radjah-Daulub, Duam de la Soubahbie du Bengale, qui conspira contre Mir-Jaffier en novembre 1757.

Radjah-Saheb, fils de Chunda-Saheb, fut, en 1759, proclamé Nabab d'Arkot par Lally.

Radja-Mandrî, l'un des cinq Circars du Nord, borné
au N. par le Circar de Vizagapatam, au S. par celui
de Mazulipatam ; le chef-lieu de ce district est à 140
lieues N. N. E. de Madras. Lat. N., 16° 59'; long. E.
99° 52' 45".

Radjapour, ville et port du Konkan, à environ 50 lieues
S. de Bombay, fut un des premiers établissements
Européens dans l'Inde.

Radjpoutana, nom Indien de la province d'Adjmîr, gouvernée par des princes de la caste des Radjpouts ou
guerriers. V. Adjmîr.

Ragoba, cinquième Peichwa souverain de la famille de
Badji-Rao, prit la part la plus active dans tous les
troubles de l'empire Maharatte.

Ragogi-Boussola, général Maharatte, commandait l'armée qui, en 1740, attaqua le Dekkan, et livra la bataille dans laquelle fut tué Daoust-Aly, Nabab d'Arkot.

Ram-Radjah, quatrième souverain Maharatte de la dynastie de Sevadji et de la caste des Radjpouts, fut,
en 1740, détrôné par le Brahme Badji-Rao.

Réginon (le capitaine), navigateur Français, parti du
Hâvre en 1633, il visita le golfe du Bengale et la
presqu'île du Dekkan.

Richelieu (le Cardinal Duc de), premier ministre Français, institua, en 1641, la première compagnie Française des Indes.

Rochefort (Lord), ministre de la marine Anglaise en 1774.

Roe (Sir Thomas), ambassadeur Anglais, envoyé en 1615 par le Roi Jacques Ier à l'Empereur Mogol Djihanghire.

Rohillas, tribu d'Afghans qui, vers 1740, formèrent un état indépendant à 80 miles de Dehly; ils furent, en 1774, soumis par Suja-Doula, Soubah d'Aoudh.

Rownarain, Nabab de Patna qui, en 1757, se révolta contre Mir-Jaffier, Soubah du Bengale.

Rumbold (Sir Thomas), succéda, en 1778, à Lord Pigot, dans la présidence du conseil de Madras; son administration fut désastreuse pour la compagnie.

Rundjet-Singh, prince Seikh qui fonda et éleva à un haut degré de puissance le royaume de Lahore, récemment conquis par les Anglais.

S

Sabadji, chef de la famille Maharatte des Bouncelao, qui, en 1740, s'était emparé du Bérar. V. Bouncelao.

Sadras, petite ville du Karnatic, à 15 lieues S. p. O. de Madras, dans laquelle se réunirent, en 1754, les députés Anglais et Français pour traiter de la paix. Lat. N., 12° 31'; long. E., 97° 53' 45".

Sahodji, troisième souverain Maharatte de la dynastie

de Sevadji et de la caste des Radjpouts, mourut en
1740.

Saint-David, établissement Anglais sur la côte de Coromandel, à peu de distance au Sud de Pondichéry,
fut attaqué par Dupleix en 1748.

Sainte-Hélène, île de la côte occidentale d'Afrique, par
les 15° 55' de lat. S. et 8° 9' de long. O., donnée à
la compagnie Anglaise par Charles II, en 1666; elle a
4 lieues de long sur 2 et 1/2 de large.

Saint-Lubin, explorateur Français qui, en 1777, cherchait à entraîner les Maharattes dans une alliance
avec la France.

Saint-Thomé. V. Méliapour.

Salabet-Singh, troisième fils de Nidzam-al-Muluck, fut
proclamé Soubah du Dekkan en 1751, et assassiné,
en 1763, par son frère Nidzam-Aly.

Salsette (île de), dans le golfe de Bombay et à peu de
distance de cette dernière île, à laquelle elle est
maintenant réunie par une chaussée. Les Anglais s'en
emparèrent en décembre 1774.

Sambadji, deuxième souverain Maharatte de la dynastie
de Sevadji, lutta courageusement contre Avrengzeb.

Satarah, place forte du Bedjapour, qui avait été conquise en 1651 par Sevadji, fondateur de l'empire
Maharatte, et dans laquelle son arrière-petit-fils fut
relégué par l'usurpateur Badji-Rao.

22

Saunders, gouverneur Anglais de la présidence de Madras, remarquable par l'animosité de sa lutte avec Dupleix, dans la guerre de 1744.

Scrafton, employé Anglais chargé, en 1769, d'une mission dans l'Inde, avec Vansittart et le colonel Ford; il périt, avant d'arriver, avec le vaisseau qui le portait.

Seikhs, peuplades Indoues qui, réunies en confédération, s'étaient rendues indépendantes et dominaient le Haut-Indoṣtan. Sur les débris de leur empire s'est élevé le royaume de Lahore.

Sélim, premier nom de l'Empereur Djihanghire. V. ce mot.

Seringapatam, capitale du Maïssour, dans une île du Cavery, ville autrefois très-considérable et tout-à-fait déchue maintenant; elle appartient aux Anglais.

Sevadji, Radjah Indien, originaire de l'Adjmîr, naquit en 1628; après avoir servi le Roi de Bedjapour, il se rendit indépendant et fonda l'empire Maharatte.

Shere-Khan, chef Afghan qui, en 1541, reconquit le trône de Dehly sur l'Empereur Houmaïoun; sa postérité fut de nouveau expulsée en 1555.

Shere-Singh, Roi de Lahore, troisième successeur de Rundjet-Singh; c'est pendant l'anarchie qui suivit sa mort que les Anglais s'emparèrent de ce pays.

Sheringham (île), formée par deux bras du Cavery, à l'embouchure de ce fleuve, avait été cédée à la France, en 1751, par Chunda-Saheb.

Shoudja, second fils de l'Empereur Châh-Jehan, fut, vers 1660, mis à mort par son frère Avrengzeb.

Siam, ancien royaume d'Asie, situé entre les 8° et 10° degrés de lat. N., et entre les 119° et 127° de long. E., et dans lequel les Européens formèrent très-anciennement des établissements de commerce.

Siccaram-Babou, chef Maharatte de la caste des Brahmes, membre du Durbar de Pounah; c'est lui qui, en 1773, fit assassiner le Peichwa Narain-Rao.

Sigf-al-Doula, fils de Mir-Jaffier et frère de Nidgum-Doula, succéda à ce dernier en 1766, et mourut en 1768.

Sindhy, province qui fut, en 1739, détachée de l'empire Mogol par Nadir-Châh; elle est bornée au N. par le Moultan et l'Afghanistan, au S. par la mer, à l'Est par l'Adjmîr, et à l'O. par le Beloutchistan.

Sindiah (Madhadji), chef Maharatte qui se rendit indépendant, en 1740, lors du démembrement de l'empire. Il s'établit dans le Malwâ et les provinces voisines.

Smith (le colonel), commandait les troupes Anglaises, en 1766, dans la première guerre avec Haïder-Aly.

Sofala (côte de), s'étend sur une longueur d'environ

50 lieues vis-à-vis le canal de Mozambique. Les Portugais y avaient très-anciennement fondé des établissements.

SOLIMAN, petit-fils de l'Empereur Châh-Jehan, disputa le trône à son oncle Avrengzeb, et périt vers 1660.

SOMBRE, transfuge Européen, Suisse d'origine; après avoir servi successivement la France et l'Angleterre, il commandait, en 1763, l'armée de Mir-Cossim, Soubah du Bengale.

SONDE (îles de la), archipel de l'Océanie, situé au S.O. des Philippines, entre le 7° de lat. N. et le 11° de lat. S., et entre les 113° et 149° de long. E.; elles furent d'abord exploitées par les Portugais et appartiennent maintenant à la Hollande.

STEVENS (l'amiral), commandait l'escadre Anglaise qui, en 1760 et 1761, bloquait Pondichéry.

SUFFREN (le bailli de), marin Français, commandait la flotte pendant les années 1782 et 1783, et remporta plusieurs victoires sur l'amiral Hughes.

SUJA-DOULA, Soubah d'Aoudh, qui résista glorieusement aux Anglais; il avait remporté en 1762, la victoire de Paniput sur les Maharattes; il mourut en 1774.

SULLIVAN, président de la cour des directeurs de la compagnie Anglaise à Londres, lutta vainement contre l'influence de Lord Clive en 1764, et fut obligé de donner sa démission.

Suraja-Doula, Soubah du Bengale, succéda en 1756, à son grand oncle Allaverdy-Khan, fut détrôné par Clive en juin 1757, et assassiné peu de jours après.

Surate, ville importante du Guzerate, à 60 lieues N. de Bombay. Le commerce Français y avait une loge. Les Anglais s'emparèrent du château en 1759. Lat. N. 21° 11'; long. E. 89° 10' 45".

Sutledje, le plus important des affluents de l'Indus sur la rive gauche; il fut pendant long-temps la limite des possessions Anglaises.

T

Talligaon, ville Maharatte, à 5 lieues O. de Pounah; elle fut brûlée en 1779.

Tamerlan ou **Timour-Lenggue**, fameux conquérant Mogol qui, en 1397, fit irruption sur l'Inde, et s'empara de Dehly, sans s'y établir.

Tanna, ville principale de l'île de Salsette, à 7 lieues N. E. de Bombay. Lat. N. 19° 11'; long. E. 89° 5' 45".

Tandjaore, ville importante, capitale de la province du même nom, dans le Dekkan Méridional; à 60 lieues S. S. O. de Madras. Lat. N. 10° 42'; long E. 96° 49' 45".

Tchinsura, ville du Bengale, sur la rive droite de la rivière Hougly, fut enlevée par les Anglais aux Hollandais; à 10 lieues N. de Calcuta. Lat. N. 22° 52'; long. E. 105° 47' 45".

Tchittagong, vaste district, à l'extrémité S. E. de la province du Bengale; borné au S. par l'Arakan, à l'E. par l'empire Birman, à l'O. par la mer, au N. par le Bengale. Entre les 20° et 24° de lat. N., et vers 109° de long. E.

Thamas-Khiouli-Khan, nom sous lequel est également connu l'usurpateur Nadir-Châh, qui monta, en 1736, sur le trône de Perse.

Thibet, vaste province, limitrophe de l'Inde et faisant aujourd'hui partie de l'empire Chinois.

Tippou-Saheb, fils de Haïder-Aly, Roi de Maïssour, lui succéda en 1782, et mourut en 1799. Il fut le dernier de sa dynastie.

Tissery, l'un des plus anciens établissements que les Européens aient tentés en Asie.

Tivenelly, riche district au sud du Dekkan, fut, en 1782, attaqué par Tippou-Saheb.

Toukhadji, V. Holkar.

Travankore, grande province, à l'extrémité S. O. du Dekkan; elle à 45 lieues de long sur 14 de large; fait partie des possessions *médiates* ou *protégées* de l'Angleterre. Sa capitale est à 40 lieues S. S. O. de Madoura. Lat. N. 8° 25'; long. E. 94° 32' 45".

Trinkomali, ville et port de l'île de Ceylan, fut à deux reprises occupée par les Français. Lat. N. 8° 32'; long. E. 98° 52'.

Trinomaly, ville du Karnatic, à 18 lieues O. N. O. de Pondichéry. Lat N. 12° 11'; long. E. 96° 26' 45".

Tripetty, ville du Karnatic, lieu de pélerinage célèbre, fut à diverses reprises enlevée par les Français et par les Anglais dans leurs luttes Asiatiques.

Tritchinapali, grande ville du Karnatic, sur la rive droite du Cavery, fut prise et reprise plusieurs fois de 1751 à 1755.

Tronjoly (l'amiral de), à la tête d'une escadre Française, remporta une victoire sur la flotte de l'amiral Anglais Sir Edward Vernon, pendant le dernier siége de Pondichéry, en 1778.

U

Upton (le colonel), fut, en 1776, envoyé par Hastings comme négociateur à Pounah, et conclut avec les Maharattes le traité de Perraïnda.

V

Valentia (Lord), visita l'Inde au commencement du XVIXe siècle, et a publié un ouvrage utile à consulter.

Vansittart, gouverneur de Calcuta en 1763, avait présidé à l'élévation de Mir-Cossim; chargé d'une mission en 1769, il périt avec le vaisseau qui le portait.

Vellore, ville et forteresse importante du Karnatic, à 30 lieues O. de Madras. Lat. N. 13° 17'; long. E. 96° 50' 45".

Verelts, gouverneur de Calcuta, succéda, en 1767, à Lord Clive; la faiblesse de son administration engendra des difficultés pour la compagnie.

Vernon (Sir Edward), amiral Anglais, commandait, en 1778, une flotte qui fut battue devant Pondichéry.

Vizagapatam, chef-lieu d'un des cinq Circars du Nord; les Anglais s'y sont établis en 1765. Distance : 162 lieues N. E. de Madras. Lat. N. 17° 42'; long. E. 101° 10'.

Vondisvah, ville du Karnatic près de laquelle les Anglais remportèrent, en 1760, une victoire décisive sur Lally.

Watson (l'amiral), commandait, en 1756, les forces navales de l'Angleterre dans le golfe du Bengale.

Wood (le colonel), commandait, en 1758, les forces Anglaises dans la guerre contre Haïder-Aly.

Worgaum, petite ville du Konkan, entre Bombay et Pounah, célèbre par l'échec que les Maharattes y firent éprouver aux Anglais en 1779.

Y

Yanaon, ville et port dans le Circar de Radja-Mandrî, à 12 lieues de Djagernath. Elle appartient à la France. Lat. N. 16° 40'; long E. 100° 5'.

FIN.

Nogent. — Typ. Garreau et Raveau.

TABLE DES MATIÈRES.

ERRATA.

www.ingramcontent.com/pod-product-compliance
Lightning Source LLC
LaVergne TN
LVHW010855060726
842526LV00002B/477